国际关系学院中央高校基本科研业务费专项资金资助
项目资助号: 3262019T16

大学生公共服务动机与就业倾向研究

DAXUESHENG GONGGONG FUWU DONGJI YU
JIUYE QINGXIANG YANJIU

葛蕾蕾 著

与

人民出版社

序　言

党的十九大报告指出,"就业是最大的民生。……提供全方位公共就业服务,促进高校毕业生等青年群体、农民工多渠道就业创业"。[①] 高校毕业生作为新时代的青年,是新时代的风向标,他们不仅承载着各自家庭的希望,也是推动社会发展进步、提高我国综合国力的活力之源。习近平总书记指出,我们要牢记人民对美好生活的向往就是我们的奋斗目标,坚持以人民为中心的发展思想,努力抓好保障和改善民生各项工作,不断增强人民的获得感、幸福感、安全感,不断推进全体人民共同富裕。高校毕业生就业牵动着我国无数家庭。作为最大的民生问题,就业是经济的"晴雨表",是社会的"稳定器"。就业既是经济问题,也是社会问题和政治问题。

大学生作为社会新技术、新思想传播和应用的前沿群体,是推动经济发展和社会进步的重要力量。随着经济社会和信息科技的快速发展,网络成为大学生们了解社会和表达观点的主要渠道,"90 后"大学生群体的就业倾向呈现出其独有的特征。在物质生活急速提升、网络信息迅速膨胀、科技发展日新月异的年代,当代大学生是否仍甘于奉献、乐于参与公共服务? 其公共服务动机如何? 这些将在很大程度上影响大学生群体的就业倾向,进而影响到社会的和谐稳定和经济的繁荣发展。因此,对大学生公共服务动机与就业倾向进行研究具有十分重要的意义。

公共服务动机理论认为:公共服务动机高的人们更倾向于选择到公共部

---

① 习近平:《决胜全面建成小康社会　夺取新时代中国特色社会主义伟大胜利——在中国共产党第十九次全国代表大会上的报告》,人民出版社 2017 年版,第 46 页。

门中工作,而公共部门又可以为其提供更多公共服务的机会,进而强化其公共服务动机(James L Perry and Wise,1990)。与私人部门相比,公共部门的使命和核心价值观对高公共服务动机的人更具有吸引力(James L Perry and Hondeghem,2008b)。一个组织的使命、价值观和目标对人们的吸引力和价值越大,就越容易得到人们的支持并吸引他们加入到该组织中来,促使他们更好地工作(Rainey and Steinbauer,1999)。因此,公共服务动机是大学生就业时选择加入公共部门的一个重要指标(Jacqueline et al.,2012)。虽然,目前国内学者对公共服务动机的研究给予了关注,但是目前我国公共服务动机研究仍处于起步阶段。这主要表现在以下几个方面:首先,在研究对象上,目前国内对公共服务动机的研究主要集中于对公务员群体的考察,而忽视了有意向进入公共部门或参与公共服务的群体,特别是大量有潜力的大学生群体公共服务动机的研究。其次,在研究方法上,目前国内对于公共服务动机的实证研究不足,主要是通过单一的问卷调查的方法开展调研,难以避免共同方法偏差和社会称许性问题,没有充分利用大数据资源,数据结果具有一定的局限性。最后,公共管理的实证研究最终应服务于实践,现有实证研究结论很少与大学生就业、公共部门招聘等相结合。为了分析以上问题,本书在文献综述和系统梳理和分析我国大学生就业政策的基础上,围绕大学生公共服务动机和就业倾向展开论述,共包括七部分内容:

绪论。从当前社会、经济和技术发展的宏观背景出发,结合当前社会关注的就业形势与相关政策,阐述了当前社会现实背景下大学生的就业倾向与其公共服务动机研究的重要理论价值与实践意义。在此基础上,明确了研究对象和相关概念的定义,确立了本书的主要问题和研究方法,构建了研究的整体框架,从全局的角度上对整个研究进行综合性的概述。

第一章:理论基础及文献综述。本章首先系统地回顾了国内外有关公共服务动机的发展历程,对公共服务动机的起源、发展过程、内容结构以及前因变量和结果变量等研究现状进行了详细的综述,并通过 Citespace 软件,全面梳理了国内 2001 年至 2018 年主题为公共服务动机的核心期刊文献,归纳出公共服务动机研究在我国的发展趋势与热点主题内容,并对未来研究发展提出了展望。随后,通过对我国大学生就业倾向研究的缘起、研究对象的选择与确认、影响因素的梳理、目前研究的局限以及未来发展趋势等方面的剖析,全面了解了我国大学生就业倾向方面的研究现状。最后,通过综述吸引—选择—磨合理论、计划行为理论、自我决定理论、理性选择理论四种理论,为本书中探索公共服务动机和大学生就业倾向之间关系提供理论基础。

第二章:大学生就业政策分析。在文献综述的基础上,系统梳理了我国1950 年以来国家层面出台的大学生就业政策,通过运用质性研究的语义分析法和社会网络分析方法,使用 TF-IDF 技术和 GEPHI 工具,对政策文件的焦点变化及各阶段政策发行部门的网络关系变化进行了探究,梳理了就业政策的演变脉络,反映了国家从包分配到自主择业再到鼓励创业的政策发展演变;另一方面,基于罗斯威尔和泽格菲尔德对政策工具的划分,从政策工具和人力资源管理两个维度构建分析框架对大学生就业政策进行文本量化分析,发现了我国大学生就业政策的功能定位及存在的问题,并在此基础上提出相应的政策建议,为提升我国政府治理能力与治理水平提供理论借鉴。

第三章:北京市大学生公共服务动机与就业倾向调查研究。通过网络、文献等渠道梳理了近三年来我国以及北京市大学生的就业状况,并基于公共服务动机理论,展开大规模的问卷调查,构建了大学生公共服务动机与就业倾向影响机制模型,数据分析发现公共服务动机对就业倾向的影响会受到性别、社会关系、政治面貌、实习经历、年龄、母亲教育背景、家庭年收入等因素的影响,同时在对儒家文化、公共服务动机和就业倾向关系的实证研究中发现:公共服务动机在儒家文化与就业倾向之间发挥中介作用,这表明儒家文化能通过公共服务动机对大学生的就业倾向产生显著的正向影响,这也进一步丰富和发展了公共服务动机领域研究的内容。

第四章:基于大数据的公共服务动机与就业倾向研究。本章在大数据技术基础之上,运用网络微博平台的数据信息对公共服务动机和就业倾向的相关关系进行分析,致力于突破时空的限制,通过大数据和小数据分析相结合的方式,比对微博用户信息关键词,挖掘社交网络行为体的行为、表现、观点和诉求中有价值的部分。研究发现在公共部门工作的人所拥有的公共服务动机的比率高于在非公共部门工作的人所拥有的公共服务动机的比率,验证了公共服务动机和就业倾向间的相关性。

第五章:残疾大学生公共服务动机与就业倾向研究。基于我国残疾大学生公共服务动机与就业倾向研究的基本背景,本书通过文献综述的方式,整理并总结了目前我国相关研究的现状,运用定性研究方法,对北京高校视障大学生进行了深度访谈,采用归纳法和语义分析法,提炼了北京高校视障大学生公共服务动机的情况和影响因素,构建了视障大学生公共服务动机与就业倾向理论模型,并尝试通过问卷调查和定量分析的方式,检验和验证了定性研究的结论,最后从残疾大学生个人、高校、政府和社会角度分别提出了具体的政策建议。

第六章:政策建议与展望。基于大学生公共服务动机对其就业倾向的影响机制的研究结果,为政府部门提出以下几点建议:第一,培育和强化大学生公共服务动机,建设公共部门人才储备池;第二,健全我国大学生就业政策体系,增强对高校毕业生就业的综合调控;第三,完善公共部门招聘甄选制度,建设高素质专业化的公务员队伍;第四,构建基于大数据的智慧型政府,实现就业需求供给方完美匹配;第五,协同促进残疾大学生就业,多方联动形成合力共促美好未来。

公共服务动机是公共管理领域的热点议题,而大学生就业更是关乎社会和谐稳定和国家繁荣发展的重要话题。笔者秉承认真、严谨的科研态度,综合运用定性与定量相结合、大数据与小数据相结合的研究方法,试图探究公共服务动机与就业倾向之间的关系。虽然有很多有趣的发现,但由于学识、时间等因素的限制,本书尚需进一步的改进和完善,敬请各位同仁、专家批评指正,以便后续研究更加科学、严谨。最后在此书付梓出版之际,衷心地感谢杨帆、李乙冉、陈昱睿、保津等为研究开展作出的贡献;感谢人民出版社的赵圣涛老师为本书出版所付出的努力;感谢家人们一直以来对我的支持和关爱。在未来的科研道路上,我会不断努力、继续前行。

目　　录

绪　论 ……………………………………………………………… 1

第一章　理论基础及文献综述 ………………………………… 14

　第一节　公共服务动机文献综述 …………………………… 14

　　一、公共服务动机在国外的发展历程 …………………… 14

　　二、公共服务动机国内研究文献回顾 …………………… 39

　第二节　大学生就业倾向文献综述 ………………………… 57

　　一、我国大学生就业倾向研究的缘起 …………………… 57

　　二、大学生就业倾向的研究角度和影响因素 …………… 58

　　三、就业倾向研究述评与展望 …………………………… 69

　第三节　公共服务动机与就业倾向之间关系研究 ………… 71

　　一、公共服务动机能够影响就业倾向 …………………… 72

　　二、公共服务动机无法影响就业倾向 …………………… 81

　　三、公共服务动机与就业倾向关系研究述评 …………… 82

　第四节　公共服务动机与就业倾向理论基础 ……………… 84

　　一、吸引—选择—磨合理论 ……………………………… 84

　　二、计划行为理论 ………………………………………… 86

　　三、自我决定理论 ………………………………………… 88

　　四、理性选择理论 ………………………………………… 90

　　五、个人—组织匹配模型与个人—工作匹配模型 ……… 92

第二章 大学生就业政策分析 ·················· 94

第一节 大学生就业政策的发展演变——基于社会网络分析的

视角 ·· 94

一、我国高校毕业生就业政策的演变 ··········· 95

二、样本基础与分析方法 ····················· 97

三、高校毕业生就业政策演变的实证分析 ······· 99

四、政策演变分析与讨论 ···················· 109

第二节 大学生就业政策的功能定位——基于政策工具的视角······ 110

一、政策样本选择 ·························· 112

二、二维政策分析框架构建 ·················· 114

三、单元编码 ······························ 118

四、数据分析 ······························ 120

五、研究结论 ······························ 123

六、政策建议 ······························ 125

第三章 北京市大学生公共服务动机与就业倾向调查研究 ··········· 128

第一节 大学生就业现状···························· 128

一、全国大学生就业现状 ···················· 128

二、2016—2018 年北京市大学生就业形势 ······· 130

第二节 北京市大学生公共服务动机和就业倾向现状·········· 151

一、研究方法 ······························ 152

二、北京市大学生公共服务动机现状研究结果 ······ 156

三、北京市大学生就业倾向现状调查研究结果············· 176

第三节 北京市大学生公共服务动机与就业倾向问卷调查········· 180

一、研究背景 ······························ 180

二、理论基础与研究假设 ···················· 182

三、数据分析 ······························ 184

四、研究结论 ······························ 188

第四章　基于大数据的公共服务动机与就业倾向研究……………… 190

　第一节　研究背景………………………………………………………… 190

　第二节　研究数据………………………………………………………… 193

　第三节　研究方法………………………………………………………… 193

　　一、关键短语标识器…………………………………………………… 194

　　二、上下文编码器……………………………………………………… 196

　第四节　实验和结果……………………………………………………… 199

　第五节　研究讨论………………………………………………………… 200

　第六节　研究不足与展望………………………………………………… 202

第五章　残疾大学生公共服务动机与就业倾向研究………………… 204

　第一节　研究背景………………………………………………………… 204

　第二节　文献综述………………………………………………………… 206

　第三节　深度访谈………………………………………………………… 210

　　一、数据来源…………………………………………………………… 210

　　二、研究方法…………………………………………………………… 211

　第四节　政策建议………………………………………………………… 219

　　一、残疾大学生应主动提升就业能力,积极融入社会……………… 219

　　二、高校应重视残疾大学生的职业规划,开展个性化指导………… 220

　　三、政府应完善相关法规政策,不断提供资金支持………………… 220

　　四、社会应营造平等关爱的氛围,提供人文关怀…………………… 221

第六章　政策建议与展望……………………………………………… 223

　第一节　培育和强化大学生公共服务动机……………………………… 223

　第二节　健全我国大学生就业政策体系………………………………… 225

　第三节　完善公共部门招募甄选………………………………………… 226

　第四节　构建基于大数据的智慧型政府………………………………… 229

　第五节　协同促进残疾大学生就业……………………………………… 231

附 录

附录1 中央推进高校毕业生就业的政策目录 ················· 235

附录2 标志性政策及重点举措表 ················· 251

附录3 大学生公共服务动机与就业倾向调查问卷 ················· 255

附录4 视障大学生公共服务动机与就业倾向访谈提纲 ················· 258

参考文献 ················· 259

绪　　论

一、研究背景

党的十九大报告指出,"就业是最大的民生。……提供全方位公共就业服务,促进高校毕业生等青年群体、农民工多渠道就业创业"。① 高校毕业生作为新时代的青年,是新时代的风向标,他们不仅承载着各自家庭的希望,也是推动社会发展进步、提高我国综合国力的活力之源。中国梦是历史的、现实的,也是未来的;是我们这一代的,更是青年一代的。中华民族伟大复兴的中国梦的实现,需要千千万万的时代新青年承担起自己的责任,积极投身于祖国的社会主义建设之中,为中国"两个一百年"的奋斗目标而奋进。习近平总书记指出,我们要牢记人民对美好生活的向往就是我们的奋斗目标,坚持以人民为中心的发展思想,努力抓好保障和改善民生各项工作,不断增强人民的获得感、幸福感、安全感,不断推进全体人民共同富裕。高校毕业生就业牵动着我国无数家庭。作为最大的民生问题,就业是经济的"晴雨表",是社会的"稳定器"。就业既是经济问题,也是社会问题和政治问题。因此,全面贯彻落实十九大精神,务必要坚持把"稳就业"放在更加突出的位置,努力实现高校毕业生更高质量以及更充分的就业。

伴随着我国高等教育普及化发展趋势,高校毕业生规模持续扩张。据国家统计局数据显示,自 1999 年高校扩招政策实施直至 2018 年,我国普通高等

---

① 习近平:《决胜全面建成小康社会　夺取新时代中国特色社会主义伟大胜利——在中国共产党第十九次全国代表大会上的报告》,人民出版社 2017 年版,第 46 页。

教育毕业生数量由 84.76 万[1]增至 753.31 万。[2] 迅速扩张的高校毕业生规模与缓慢增长的就业岗位数量之间的矛盾,使得大学生就业问题逐步演化成严重的社会问题。教育部在 2016 年发布的《中国高等教育质量报告》中预测,2019 年我国高等教育入学率将达到 50%,进入普及化发展阶段,高校毕业生规模势必也实现新的突破。[3] 2019 届全国普通高校毕业生就业创业工作网络视频会议中,林蕙青副部长指出 2019 年全国高校毕业生数量预计将再创大学毕业生之最,多达 834 万人,[4]堪称史上"最难毕业季"。与此同时,经济形势、产业结构和市场供需的转变,导致高校毕业生群体就业压力日渐加大。《2019 年中国大学生就业报告》针对 2007 届以来高校毕业生的就业状况进行调查,其中 2018 届本科毕业生"受雇工作"的比例为 73.6%,连续五年呈现下降趋势,高校毕业生就业压力日益凸显。[5] 在高校毕业生规模持续扩张和就业压力日渐加大的态势下,高校毕业生就业成为学界和社会广泛关注的热点问题。

为此,政府相关部门积极应对社会问题,不断丰富完善就业创业等保障高校毕业生未来发展的政策体系,制定出台各项措施以促进高校毕业生的就业保障。人力资源和社会保障部、教育部、公安部、财政部、中国人民银行于 2019 年 7 月 3 日联合印发《关于做好当前形势下高校毕业生就业创业工作的通知》(以下简称《通知》),该《通知》指出,政府通过积极拓宽就业领域、大力加强就业服务、强化就业权益保护以及全力为高校毕业生就业做好兜底保障

---

① 中华人民共和国教育部:《1999 年全国教育事业发展统计公报》,2000 年 5 月 30 日,见 http://old.moe.gov.cn/publicfiles/business/htmlfiles/moe/moe_633/200407/841.html。

② 中华人民共和国教育部:《2018 年全国教育事业发展统计公报》,2019 年 7 月 24 日,见 http://www.moe.gov.cn/jyb_sjzl/sjzl_fztjgb/201907/t20190724_392041.html。

③ 中华人民共和国教育部:《中国高等教育质量报告》,2016 年 4 月 7 日,见 http://www.moe.gov.cn/jyb_xwfb/xw_fbh/moe_2069/xwfbh_2016n/xwfb_160407/160407_sfcl/201604/t20160406_236891.html。

④ 中华人民共和国教育部:《2019 届全国普通高校毕业生就业创业工作网络视频会议》,2018 年 11 月 28 日,见 http://www.moe.gov.cn/jyb_xwfb/gzdt_gzdt/moe_1485/201811/t20181128_361821.html。

⑤ 麦可思:《2019 年中国大学生就业报告》,2019 年 8 月 29 日,见 http://www.199it.com/archives/930684.html。

等工作的多项措施,把高校毕业生就业作为重中之重,深入实施高校毕业生就业创业促进计划和基层成长计划,确保就业水平总体稳定、就业局势基本平稳。① 人力资源和社会保障部门于 2019 年 8 月 12 日发布《关于开展 2019 年全国高校毕业生就业服务行动的通知》,要求各地积极开展全国高校毕业生服务行动,以"不忘初心,牢记使命"主题教育为契机,健全完善就业服务机制,综合运用各类政策和服务手段,解决大学生在就业过程中所遇到的困难和问题,集中促进就业创业。② 各地政府也纷纷创新就业举措,力图通过开展相关职业培训活动、提供精准就业指导服务、组织实施"三支一扶"等基层就业项目、建设全方位就业扶持政策体系等形式为高校毕业生就业之路助力。

高校毕业生作为社会新技术、新思想、新文化传播和应用的前沿群体,是推动经济发展和社会进步的重要力量。随着经济社会和信息科技的快速发展,网络逐渐成为高校毕业生们了解社会和表达观点的主要渠道,"90 后"高校毕业生的就业倾向呈现出其独有的特征。他们具有较强的学习能力、表达能力和交际能力,在物质生活急速提升、网络信息迅速膨胀、科技发展日新月异的年代,他们往往呈现出不尽相同的价值观念和职业取向。因此,当代大学生是否仍甘于奉献、乐于参与公共服务? 其公共服务动机如何? 大学生们是否还热衷于公务员这一"金饭碗"? 什么因素会影响大学生的就业倾向? 这些问题对政府宏观就业政策的制定和高校人才培养方案的设计都具有重要的作用,亟待学界的关注和探讨。

二、研究内容

(一)研究问题

近年来,公共服务动机日益成为公共管理领域的研究热点,它源于对"理

---

① 中华人民共和国人力资源和社会保障部:《关于做好当前形势下高校毕业生就业创业工作的通知》,2019 年 7 月 3 日,见 http://www.mof.gov.cn/zhengwuxinxi/caizhengxinwen/201907/t20190715_3300377.htm。

② 《人力资源社会保障部关于开展 2019 年全国高校毕业生就业服务行动的通知》,2019 年 8 月 12 日,见 http://www.mohrss.gov.cn/SYrlzyhshbzb/jiuye/zcwj/201908/t20190812_329317.html。

性经济人"假设的质疑与批判,突出了人们渴望造福社会、帮助他人的利他动机,对这一动机的了解和激发有助于激励和引导人们勤奋工作、默默奉献和甘于牺牲的"亲社会行为",从而营造一个互助互爱、和谐稳定的宏观氛围。公共服务动机理论认为:公共服务动机高的人们更倾向于选择到公共部门中工作,而公共部门又可以为其提供更多公共服务的机会,进而强化其公共服务动机(James L Perry and Wise,1990)。与私人部门相比,公共部门的使命和核心价值观对高公共服务动机的人更具有吸引力(James L Perry and Hondeghem,2008b)。一个组织的使命、价值观和目标对人们的吸引力和价值越大,就越容易得到人们的支持并吸引他们加入到该组织中来,促使他们更好地工作(Rainey and Steinbauer,1999)。提高公共服务动机的员工在公共部门中表现出更高的工作绩效、组织承诺、工作满意度和较低的离职倾向(Hilliard et al.,2010)。因此,有学者指出公共服务动机是大学生就业时选择加入公共部门的一个重要指标(Jacqueline et al.,2012)。

我国学者自2007年起开展公共服务动机方面的研究,主要有两个研究方向:一是对公共服务动机的起源、概念、内涵及研究现状的描述性介绍和文献综述(李小华,2007;曾军荣,2008;朱春奎,2011;吴旭红,2013;方振邦,2014;谢秋山,2015);二是对公共服务动机的实证研究。实证研究主要集中于对公共服务动机量表的检测和验证(叶先宝,2011;孟凡蓉,2011;李明,2012)以及检验公共服务动机对公务员满意度、绩效等变量的关系。孟凡蓉、张玲(2011)以义务教育教师为研究对象,发现绩效评价目标设置对公共服务动机具有正向影响,且心理需求满意感在其中起完全中介作用。朱春奎、吴辰(2012)以我国中西部地区公务员为调研对象,结果发现除同情心维度之外,自我奉献、互助意愿、公共政策制定的吸引力和公共利益的承诺均对工作满意度呈现显著的正向影响。李小华、董军(2012)以我国的MPA研究生为考察对象,证实了公共服务动机对公务员工作绩效的正向影响。寸晓刚(2013)在对某部属高校大学生进行调查时发现,大学生的公共服务动机与社团管理者经历、年龄、主要成长地、职业意向、年级、家庭结构和专业等变量相关,生理、家庭和教育等因素都会影响到公共服务动机的形成和改变。

国内外学者给予了公共服务动机高度的关注,但目前我国公共服务动机研究仍处于起步阶段。这主要表现在以下几个方面:首先,在研究对象上,目前国内对公共服务动机的研究主要集中于对公务员群体的考察,而忽视了有意向进入公共部门或参与公共服务的群体,特别是大量有潜力的大学生群体公共服务动机的研究。第二,在研究方法上,目前国内对于公共服务动机的实证研究不足,学者主要是通过单一的问卷调查的方法开展调研,难以避免共同方法偏差和社会称许性问题,没有充分利用大数据资源,数据结果具有一定的局限性。第三,公共管理的实证研究最终应服务于实践,现有实证研究结论很少与大学生就业、公共部门招聘等相结合。为了应对以上问题,本书在文献综述和系统梳理、分析我国大学生就业政策的基础上,综合运用问卷调查、大数据分析、访谈等研究方法,调查了北京高校大学生的公共服务动机现状,分析了大学生公共服务动机对其就业倾向的影响机制,尝试发现大学生就业倾向的影响因素,并在此基础上提出相应的大学生就业政策建议。

(二)研究对象

本书的研究对象是北京市高校大学生。大学生(研究生、本科生)是社会的一个特殊群体,是指接受过大学教育而还未完全走进社会的人才。研究对象将涵盖不同类型学校(包括 985 院校、211 院校、普通高校、部委直属院校等)、不同年级、不同生源地、不同专业、不同性别的大学生。同时,为了进行大学生择业倾向的公私部门比较研究,政府部门、党政机关、事业单位、非营利组织、国企、央企在本书中均被纳入公共部门的范畴。

(三)概念界定

1. 公共服务动机的概念界定

1982 年,瑞尼通过对公共部门和私有部门管理者的调查发现两者有别,由此率先推测不同类型的部门管理者可能在公共服务动机上存在差异(Rainey,1982)。① 随后,美国学者佩里和怀斯首次定义了公共服务动机的概

---

① Hal G.Rainey,"Reward Preferences among Public and Private Managers:In Search of the Service Ethic",*The American Review of Public Administration*,Vol.16,No.2(December 1982),pp.288-302.

念,他们将公共服务动机界定为"个体对主要或完全由公共制度和组织引起的动机进行回应的心理倾向",并将其分为理性动机、规范动机和情感动机(Perry and Wise,1990)。进而,佩里从渴望参与政策制定、对公共利益的承诺、同情和自我牺牲精神四个维度对公共服务动机进行测量(Perry,2008)。典型的公共服务动机的例子就是肯尼迪总统的号召"不要问你的国家能为你做了什么,而要问问你自己能为国家做些什么"。此后,克卢森宽泛地将对公共服务动机概括为"追求内在报酬而非外在报酬的倾向,内在激励是指工作任务本身带给人的激励,包括工作责任感与成就感等;外在激励是指工作以外的奖励,包括薪酬增加、晋升及社会威望"(Philip E Crewson,1997)。瑞尼和施泰因鲍尔将公共服务动机界定为"一种服务于团体、地方、国家或全人类利益的利他主义倾向",强调了公共服务动机的行为启示作用和公共部门之外的可适用性(Rainey and Steinbauer,1999)。布鲁尔和塞尔登认为公共服务动机的概念是指"推动个人进行有意义的公共服务、社区服务和社会服务的行为驱动力,该概念强调了其在公共领域之外的行为影响和适用性"(Brewer and Selden,1998)。欧洲学者凡德纳比则认为需要建构一个更具包容性的概念,它不仅包括狭义的公共服务动机,还应囊括其他具有价值取向的行为决定因素,如伦理和角色等。同时它还应该关注个人利益或组织利益之外的问题,应该与国家或州等政治实体相联系(Vandenabeele,2004)。在此基础上,凡德纳比在整合多种观点的基础上提出了一个更为全面的定义,他认为公共服务动机是"一种超越了自身利益和组织利益的信仰、价值观和态度,这种信仰、价值观和态度关注于更宏观层面政治实体的利益,并能激励个人在适当条件下采取相应的行为"(Wouter Vandenabeele,2007b)。尽管公共服务动机的内涵在不同学科和不同领域下的界定会有所不同,但其核心是基本一致的。本书将公共服务动机界定为个体他人做好事、塑造社会福祉的动机和行为。

2. 就业倾向的概念界定

就业的实质就是指劳动者同生产资料相结合,从事一定的社会劳动并以此获得劳动报酬或经济收入;而倾向则是一种心理状态,着重于表达个体的态度和观点,能够引导着个体的注意力、经验和行动。① 就业倾向是一个复杂而又模糊的概念,可以通过人生观和价值观两个方面来理解。从人生观的角度来看,就业倾向是求职者基于自身职业生涯的长远规划而做出的职业选择,这是由个体对未来人生的设想,表明人们对于自身职业发展的基本态度和看法;从价值观的角度来看,就业倾向可以表现为求职者基于职业价值衡量后的选择,以是否能够满足自身基本需要而做出的一种判断。国内学者对于就业倾向的研究大多以大学生为主体,关注目前严峻的就业形势下,毕业生们在选择职业时的考虑因素及其影响。对于就业倾向这个概念在学界存在众多类似表述,例如"职业选择""就业动机""就业心理""就业意向"等。孟东方(2004)认为职业选择就是个体受到自身的需求动机和本身条件制约,兼顾职业和个人方面的多种影响因素,从主观客观多方面进行综合考虑后所作出的一种价值判断。② 韩雪(2014)等人认为就业动机就是因需求而引发的首要动机。③白文龙(2003)指出就业心理有认知心理、情绪心理和社会心理三个维度,大学生在自主择业的过程中,首先对于自己、职业以及周围社会环境形成初步的认知,其次或多或少会受到不满情绪心理、焦虑情绪心理、从众心理和攀比心理的影响而最终形成完整的就业心理。④ 郑洁(2005)认为就业意向就是指人们在职业定向和选择过程中,对自己现状的认识和对未来职业的期待。⑤ 杨河清(2002)指出就业意向就是影响劳动者职业选择的心理因素,是人们对就业问题的基本认识和态度。国外对于就业倾向的界定也错综复杂,"Job Choice""Career Choice""Career Decision""Career Preference""Occupational Intention""Employment Intention"等概念没有规范性界定。阿耶兹将"倾向"定义为"为了作出某种行为,人们愿意付出努力去尝试的意图。"(Ajzen,1991)

①　Barbara Bird,"Implementing Entrepreneurial Ideas:The Case for Intention",*The Academy of Management Review*,Vol.13,No.3(July 1988),pp.442-453.

②　汪庆春、孟东方:《大学生职业评价与职业选择研究》,《重庆大学学报(社会科学版)》2004年第5期。

③　韩雪、张广胜:《预期就业风险、就业动机与进城务工人口就业选择行为研究》,《人口与经济》2014年第6期。

④　白文龙:《大学生就业心理分析及对策》,《中国高教研究》2003年第5期。

⑤　郑洁:《当代大学生就业意向现状调查》,《中国大学生就业》2005年第14期。

阿诺德等人认为,倾向会受到个体的态度影响,而个体的态度则反映出一个人对某种行为的认知结果(Arnold et al.,2006)。[1] 布莱特也指出,倾向会受到主观规范的影响,即个人会在意其他人对于其行为的评价,进而对于自己的行为倾向做出相应的改变(Bright,2005)。[2] 20世纪初,美国就开始对就业问题进行深入研究,帕森斯在出版的《选择一个职业》中提到,"人与职业相匹配是职业选择的焦点",他指出个体之间不同的性格特征而形成的人个模式对于就业具有重大影响,在就业之中能够形成相应的就业倾向(Parsons,1909)。综上所述,在本书中,就业倾向被界定为大学生在职业生涯规划时,对政府部门、党政机关、事业单位、非营利组织、国企、央企、私营企业等组织进行选择时表现出来的偏好和意向。

三、研究意义

（一）理论意义

本书通过访谈、问卷调查和大数据分析等方法的综合运用,在公共服务动机理论的基础上,探索公共服务动机与就业倾向之间的影响机制,在研究方法、研究对象和研究内容上丰富和推动我国公共服务动机的理论研究。具体而言,可以概括为以下三个方面:

（1）学术思想上,国内学者对大学生公共服务动机的关注较少;主要关注于已经入职的公务员公共服务动机的研究。对尚未就业的大学生公共服务动机进行研究可以拓展国内公共服务动机实证研究的视角。

（2）学术观点上,国内较少有学者关注大学生公共服务动机与其就业倾向之间的关系,笔者尝试检验了大学生公共服务动机对就业倾向的影响,认为高公共服务动机的大学生更倾向于到公共部门工作,这一结果在一定程度上

---

[1]　John Arnold,John Loan-Clarke,Crispin Coombs,Adrian Wilkinson,Jennifer Park,Diane Preston,"How Well Can the Theory of Planned Behavior Account for Occupational Intentions?",*Journal of Vocational Behavior*,Vol.69,No.3(June 2006),pp.374-390.

[2]　Leonard Bright,"Public Employees With High Levels of Public Service Motivation:Who Are They,and What Do They Want?",*Review of Public Personnel Administration*,Vol.25,No.2(June 2005),pp.138-154.

可以丰富我国公共服务动机的应用研究。

（3）研究方法上，本书采用大数据分析和问卷调查、访谈相结合的方法开展研究，以应对自我报告式问卷所难以避免的共同方法偏差或社会称许性问题，能够确保研究结果具有较好的客观性和准确性。

（二）实践价值

大学生就业问题一直是国家高度关注的问题之一。大学生就业问题是影响社会稳定和国家发展的重中之重，不仅关系大学生个人的成长与发展，还关系其家庭生活水平和幸福指数的提升。大学生作为国家培养的战略性人力资源，是社会主义现代化建设的重要力量。高校毕业生的就业过程实质上也是国家整体战略规划和人力资源之间合理配置的问题，其配置是否合理直接体现了国家保障和改善民生政策的贯彻落实，更是直接关系我国人才强国战略的实施进程。本书对大学生就业政策进行了系统的梳理和分析，分析结果有助于在宏观层面对北京大学生就业政策提供有益的政策支持。

其次，人才培养是当代高校的主要任务。随着经济全球化、信息传播全球化等进程的发展，为了适应并更好地服务于日益增长的社会需求，不断革故鼎新、创新发展，源源不断地为社会输送所需人才，高等教育与时俱进的完善必不可少。高校毕业生的就业率就是高校深化改革的风向标，是办好人民满意的高等教育的"试金石"。高校毕业生能否顺利就业，一定程度上反映了我国当前高等教育的水平，高校毕业生就业工作是否做好关系到人民群众对高等教育的满意程度。本研究结合大数据资源和问卷调查的数据结果，全面、客观地了解和考察北京高校大学生的公共服务动机现状，探索公共服务动机与大学生就业倾向之间的影响机制，可以在微观层面为高校人才培养和公共部门人员招聘提供有益的建议。

四、研究方法

1. 文献法。通过学校图书馆的国内外数据库以及政府网站收集和整理相关文献，紧跟国内外研究前沿，奠定扎实的研究基础。

2. 访谈法。第一轮访谈：与大学生代表进行访谈，提炼公共服务动机影响因素。第二轮访谈:与大学生代表进行访谈,提炼和归纳大学生就业倾向及其影响因素。第三轮访谈:结合调查结果,与相关专家学者探讨结果,提出政策建议。

3. 问卷调查法。课题组在北京地区的高校中选择有代表性的高校进行问卷调查。采用抽样的方法确保样本兼顾不同学校、不同性别、不同专业、不同生源地、不同类型、不同年级的大学生。采用线上和线下相结合的方式进行问卷调查,并用 SPSS 和 LISREL 等统计软件对调查数据进行描述统计、假设检验和结构方程模型分析等。

4. 大数据分析。本书利用大数据分析的方法,对微博、论坛等网络信息进行挖掘,将公共服务动机作为标签,采用可分离的大规模整数规划方法,确定大学生公共服务动机的情况;并将数据集分为训练组和测试组,采用交叉验证的方式进行实验。训练组用来检测公共服务动机维度;测试组用来判断算法的有效性,从而提炼出北京高校大学生的公共服务动机现状和就业倾向。

五、研究框架

本书围绕大学生公共服务动机和就业倾向展开论述,共包括七部分内容,如下图所示。

绪论。从当前社会、经济和技术发展的宏观背景出发,结合当前社会关注的就业形势与相关政策,阐述了当前社会现实背景下大学生的就业倾向与其公共服务动机研究的重要理论价值与实践意义。在此基础上,明确了研究对象和相关概念的定义,确立了本书的主要问题和研究方法,构建了研究的整体框架,从全局的角度上对整个研究进行综合性的概述。

第一章:理论基础及文献综述。本章首先系统地回顾了国内外有关公共服务动机的发展历程,对公共服务动机的起源、发展过程、内容结构以及前因变量和结果变量等研究现状进行了详细的综述,并通过 Citespace 软件,全面梳理了国内 2001 年至 2018 年主题为公共服务动机的核心文献,归纳出公共服务动机研究在我国的发展趋势与热点主题内容,并对未来研究发展提出了展望。随后,通过对我国大学生就业倾向研究的缘起、研究对象的选择与确

绪论	
研究背景和提出问题	政策研究

第一章　理论基础及文献综述	
公共服务动机和就业倾向文献综述	文献研究

第二章　大学生就业政策分析	
大学生就业政策演变与实证分析	政策计量分析

第三章　北京市大学生公共服务动机与就业倾向调查研究	
大学生就业现状和公共服务动机现状调查	问卷调查

第四章　基于大数据的公共服务动机与就业倾向研究	
大学生公共服务动机与就业倾向影响机制研究	大数据研究

第五章　残疾大学生公共服务动机与就业倾向研究	
视障大学生就业现状和公共服务动机现状调查	问卷调查和深度访谈

第六章　政策建议与展望
讨论研究结果，并提出针对性政策建议

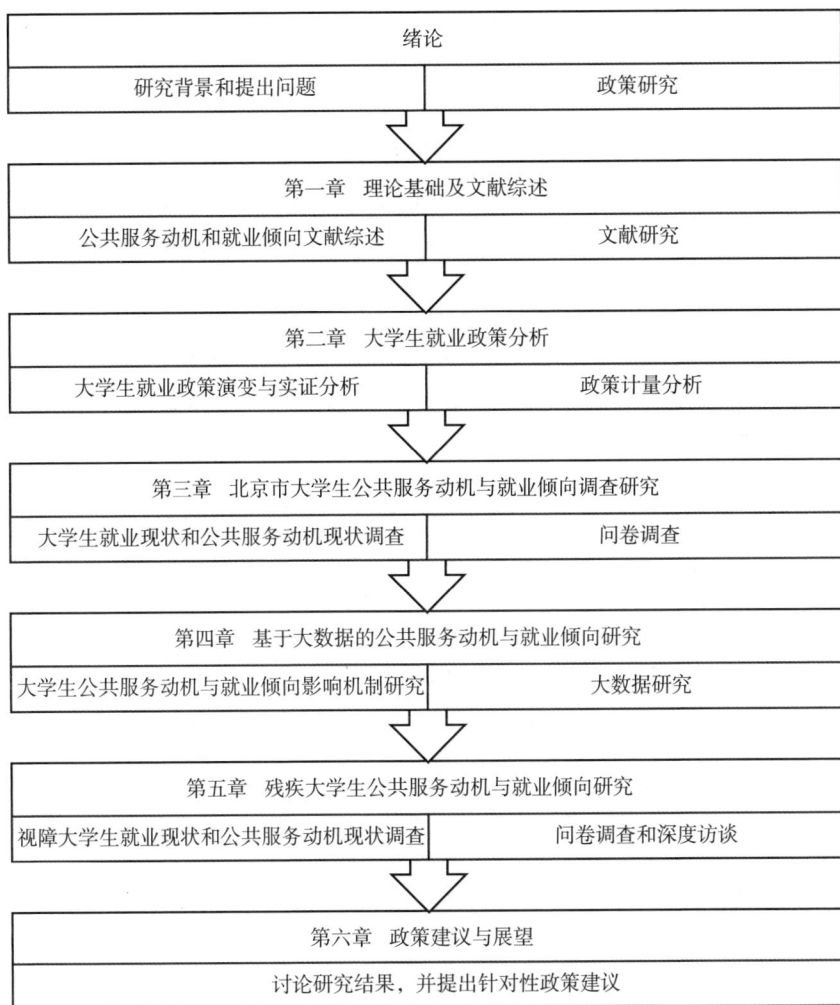

认、影响因素的梳理、目前研究的局限以及未来发展趋势等方面的剖析，全面了解了我国大学生就业倾向方面的研究现状。最后，通过综述吸引—选择—磨合理论、计划行为理论、自我决定理论、理性选择理论四种理论，为本研究中探索公共服务动机和大学生就业倾向之间关系提供理论基础。

　　第二章：大学生就业政策分析。在文献综述的基础上，系统梳理了我国1950年以来国家层面出台的大学生就业政策，通过运用质性研究的语义分析法和社会网络分析方法，使用 TF—IDF 技术和 GEPHI 工具，对政策文件的焦点变化及各阶段政策发行部门的网络关系变化进行了探究,梳理了就业政策的演变脉络,反映了从国家从包分配到自主择业再到鼓励创业的政策发展演变;另一方面,基于罗斯威尔和泽格菲尔德对政策工具的划分(Rothell and Zegveld,1985),从政策工具和人力资源管理两个维度构建分析框架对大学生就业政策进行文本量化分析,发现了我国大学生就业政策的功能定位及存在的问题,并在此基础上提出相应的政策建议,为提升我国政府治理能力与治理水平提供理论借鉴。

第三章:北京市大学生公共服务动机与就业倾向调查研究。通过网络、文献等渠道梳理了近三年来我国以及北京市大学生的就业状况,并基于公共服务动机理论,展开大规模的问卷调查,构建了大学生公共服务动机与就业倾向影响机制模型,数据分析发现公共服务动机对就业倾向的影响会受到性别、社会关系、政治面貌、实习经历、年龄、母亲教育背景、家庭年收入等因素的影响,同时在对儒家文化、公共服务动机和就业倾向关系的实证研究中发现:公共服务动机在儒家文化与就业倾向之间发挥中介作用,这表明儒家文化能通过公共服务动机对大学生的就业倾向产生显著的正向影响,这也进一步丰富和发展了公共服务动机领域研究的内容。

第四章:基于大数据的公共服务动机与就业倾向研究。本章在大数据技术基础之上,运用网络微博平台的数据信息对公共服务动机和就业倾向的相关关系进行分析,致力于突破时空的限制,通过大数据和小数据分析相结合的方式,比对微博用户信息关键词,挖掘社交网络行为体的行为、表现、观点和诉求中有价值的部分。研究发现在公共部门工作的人所拥有的公共服务动机的比率高于在非公共部门工作的人所拥有的公共服务动机的比率,验证了公共服务动机和就业倾向间的相关性。

第五章:残疾大学生公共服务动机与就业倾向研究。基于我国残疾大学生公共服务动机与就业倾向研究的基本背景,本章通过文献综述的方式,整理并总结了目前我国相关研究的现状,运用定性研究方法,对北京高校视障大学生进行了深度访谈,采用归纳法和语义分析法,提炼了北京高校视障大学生公共服务动机的情况和影响因素,构建了视障大学生公共服务动机与就业倾向理论模型,并尝试通过问卷调查和定量分析的方式,检验和验证了定性研究的结论,最后从残疾大学生个人、高校、政府和社会角度分别提出了具体的政策建议。

第六章:政策建议与展望。基于大学生公共服务动机对其就业倾向的影响机制的研究结果,为政府部门提出以下几点建议:第一,培育和强化大学生公共服务动机,建设公共部门人才储备池;第二,健全我国大学生就业政策体系,增强对高校毕业生就业的综合调控;第三,完善公共部门招聘甄选制度,建设高素质专业化的公务员队伍;第四,构建基于大数据的智慧型政府,实现就业需求供给方完美匹配;第五,协同促进残疾大学生就业,多方联动形成合力共促美好未来。

第一章　理论基础及文献综述

第一节　公共服务动机文献综述

动机是激发和维持有机体的行动,并将使行动导向某一目标的心理倾向或内部驱力。① 从理论上来讲,人们的动机对人们的行为决策具有较大的影响力与决定力。在西方社会发展的进程中,员工的工作动机逐渐成为公共管理领域中的重点关注的对象。最初,西方学者源于对公共行为自利性假设的质疑而提出了公共服务动机理论。随后,越来越多的学者加入对这一理论的发展和补充,逐渐丰富其概念、结构、特征、量表、前因变量和结果变量等相关内容。他们从不同的视角,运用不同的研究方法,基于不同的研究样本对公共服务动机理论做了细致而又系统的研究。相比之下,我国的此类研究起步相对较晚,但是由于我国较为特殊的社会发展现实背景,同时研究框架和语境也有所差异,通过对国内外研究文献的梳理,我们可以从国内和国外两个方面对公共服务动机的相关研究进行回顾,以期便于相互比较与综合分析。

一、公共服务动机在国外的发展历程

(一)公共服务动机的概念

公共服务动机概念的提出来自于学者们对公共部门和私人部门员工价值观念和需求倾向的比较研究,30多年来学者们不断深入挖掘和探索公共服务动机概念的内涵。然而,公共服务动机是一个内在复杂的动态心理过程,是一

---

① 林崇德等:《心理学大辞典》,上海教育出版社2003年版,第223页。

个多维度、多层面、难以描述的抽象概念,它会随着时间和环境的变化而变化(James L Perry,1996;Wouter Vandenabeele,2008a)。尽管公共服务动机的内涵在不同学科和不同领域下的界定会有所不同,但都关注于公共领域中为他人做好事、塑造社会福祉的动机和行为(James L Perry and Hondeghem,2008b)。

瑞尼对服务动机进行了界定,认为服务动机是"员工对客户、团体和社会进行有价值服务的意识"(Rainey,1982),他认为公共服务动机是一个模糊、笼统和动态的概念,难以对其进行直接和准确的界定。直到1990年,佩里和怀斯将公共服务动机明确定义为"个体对主要或完全由公共制度和组织引起的动机进行回应的心理倾向"(James L Perry and Wise,1990)。这里的"动机"(motives)是指个体渴望消除或满足的心理上的匮乏或需求,该概念强调了公民义务、同情心等与公共组织密切相关的动机。此后,克卢森宽泛地将对公共服务动机概括为"追求内在报酬而非外在报酬的倾向,内在激励是指工作任务本身带给人的激励,包括工作责任感与成就感等,外在激励是指工作以外的奖励,包括薪酬增加、晋升及社会威望"(Philip E Crewson,1997)。瑞尼和施泰因鲍尔将公共服务动机界定为"一种服务于团体、地方、国家或全人类利益的利他主义倾向"(Rainey and Steinbauer,1999),强调了公共服务动机的行为启示作用和公共部门之外的可适用性。布鲁尔和塞尔登认为公共服务动机的概念是指"推动个人进行有意义的公共服务、社区服务和社会服务的行为驱动力,该概念强调了其在公共领域之外的行为影响和适用性"(Brewer and Selden,1998)。欧洲学者凡德纳比则认为需要建构一个更具包容性的概念,它不仅包括狭义的公共服务动机,还应囊括其他具有价值取向的行为决定因素,如伦理和角色等。同时它还应该关注个人利益或组织利益之外的问题,应该与国家或州等政治实体相联系。在此基础上,凡德纳比在整合多种观点的基础上提出了一个更为全面的定义,他认为公共服务动机是"一种超越了自身利益和组织利益的信仰、价值观和态度,这种信仰、价值观和态度关注于更宏观层面政治实体的利益,并能激励个人在适当条件下采取相应的行为"(Wouter Vandenabeele,2007b)。这个概念与其他公共服务动机概念的主要区别在于引入了价值观,并将其作为制度认同的一部分。经济学家弗朗索瓦则从利他主义的角度,将公共服务动机定义为"人们对有价值的社会服务所做出的付出和努力"(Francois,2000)。各学者对公共服务动机的内涵界定可见表 1-1 所示。

表 1-1 公共服务动机的内涵界定

时间	作者	概念界定
1990	Perry and Wise	公共服务动机是个体对主要或完全由公共制度和组织引起的动机进行回应的心理倾向。
1997	Crewson	公共服务动机可以理解为追求内在激励而非外在激励的倾向。内在激励是指工作任务本身带给人的激励,包括工作责任感与成就感等,外在激励是指工作以外的奖励,包括薪酬增加、晋升及拥有社会威望等。
1998	Brewer and Selden	公共服务动机的概念是指推动个人进行有意义的公共服务、社区服务和社会服务的行为驱动力。
1999	Rainey and Steinbauer	公共服务动机是一种服务于团体、地方、国家或全人类利益的利他主义倾向。
2000	Francois	公共服务动机是人们对有价值的社会服务所做出的付出和努力。
2004	Simeone	理想的公共服务动机是一种类似于爱的概念,包括公共服务使命、强大的目标和承诺、自我牺牲精神等。
2007	Vandenabeele	公共服务动机是一种超越了自身利益和组织利益的信仰、价值观和态度,这种信仰、价值观和态度关注于更宏观层面政治实体的利益,并能激励个人在适当条件下采取相应的行为。
2008	Perry and Hondeghem	公共服务动机是源于公共机构的主要但并不是唯一的个人利他主义动机。

针对学者们对公共服务动机内涵的不同理解,布鲁尔和塞尔登认为需要基于以下两个前提假设对公共服务动机的内涵进行梳理:第一,公共服务动机是引导个体进行有意义的公共服务的驱动力;第二,公共服务动机在公众服务中普遍存在(Brewer and Selden,1998)。公共服务动机的核心思想认为利己动机不足以充分激励公共部门员工和促进公共服务水平。因此,第一个前提假设就揭示了公共服务动机是超越了狭隘的自我利益的利他动机,是强调个人从事有意义的政府服务、社区服务和社会服务的亲社会行为。第二个假设

是对第一假设的延伸,认为公共服务动机在公共部门的普遍存在可以为人们从事有意义的公共服务提供机会,进而也会吸引具有强烈公共服务动机的公众加入到公共部门中以满足其动机需求,并在公共部门中不断地接受公共服务动机的灌输和强化,这对于公共管理实践有重要的启示意义。

(二)公共服务动机与相关概念的区分

1. 公共服务伦理

公共服务动机是由美国学者最先提出的概念,并在美国学术界得到了广泛的关注。在佩里正式界定公共服务动机之前,欧洲学者在相似的研究主题中多采用"公共服务伦理"(Public Service Ethic)的概念。但随着公共服务动机研究在全球范围内的不断发展和扩大,该概念在欧洲学者的研究中也逐渐流行起来。佩里等学者没有对公共服务动机和公共服务伦理的概念进行严格区分,细究其区别主要在于公共服务伦理是一个基于规范研究和定性研究的概念;而公共服务动机是在公共服务伦理研究的基础上提出的,一个侧重实证和行为科学研究的可测量的微观概念(James L Perry and Wise,1990;Rainey,1982)。

2. 利他主义

公共服务动机的概念与利他主义有着直接的关系。利他主义(altruism)是指关心他人利益而不考虑自己利益的一种价值倾向(Wispe,1972)。利他主义的特点是行为主体自发地帮助他人,而较少关心自身利益的得失,不期望得到任何外部回报,甚至不惜自身利益遭到损失。以往经济学家主要基于经济成本对利他主义进行界定,但很多学者认为利他主义的定义应聚焦于行动,将其界定为一种无私地为他人福利着想的行为(Piliavin and Charng,1990)。此外,经济学家指出应该将公共服务动机作为利他主义的"代码",认为利他主义是"个体无私为他人福利采取自我牺牲行为的意愿"(James L Perry and Hondeghem,2008b)。在公共服务中很难否认利他主义动机的普遍存在(Le Grand,2003)。利他主义可以被认为是公共服务动机的基础,但并不代表公共服务动机等同于利他主义动机,或者否认自利动机的存在:公共服务动机肯定自利动机的存在,但更多关注的是服务动机中自利动机之外的利他动机。

3. 亲社会行为

与经济学家不同,组织行为学家倾向于采用与利他主义和公共服务动机内涵类似的概念:亲社会行为。亲社会行为代表了更为广泛的行为分类,布里弗和莫托维德罗将其界定为:组织内的成员在与组织成员、团体和组织互动的过程中履行组织角色,有意识地朝着既定目标促进个人、团队和组织福利的行为(Brief and Motowidlo,1986)。由此可以看出,亲社会行为总是发生在人际之间的,是人们在维护与其他组织成员友好关系和共同利益的情况下产生的积极、友好的社会行为。简言之,亲社会行为是一种自愿的、不计回报的行为(Walster and Piliavin,1972),是"努力付出以造福他人的愿望"(Grant,2008)。但是,亲社会行为与利他主义不尽相同,亲社会行为涵盖了为了某种目的、有所企图的助人行为,所以它是一个比利他行为更宽泛的概念(Rushton,1980)。

简单而言,本书认为公共服务动机可以被理解为个体渴望参与公共服务、帮助他人、造福社会的内在意愿和心理需求。公共服务动机的概念并不局限于公共部门的范围之内,而是超脱于公共部门、集中于公共服务的一个关于个体内在驱动力的微观概念。公共服务动机是在公共服务伦理、利他主义和亲社会行为研究的基础上提出来的,是嵌套在一起的不同层级的概念。具体可以从两方面理解公共服务动机及其相关概念的关系:一方面,公共服务动机是利他主义和亲社会行为的一种特殊表达形式,可以被认为是利他主义和亲社会行为的子集。另一方面,公共服务的动机与相关概念互为补充(James L Perry and Hondeghem,2008a)。但是,相较于公共服务伦理、利他主义和亲社会行为等较为宽泛的界定和适用范围而言,公共服务动机的概念更明确地关注于动机对象(objects),集中于公共服务领域,并具有其独有的内在类型和基本特征。

(三)公共服务动机的内容结构

佩里和怀斯在提出公共服务动机概念时,从理论推导的角度对其进行了分类。根据诺克和莱特伊萨克的理性、规范、情感动机的倾向—机会模型(Predisposition-Opportunity Model)(Knoke and Wright-Isak,1982),佩里和怀斯认为公共服务动机同样可以划分为理性的(rational)、规范的(norm-based)

和情感的(affective)三个不同的类型(James L Perry,1996)。其中,理性动机包括源于个体效用最大化的行为动机;规范动机指的是努力遵守规范而产生的行为动机;情感动机是指面对不同社会情境而引发不同情绪反应的行为动机。

佩里和怀斯认为这三类动机可以细分为六个不同的具体维度(James L Perry,1996),包括公共政策制定的吸引力(attraction to public policy making)、公共利益的承诺(commitment to the public interest)、公民责任(civic duty)、社会公正(social justice)、同情心(compassion)和自我牺牲(self-sacrifice)。具体如表1-2所示。

表1-2 公共服务动机的初始结构(James L Perry,1996)

类型	维度
理性动机	1. 公共政策制定的吸引力
规范动机	2. 公共利益的承诺 3. 公民责任 4. 社会公正
情感动机	5. 同情心 6. 自我牺牲

第一种类型:理性动机。科尔曼认为推动人们从事公共服务的理性动机主要来自可以拥有参与公共政策制定的机会(Steven Kelman,1987)。公共政策制定的吸引力是公共组织所特有的动机,这是因为在公共部门中工作是参与公共政策制定的必要前提。通过参与公共政策制定,可以增强人们的自豪感,以达到个人心理需求的满足。

第二种类型:规范动机。公共服务动机中的规范动机来自人们对公共利益的承诺、公民责任和社会公平。首先,学者们一致认为公共服务规范的基础之一是对公共利益的承诺。唐斯认为人们想要服务于公共利益的愿望从本质上来说是利他的,即使人们对公共利益的理解是基于其个人主观的观点时也是如此(Downs,1967)。其次,佩里引用布坎南的观点,认为公共服务动机中包括一种独特的公民责任意识,他特别指出这种规范源自国家政权和公务员作为非民选受托人的政治角色(Buchanan,1975;James L Perry,1996)。最后，公共管理者的另一个规范动机是社会公正。社会公正的目的在于促进缺乏政治和经济资源的少数人的福利。弗里德里克森认为公共管理者有三方面的责任：在促进社会公正的同时，有效地、经济地提供服务，即效率(efficiency)、经济(economy)、公正(equity)。他认为在公共管理者的价值体系中涵盖社会公正有助于界定公共管理者的政治角色(Frederickson and Hart,1985)。

第三种类型：情感动机。推动个体从事公共服务的情感动机来自同情心和自我牺牲精神。弗里德里克森认为仁慈的爱国主义(patriotism of benevolence)是公务员的核心动机(Frederickson and Hart,1985)，而佩里在公共服务动机中将其命名为同情心(compassion)。此外，另一个与公共服务动机紧密相关的动机是自我牺牲。自我牺牲是一种愿意为其他人提供服务而并不获得有形回报的意愿。典型的自我牺牲动机的例子就是肯尼迪总统的号召"不要问你的国家能为你做了什么，而要问问你自己能为国家做些什么"。

在基于文献和理论推导提出公共服务动机的维度划分之后，佩里对 MPA 学员进行了问卷调查，以验证公共服务动机的内容结构。通过验证性因素分析发现，公共服务动机结构没有最初理论推导的那么复杂。统计分析结果表明：公共利益的承诺、公民责任和社会公正之间并没有显著差异，这三者都从属于规范动机这一维度。因此，佩里将这三个相关系数较高的因素合并后，得出了更为精简的四维度公共服务动机模型：包括公共政策制定的吸引力、公共利益的承诺、同情心和自我牺牲(James L Perry,1996)。这是目前广为学者们接受的公共服务动机结构，很多学者据此对公共部门员工的公共服务动机进行测量并进一步开展公共服务动机与其他变量关系的实证研究。最终的公共服务动机内容结构如表 1-3 所示。

表 1-3　普遍采用的公共服务动机内容结构(James L Perry,1996)

类型	维度
理性动机	1. 公共政策制定的吸引力
规范动机	2. 公共利益的承诺

类型	维度
情感动机	3. 同情心
	4. 自我牺牲

此后,有学者对佩里提出的公共服务动机的结构提出质疑,认为理性动机追求的是自我效用的最大化,个体参与到政策的制定也是为了追求个人权力的最大化、满足个人自尊和私利的需要。因此,理性动机属于自利动机的范畴,与公共服务动机的核心思想不一致(Wright and Pandey,2008)。此外,公共服务动机中的规范动机和情感动机也存在内涵相互重叠,难以区分的问题,佩里也曾指出自我牺牲和公共利益的承诺两者之间相关系数较高,公共服务动机的三维度模型和四维度模型在验证性因素分析中的 GFI(goodness of fit index)和 AGFI(adjusted goodness of fit index)等指标上差异不大。但考虑到自我牺牲精神与公共服务的密切关系,所以将自我牺牲保留作为独立的动机,最终构成了公共服务动机四维度模型。因此,佩里明确指出公共服务动机的结构需要后续的研究加以检验和修订(James L Perry,1996)。

基于上述问题,很多学者尝试对公共服务动机的内容结构进行修订和完善。布鲁尔和塞尔登运用 Q 方法论(Q-Methodology)的质化研究方法对公共服务动机的类型进行分类,让 69 名调研对象对佩里提出的 40 条有关公共服务动机的描述按重要程度排序,以确保调研对象在整体上对公共服务动机各条目的重要程度进行综合思考。结果发现人们对公共服务动机有着不同的理解,根据人们的不同观点,从人的角度将公共服务动机划归为四种类型,分别是乐善好施者(Samaritans)、共产主义者(Communitarians)、爱国者(Patriots)和人道主义者(Humanitarians)(Brewer,Selden et al.,2000)。

第一种类型:乐善好施者。乐善好施者有强烈的帮助他人的动机,他们将自己视为弱势群体的守护者,当他们看到人们不幸时,很容易被感动。他们帮助需要帮助的人,并不是为了对国家的责任、自我牺牲的精神和外在报酬,而是为了达到自我内在心理的满足。然而,尽管他们愿意帮助弱势群体,但是他们并不希望牺牲自己的利益。因此,这种类型人的动机并不是完全利他的。

第二种类型:共产主义者。共产主义者的公共服务动机主要是受公民责任和公共服务意识的驱动,他们认为公共服务是最高形式的公民权利,是人们可以服务社会和国家的主要途径,应更多地回报社会而不是一味索取。共产主义者与乐善好施者不同,他们非常明确地要服务于社会、参与到公共服务中,而并不仅关心和帮助贫苦的、弱势的群体。

第三种类型:爱国者。爱国者视自己为人民的保卫者,他们忠于职守,将对公众的义务和责任置于对上级领导的忠诚和个人需要及利益之上。他们是理想主义和行动主义的独特结合,为了社会和公众的福利,他们宁可牺牲一切。因此,他们也希望政府官员能够为整个社会的福利做出最大的努力,而不计个人得失。与共产主义者类似,他们具有更高的道德标准,对政府官员有更高的期望;与乐善好施者不同的是,他们参与公共服务是出于对公众的关心和仁爱之心而不是为了个人私利。

第四种类型:人道主义者。人道主义者为强烈的社会公正和公共服务的意识所驱使。与乐善好施者类似,人道主义者非常重视公共项目和公共事业并将政府视为维持社会公平的机器。尽管人道主义者容易被贫困弱势群体的处境所触动,但他们更多关注的是社会整体的福利。与乐善好施者相比,人道主义者的行为更多的是源于公民意识、爱国主义精神和责任感,他们认为影响社会比个人成就更有意义。

瑞尼曾指出人们对于公共服务有不同的理解(Rainey,1982),布鲁尔和塞尔登的研究验证了这一观点。尽管他们提出的分类在一定程度上也有所重叠,但这四种类型分别侧重了不同的范围。乐善好施者关心他人,共产主义者关注社会,爱国者爱护国家,而人道主义者则关心全人类。同时,他们认为佩里提出的理性动机、规范动机和情感动机对这四类群体而言非常重要。但是,他们发现驱使人们参与公共服务的动机是混合的,多种动机可能同时发挥作用。

为了更好地进行跨文化和国际比较研究,凡德纳比通过两次实证研究得出结论,认为应在佩里四分类模型的基础上增加一个新的类型:民主治理,包括公共服务的稳定性、平等和中立等内容。但是,凡德纳比本人也承认该类型属于一种价值观,应归于基于价值观的动机之中(Wouter Vandenabeele,2008a)。此后,金和凡德纳比在结合自身研究成果和佩里提出的公共服务动机结构的基础上,对公共服务动机的结构进行了修订。他们认为公共服务动机是基于自我牺牲的,并将其划分为工具性的(instrumental)、基于价值观的(value-based)和认同(identification)动机三类,分别代表了公共服务动机的行为方式、价值观和态度,可以将其理解为分别回答了为什么(for what)、为谁(for whom)和怎么做(how)的问题(Kim and Vandenabeele,2010)。

工具动机关注的是开展公共服务的途径和方法。基于利他动机的工具动机,包括在公共部门工作、参与政策制定和社区活动、参加有利于社会发展的活动以及支持具体的公共政策和项目等,以促进社会和他人的福利。

基于价值观的动机关注的是个体们通过他们的行为和活动所实现的终极公共价值(terminal public values)(Jørgensen and Bozeman,2007)。人们倾向将公共价值内在化,当人们对公共价值的实现有所贡献时,他们能感到内心的满足。公共价值包括公共利益、社会责任、民主、社会平等、社会公正、中立和公开透明等(Frederickson,1997)。

认同价值观关注的是个体希望服务的人、团队或者是其他对象。情感纽带是人们进行服务行为的感情基础。人们容易对弱势群体、残疾人士、公众、社团和国家等产生认同感和一致感。这种一体感和同一性(oneness)会驱使人们有意愿为相同群体谋福利甚至是牺牲自己的利益。

工具动机关注的是行为,基于价值观的动机关注的是价值和伦理,认同动机关注的是态度。这三种动机类型与佩里和怀斯两人提出的模型密切相关,工具动机排除了自利动机,与理性动机相对应;规范动机与基于价值观的动机相对应,情感动机则与认同动机相对应,消除了规范动机与情感动机在概念上的重叠。同时,为了满足人们进行公共服务的工具性动机、基于价值观的动机和认同动机,人们宁愿牺牲一些个人的利益和接受较少的金钱报酬,而为公共服务付出更多的努力和承诺(Piliavin and Charng,1990)。因此,利他的自我牺牲行为可以视为是公共服务动机的基础,如表1-4所示。

表 1-4　公共服务动机的构成（Kim and Vandenabeele，2010）

工具动机	基于价值观的动机	认同动机
自我牺牲		

尽管金和凡德纳比提出的分类框架较为清晰，但是目前大多数研究仍沿用佩里提出的理性、规范和情感动机的分类模型。金和凡德纳比提出的理论模型，仍需经过实证的检验和验证。

（四）公共服务动机的基本特征

公共服务动机的研究着重关注了公共部门员工普遍存在的利他动机和公益精神，以及公共制度、公共文化和价值观念对公共部门员工的影响。具体而言，公共服务动机具有以下四个基本特征：

首先，公共服务动机具有利他性。公共部门员工既可能存在以权谋私贪污受贿等自利行为，也可能存在无私奉献、自我牺牲等利他行为，兼备"自利"与"利他"的双重动机。然而，公共服务动机是在肯定自利动机存在的基础上，对单一以自利动机假设和解释公共部门员工行为的一种挑战，着重探索了公共部门员工普遍存在的利他动机，体现了人们渴望参与公共服务、帮助他人、造福社会的意愿和内在驱动力。具有较强公共服务动机的个体更多地追求内在精神激励，而不是外在物质奖励（Philip E Crewson，1997；Houston，2000；Rainey and Bozeman，2000；Wittmer，1991），证实了利他是公共服务动机的最为基本的属性特征。

其次，公共服务动机具有习得性。很多学者指出公共服务动机与公共制度、文化等因素有密切的关系（Kim，Vandenabeele et al.，2013；James L Perry，1997，2000；Wouter Vandenabeele，2007b）。佩里指出成长经历对于公共服务动机的灌输是至关重要的,公共服务动机是在社会学习过程中形成的。通过问卷调查的方法,佩里发现个人的公共服务动机会受到宗教社会化、家庭社会化和职业社会化的影响。此后,金和凡德纳比也指出不同的国家、社会环境、文化制度也会对公共服务动机产生影响,西方国家和东方国家由于文化背景不同,其公共服务动机的内涵结构可能也不尽相同(Kim and Vandenabeele,2010)。因此,公共服务动机是个体在国家政策制度、社会文化氛围和家庭环境的熏陶和潜移默化的影响下后天习得的。

再次,公共服务动机具有普遍性。公共服务动机并不仅存在于公共部门中,在私人部门中也可能存在公共服务动机(James L Perry and Hondeghem,2008a)。公共服务动机是服务取向的(service-oriented),而非部门取向的(sector-oriented)。公共服务动机是与公共服务行为相连的、驱动个人从事公共服务的动机,并非公共部门所特有。公共部门只是提供公共服务的载体之一,非营利部门、私人部门也承担着大量的公共服务。但是,由于公共部门是提供公共服务的主要载体,公共服务与公共部门之间存在很多联系和重叠,导致人们容易把公共服务动机误认为是公共部门独有的行为动机。然而,公共服务是“一个概念、一种态度、一种责任意识,甚至是一种公共道德”(Staats,1988)。因此,公共服务动机具有超越部门的普遍性。

最后,公共服务动机具有动态性。佩里曾指出要将公共服务动机理解为一种会随着时间而变化的动态的态度。人们倾向于在公共部门工作,是因为公共部门能够符合他们的价值观,可以满足他们从事公共服务的期望。但是,当人们的期望不能得到满足时,他们可能就会倾向于改变他们的偏好或动机(James L Perry,1996)。克鲁森也指出对外在报酬的强调会在一定程度上削弱人们的公共服务动机(Philip E Crewson,1997)。因此,公共服务动机并不是一成不变的,是可以随着时间、环境的变化而变化的动态概念(Wouter Van-denabeele,2008a)。

(五)公共服务动机的测量方法

随着公共服务动机的快速发展,学者们纷纷采用不同的方法来测量公共服务动机,以期能够准确、真实地对其进行可操作化的衡量,便于后续的实证

研究。目前,学术界有关公共服务动机的测量主要有三种途径,如表 1-5
所示。

表 1-5 公共服务动机的测量途径和方法

测量途径	方法	代表人物
间接测量	1. 公私部门员工报酬偏好比较	(Rainey,1982); (Wittmer,1991); (Philip E Crewson,1997); (Houston,2000)
	2. 通过测量公共服务行为、亲社会行为来间接测量	(Brewer and Selden,1998)
直接测量	3. 多维度问卷测量	(James L Perry,1997); (D.H.Coursey and Pandey,2007); (Kim,2009a); (Kim et al.,2013)

1. 间接测量

间接测量主要包括两种方法,一种是对公私部门员工报酬偏好比较;一种
是对公共服务行为或亲社会行为等行为进行测量,两者都期望通过测量间接
的偏好或行为以达到间接测量公共服务动机的目的。

(1)间接测量的方法

第一种间接测量的方法主要是基于公共服务动机的内在动机特征,对公
私部门员工的价值取向和报酬偏好进行比较,间接地测量公共服务动机,代表
人物包括瑞尼、魏特曼、克卢森和休斯顿。这种方法假设人们对于报酬的偏好
和反应与人们的需求有密切联系,可以体现人们的内在需求和动机。

瑞尼质疑了布坎南用工作投入代替公共服务动机进行间接测量的做法,
而对公共部门和企业的员工进行直接问卷调查,分析他们对“参与有意义的
公共服务的意愿”。结果表明,公共部门员工在此问题上的打分明显高于企
业的员工,证实了公私部门员工在对公共服务的态度上存在很大不同
(Rainey,1982;Rainey,Backoff et al.,1976;Rainey and Bozeman,2000)。

魏特曼对公共部门、私人部门和混合部门的员工进行调研,分析他们对 8

种不同报酬类型的重视程度,结果发现公私部门员工在高报酬、帮助他人和社会地位上的观点有着非常明显的区别(Wittmer,1991)。

克卢森将动机以内在奖励和外在奖励的形式加以区分和界定,内在奖励或服务导向是指个体对自己成功完成任务的奖励,例如内心的满足感、成就感;外在奖励或经济导向是指来自他人的奖励,例如晋升、加薪等(Philip E. Crewson,1995)。克卢森对全美社会调查(General Social Survey,GSS)、电气和电子工程师协会(Institute for Electrical and Electronics Engineers,IEEE)问卷调查的数据进行分析发现,公共部门员工认为帮助他人和为社会作出有益贡献等内在奖励更有价值,而私人部门员工则更关注于晋升和工作稳定等外在奖励。为了考察公共部门、私人部门的差异是否具有一致性和持续性,克卢森还进一步分析了1973年至1993年间的14次全美社会调查数据,结果发现公共部门员工的内在奖励需求明显要高于私人部门员工,而外在奖励需求则在私人部门员工中更为普遍。因此,克卢森得出结论,认为公共部门员工具有更强的公共服务动机,且这种差异并不随着时间的改变而变化(Philip E Crewson,1997)。

休斯顿同样采用全美社会调查的数据来分析公共部门和私人部门员工的价值取向和需求偏好,统计分析的结果是公共部门员工更重视有意义的工作以及工作所带来的成就感和满足感等内在奖励,而私人部门员工则更强调高工资和较少的工作时间等外在奖励(Houston,2000)。

第二种间接测量的方法是通过对公共服务行为或亲社会行为进行测量以间接衡量公共服务动机。这种方法将能够观察到的外显行为作为衡量公共服务动机的指标,其基本假设是人们的行为是由其动机引起的。动机越强,则由动机引起的行为出现的频率就越高、时间也越持久。采用该方法的代表学者是布鲁尔和塞尔登。

布鲁尔和塞尔登认为以往的研究主要采用宽泛的问卷调查或者替代的变量对公共服务动机进行测量,关注的是与公共服务动机相关的态度,而忽视了与之相一致的亲社会行为的考察,其中举报不良行为就与公共服务动机密切相关。原因在于:第一,举报行为不是一种自利行为,隐含了自我牺牲的精神,因为举报者经常会受到打击报复。第二,与自利主义不同的是,大多数举报行为是出于维护共同利益或公共利益的目的。第三,大多数举报者都是高效的、有价值的、忠诚的组织成员。基于这三个理由,他们认为举报行为可以作为公共服务动机的代表行为。因此,他们采用 1992 年美国功绩制度保护委员会(Merit Systems Protection Board, MSPB)的数据调查,对那些在单位中观察到违法(illegal)或浪费行为(wasteful activity)的个体进行研究,分析他们中的举报者(whistle blowers)和不举报者(inactive observers)之间的差异。研究发现,与不举报者相比,联邦政府中的举报者更容易被公共利益所驱动,具有更高的工作承诺、工作满意度和绩效水平,且更有可能取得更高的成就和在更绩优的组织中工作(Brewer and Selden, 1998)。

(2)间接测量的不足

间接测量虽然规避了公共服务动机难以直接测量的问题,但是其本身也存在很多弊端和不足,这一方法也遭到了学者的质疑。

首先,对公私部门员工的报酬偏好进行比较的方法来测量公共服务动机,主要存在两方面的问题。第一个问题是,对公私部门员工进行报酬偏好的测量,主要是通过调研对象个人自我报告的方法实现的,可能存在社会期许性反应(Socially Desirable Responding, SDR)。由于社会期许效应的存在,调研对象容易倾向于选答令人产生良好印象的内容,使之能够被社会所接受。因此,公共部门的员工在服务社会、热心公共事业等题目上可能会刻意选择高分选项,以符合社会对他们的期望。然而,即使私人部门的员工也具有较高的公共精神,但是他们也许没有将问卷中的题目理解为公共服务,数据结果可能就不能如实体现他们的真实想法(Brewer and Selden, 1998)。第二个问题是,内在奖励与外在奖励之间并不一定存在"挤出效应"。克卢森和其他研究者倾向于把内在奖励与外在奖励完全对立起来,认为两者之间存在"挤出效应",即对外在奖励的强调会削弱内在奖励对员工的激励作用(Philip E. Crewson, 1995)。但是,布鲁尔和塞尔登认为外在经济报酬并不会削弱人们参与为公众服务的愿望,而且,在公共部门员工中对经济报酬有一定的追求也是相当普遍的情况,但这不是决定公共服务动机的本质特征(Brewer and Selden, 1998)。

其次,用亲社会行为来代替公共服务动机进行测量的这一方法也遭到了学者们的质疑。第一,学者们指出公共服务动机并不能够解释所有的举报行为,并不是所有举报者都是在高尚的公共服务动机的驱使下才选择揭发不良行为的,大部分举报者的动机是非常复杂的;第二,公共服务动机是一个多维度的、复杂的、宽泛的概念,而布鲁尔与塞尔登则将研究只局限于举报者及其态度和行为上,而规避了对公共服务动机概念本身的测量。他们所选用的举报行为并不能全面地代表公共服务动机,举报行为的内涵也比公共服务动机窄很多,只能说某些举报行为可以在一定程度上用公共服务动机来解释,但它并不能涵盖公共服务动机的全部内涵。因此,用具体的行为来替代公共服务动机的测量这种方法还是有较大争议的。

2. 直接测量

第三种方法是采用问卷对公共服务动机进行多维度测量,代表人物有佩里、柯西和潘迪、金和凡德纳比等。

(1)直接测量的方法

1996 年,佩里根据相关文献和理论提出了公共服务动机的六个维度:公共政策制定的吸引力、公共利益的承诺、公民责任、社会公正、同情心和自我牺牲,并将这六个维度编制成了包括四十个题目的利克特五级量表。通过对 376 名 MPA 学生进行问卷调查,在对数据进行验证性因素分析后,最终佩里得出了包括四个维度、二十四个题目的公共服务动机测量量表。具体题目如表 1-6 所示。

表 1-6　公共服务动机量表(**James L Perry**,1996,1997)

维度	题目
公共政策制定的吸引力	1. 我不太关心政治人物。(反向) 2. 我对公共政策制定中的利益交换与妥协不感兴趣。(反向) 3. 政治是一个肮脏的词语。(反向)
公共利益的承诺	4. 我对社区中发生的事情不感兴趣。(反向) 5. 我无私地为所在社区作出了力所能及的贡献。 6. 对我而言,参与有意义的公共服务非常重要。 7. 我乐意看到政府官员做出对整个社会有益的事,即使这会损害我的个人利益。 8. 我认为参与公共服务是我的公民责任。

续表

维度	题目
同情心	9. 我很少为社会底层的弱势群体感到伤心。（反向） 10. 目前大部分社会福利项目都是至关重要、亟须实施的。 11. 当我看到人们的不幸时，我很难控制住自己的感情。 12. 对我而言，爱国主义包含了对他人福利的关注。 13. 与我素不相识的人过得好坏与我无关。（反向） 14. 日常生活中的事情常常让我感到，人与人之间非常需要相互依靠。 15. 那些需要帮助但自己不努力的人是不值得同情的。（反向） 16. 我完全支持的社会福利项目不多。（反向）
自我牺牲	17. 对我而言，贡献社会比个人成就更有意义。 18. 公共责任应优先于个人利益。 19. 赚钱比行善更重要。（反向） 20. 我所做的大多数事情都不是为了个人的一己私利。 21. 即使没有任何报酬，为公众服务还是会让我感觉很好。 22. 我认为人们应该回馈给社会，而不能只是取之于社会 23. 即使是冒着损失个人利益的风险，我也会尽力去帮助他人。 24. 为了社会更加美好，我时刻准备着为之做出巨大牺牲。

柯西和潘迪肯定了佩里提出的公共服务动机测量方法，但也指出了其中存在的三个问题：第一，佩里的测量量表没有采用独立样本对其有效性进行后续的验证性因素分析；第二，探索性因素分析的步骤和技术有了很大的发展，现在可以采取更为恰当的方法来分析定序数据（ordinal data）；第三，佩里提出的测量量表包括了 24 个题目，从实际问卷调查操作的角度上出发，问卷在一定程度上题目过多。因此，柯西和潘迪提议简化佩里的公共服务动机问卷，建议去掉自我牺牲维度，采用公共服务动机的三维度模型，每一个维度选择至少三个题目以保证问卷信度，具体量表如表 1-7 所示。

表 1-7　公共服务动机量表（**D.H.Coursey and Pandey,2007**）

维度	题目
公共政策制定的吸引力	1. 我不太关心政治人物。（反向） 2. 我对公共政策制定中的利益交换与妥协不感兴趣。（反向） 3. 政治是一个肮脏的词语。（反向）

续表

维度	题目
公共利益 的承诺	4. 我无私地为所在社区作出了力所能及的贡献。 5. 对我而言,参与有意义的公共服务非常重要。 6. 我乐意看到政府官员做出对整个社会有益的事,即使这会损害我的个人利益。 7. 我认为参与公共服务是我的公民责任。
同情心	8. 当我看到人们的不幸时,我很难控制住自己的感情。 9. 日常生活中的事情常常让我感到,人与人之间非常需要相互依靠。 10. 那些需要帮助但自己不努力的人是不值得同情的。(反向)

但是,柯西和潘迪也指出了该问卷存在的问题,其中,问卷题目"当我看到人们的不幸时,我很难控制住自己的感情",在柯西和潘迪以及在佩里的研究中数据分析结果都不理想,说明该题目在测量同情心这一维度上的效度并不好。柯西和潘迪分认为,"很难控制住自己的感情"和是否有同情心相关性不高,一个人很难控制住个人感情并不一定说明其更富有同情心。其次,问卷题目"我对公共政策制定中的利益交换与妥协不感兴趣"关注的是政策制定,而"公共政策制定的吸引力"这一维度的其他两个题目,则关注的是"政治"和"政治人物",这两个词语有可能会使问卷对象产生消极的反应,进而影响人们对参与与公共政策制定这一问题的态度。但是,柯西和潘迪最终没有对这十个题目进行删减,仅指出这需要在未来的研究中对其和佩里提出的问卷进行进一步的修订和检验。第三,柯西和潘迪去掉了自我牺牲这一维度,但自我牺牲与公共服务动机的关系历来非常密切,尤其是在政府部门之外的非营利机构中更为明显,这些部门的员工可能不关注公共政策的制定等理性动机,但是却具有较高的自我牺牲精神和参与公共服务的意愿。因此,是否删除自我牺牲这一维度还值得商榷。

金在佩里公共服务动机问卷的基础上,通过对韩国首尔市的全日制公务员两个独立样本的数据分析,最终得出一个包括 4 个维度、12 项题目的公共服务动机问卷(Kim,2009a)。首先,金指出在韩国的情境下,理性动机可能与公共服务动机不相关,而且从根本上说理性动机也不应该属于公共服务动机的范畴。其次,公共政策制定的吸引力这一维度的题目并不能很好地代表公共服务动机的理性基础,因为佩里问卷中该维度的题目主要是询问问卷对象是否喜欢或不喜欢政治、政治人物以及政治现象,而该维度更为有效的题目应该反映人们参与政策形成过程的动机、对公共项目承诺的动机以及维护具体或个人利益的动机。第三,反向、负面的表述方式也不能够合适地测量公共服务动机。因此,他将公共政策制定的吸引力这一维度中的题目转变为更为积极和正向的表达方式。该量表在金 2011 年对韩国消防员的问卷调查中再次得到了验证,具体如表 1-8 所示。

表 1-8 公共服务动机量表(Kim,2009a,2009b,2011)

维度	题目
公共政策制定的吸引力	1. 我热衷于参与那些对我的国家或所在社区有益的公共项目。 2. 我愿意与他人分享我对公共政策的看法。 3. 看到人们能够从我积极参与的项目中获益时,我会感到非常满足。
公共利益的承诺	4. 我认为公共服务是我的公民责任。 5. 对我而言,参与有意义的公共服务非常重要。 6. 我乐意看到政府官员做出对整个社会有益的事,即使这会损害我的个人利益。
同情心	7. 当我看到人们的不幸时,我很难控制住自己的感情。 8. 日常生活中的事情常常让我感到,人与人之间非常需要相互依靠。 9. 我很同情处于困境中的弱势群体。
自我牺牲	10. 对我而言,贡献社会比个人成就更有意义。 11. 为了社会更加美好,我时刻准备着为之做出巨大牺牲。 12. 公共责任应优先于个人利益。

随后,金和凡德纳比从构建公共服务动机研究的国际化战略出发,在其提出的工具性动机、基于价值观的动机、情感动机和自我牺牲分类框架的基础上(Kim and Vandenabeele,2010),试图探索一个具有国际适用性和可靠性的公共服务动机问卷。他们与多个国家的学者合作开展联合研究,对澳大利亚、比利时、中国、丹麦、法国、意大利、韩国、立陶宛、荷兰、瑞士、英国和美国 12 个国家进行问卷调查,每个国家回收问卷 250 份左右,调查范围主要集中于地方政府一级,包括市、县和乡镇的公务员,共收回有效问卷 2868 份,以验证、修订金和凡德纳比所提出的公共服务动机问卷。金和凡德纳比运用结构方程模型对

数据进行了验证性因素分析,剔除每个维度中因子载荷较低的题目和负载到多个维度中的题目,最终得到了一个包括 4 个维度、16 个题目的公共服务动机问卷,[①]具体如表 1-9 所示。

表 1-9 公共服务动机量表(Kim et al.,2013)

表头维度	题目
公共参与 的吸引	1. 我很钦佩那些发起或参与帮助我所在社区的活动的人。 2. 参与能够解决社会问题的活动非常重要。 3. 对我而言,有意义的公共服务非常重要。 4. 对我来说,为公共利益做贡献非常重要。
公共价值 的承诺	5. 我认为公民们享有公平的机会非常重要。 6. 公民能够依赖持续的公共服务供给非常重要。 7. 制定公共政策时考虑到下一代人的利益是最为基本的原则。 8. 公务员行为符合伦理是非常必要的。
同情心	9. 我很同情处于窘境的弱势群体。 10. 我能够感同身受那些面临困难的人们的心情。 11. 看到其他人遭到不公平对待,我会感到非常不安。 12. 关心他人的福利是非常重要的。
自我牺牲	13. 我准备着为社会更加美好做出牺牲。 14. 我坚信公共责任应优先于个人利益。 15. 我愿意承担个人损失的风险来服务社会。 16. 我赞成一个能够让穷人过上好日子的好计划,即使这需要花费我的金钱。

在梳理各学者对公共服务动机问卷开发、研究的基础上,从公共服务动机三维度和四维度模型划分的角度,可以将以往采用佩里公共服务动机问卷的研究整理如表 1-10 所示。

---

① Sangmook Kim,Wouter Vandenabeele,Bradley E.Wright,Lotte Bøgh Andersen,Francesco Paolo Cerase,Robert K.Christensen,Céline Desmarais,Maria Koumenta,Peter Leisink,Bangcheng Liu,"Investigating the Structure and Meaning of Public Service Motivation across Populations:Developing an International Instrument and Addressing Issues of Measurement Invariance",*Journal of Public Administration Research and Theory*,Vol.23,No.1(January 2013),pp.79-102.

表 1-10　采用佩里公共服务动机量表的研究梳理①

四维度模型		
作者	研究对象	问卷结果
（Lee,2005）	韩国公私部门员工	1)24 个题目;24 个题目 2)APM,CPI,COM,SS 没有报告 α 值
（Camilleri,2006）	马耳他公共部门官员	1)24 个题目;24 个题目 2)APM(0.21),CPI(0.63),COM(0.60),SS(0.80)
（Taylor,2008）	澳大利亚公共部门员工	1)24 个题目,部分修改;24 个题目 2)APM(0.64),CPI(0.78),COM(0.76),SS(0.82)
（Bright,2008）	美国公共部门员工	1)24 个题目;24 个题目 2)APM,CPI,COM,SS 没有报告 α 值
（Wouter Vandenabeele,2008a）	比利时公务员	1)47 个题目,增加了一些题目;18 个题目 2)APM,CPI,COM,SS 以及民主治理
（Clerkin,Paynter et al.,2009）	美国大学生	1)24 个题目;24 个题目 2)APM(0.59),CPI(0.69),COM(0.70),SS(0.78)
（Kim,2009a）	韩国公共部门员工	1)14 个题目,部分修改;12 个题目 2)APM(0.75;0.75),CPI(0.70;0.71),COM(0.73;0.66),SS(0.75;0.79)
（Kim,2009b）	韩国公共部门员工	1)24 个题目;14 个题目 2)APM(0.62;0.71),CPI(0.74;0.74),COM(0.74;0.60),SS(0.73;0.72)
三维度模型及其他		
作者	研究对象	问题数量
（Scott and Pandey,2005）	美国卫生和人力服务部门管理者	1)11 个题目;11 个题目 2)APM,CPI,COM
（DeHart-Davis,Marlowe et al.,2006）	美国卫生和人力服务部门管理者	1)10 个题目;10 个题目 2)APM(0.72),CPI(0.68),COM(0.55)
（Donald P Moynihan and Sanjay K Pandey,2007a）	美国卫生和人力服务部门管理者	1)10 个题目;7 个题目 2)APM(0.72),CPI(0.67),没有采用 COM

---

　　① 此表格是在(Kim,2011)研究的基础上整理所得。APM 代表公共政策制定的吸引力;CPI 代表公共利益的承诺;COM 代表同情心;SS 代表自我牺牲。

续表

三维度模型及其他		
作者	研究对象	问题数量
(Castaing,2006)	法国公务员	1)4个题目;4个题目 2)CPI(0.65)
(D. H. Coursey and Pandey,2007)	美国卫生和人力服务部门管理者	1)10个题目;10个题目 2)APM,CPI,COM 没有报告 α 值
(Donald P. Moynihan and Sanjay K. Pandey,2007b)	美国卫生和人力服务部门管理者	1)11个题目;3个题目 2)APM,其他维度没有可接受的 α 值
(Wouter Vandenabeele,2008b)	比利时研究生	1)24个题目;13个题目 2)APM(0.66),CPI+SS(0.71),COM(0.65)
(D.H.Coursey, Perry et al.,2008)	美国志愿者国家奖获得者	1)12个题目;12个题目 2)CPI,COM,SS
(B. Liu et al., 2008)	中国 MPA 学生(公共部门员工)	1)24个题目;10个题目 2)APM(0.69),CPI(0.54),SS(0.57);COM没有得到验证
(Leisink and Steijn,2009)	荷兰公共部门员工	1)11个题目;11个题目 2)APM(0.55),CPI(0.68)

（2）直接测量的不足

采用多维度直接测量的方法可以直观地了解人们对于公共服务动机的态度,便于对公共服务动机前因变量和结果变量关系的实证研究。但是,直接测量也存在一定的问题。

首先,公共服务动机是一个多维度、复杂的概念,在不同国家、不同情境、不同文化下,人们对与公共服务动机的理解是不相同的(D.H.Coursey et al.,2008;Houston,2011;Kim,2009a,2009b,2011;Kim and Vandenabeele,2010)。由于公共服务动机问卷发起于美国,而美国的文化制度、价值取向以及政治体制与东方国家的儒家文化、集体主义价值取向等有着很大的区别。目前,各国学者仍然在致力于探索一套能够在各国之间普遍适用的公共服务动机问卷。只有公共服务动机的共同因素明确了,可靠的测量公共服务动机的问卷被开发出来,学者们才能在此基础上对不同文化下公共服务动机的差异进行比较和阐释,才能够对公共服务动机各个维度的增减进行拓展研究。

其次,公共服务动机不同维度中题目的选择以及语言的表述都有可能会影响问卷对象的回答和反应。有些学者指出佩里的公共服务动机问卷中,公共政策制定的吸引力缺乏表面效度和内容效度(Camilleri and Van Der Heijden,2007;D.H.Coursey and Pandey,2007;Giauque,Ritz et al.,2011);有些学者认为公共利益的承诺这一维度应更加关注追求公共价值的个人倾向(Castaing,2006;Leisink and Steijn,2009);另外一些学者认为同情心维度的题目并不总能够代表情感动机(Donald P Moynihan and Sanjay K Pandey,2007;Wright and Pandey,2008)。此外,佩里提出的问卷中,公共政策制定的吸引力这一维度的题目均为反向题目,这在一定程度上也会对问卷对象造成困扰和干扰,影响问卷效果。

再次,公共服务动机的三维度模型和四维度模型尚未形成一致的意见,各个学者在不同的研究中得到了不同的甚至是相互冲突的结论。究其原因,一方面是问卷对象、调研单位、研究国家之间的差异;另一方面则是公共服务动机直接测量还没有形成普遍适用的成熟问卷。

最后,直接测量的问卷调查方法仍然难以避免社会期许性问题,人们倾向于选择更为积极的、能够给人留下更好印象的高分选项。然而,尽管直接测量的方法也存在一定的不足,但相较于间接测量的方法而言,佩里提出的公共服务动机问卷仍然是国际上各国学者广为接受的测量方法,也是各国学者不断修订和完善公共服务动机问卷的主要基础。

(六)公共服务动机的前因变量

公共服务动机的第三个研究主题是围绕其前因变量的研究。潘迪等学者认为公共服务动机的前因变量可以划分为人口统计学变量、社会制度和组织因素三种类型(Herzberg,1993)。

在公共服务动机的研究中,很多研究都将人口统计学变量作为控制变量纳入到研究模型当中(Alonso and Lewis,2001;Camilleri and Heijden,2007;Houston,2006;Kim,2006)。研究结果普遍认为年龄与公共服务动机有一定的相关性,教育程度越高人们的公共服务动机越高,女性在公共服务动机中同情心维度的得分普遍高于男性。德哈特则认在参与公共政策的制定和对公共利益的吸引维度男性得分要高于女性（DeHart-Davis et al.，2006）。

社会制度因素主要包括父母社会化、宗教社会化和专业等因素。佩里首先对社会制度因素对公共服务动机的影响进行了研究。1997 年，他曾指出父母社会化、宗教社会化、专业认同、政治意识形态等变量对公共服务动机有影响（James L Perry，1997）。在随后的研究中，佩里假定志愿者具有较高的公共服务动机，通过对"每日光芒奖（Daily Point of Light Award）"和"社区志愿总统奖（President's Community Volunteer Award）"的获得者进行问卷调查，来分析影响这些志愿者公共服务动机的前因变量。问卷调查结果发现公共服务动机与家庭社会化、宗教活动和志愿者经历有着显著的相关性；深入访谈的结果突出了价值观和人生重大事件对公共服务动机形成的重要作用（James L Perry，Brudney et al.，2008）。这次研究验证和补充了佩里 1997 年对公共服务动机前因变量的研究成果。在社会制度因素中，专业因素受到了学者们的关注。学者们普遍认为专业因素能够激发、培养人们对公共服务的责任，并时刻提醒人们将公共利益置于个人利益之前。在专业化和公共服务动机关系的研究中，德哈特采用任职时间和积极参与专业活动来衡量员工的专业化程度，莫伊尼汉和潘迪采用在专业单位的任职时间来作为衡量员工专业化程度的指标，结果两个研究都证实了人们的专业化程度越高，人们的公共服务动机越强（DeHart-Davis et al.，2006；Donald P.Moynihan and Sanjay K.Pandey，2007）。

在分析社会环境及成长经历对人们公共服务动机的影响之外，学者们开始探讨组织内部具体领导风格对公共服务动机的影响。莫伊尼汉和潘迪在《培养公共服务动机的组织角色》一文中，指出佩里对公共服务动机前因变量的研究主要集中于社会历史情境，而他们则关注组织层面的因素对公共服务动机的影响。通过对卫生和人力资源服务等政府部门的全国问卷调查发现，繁文缛节和入职时间与公共服务动机之间呈负相关关系，而层级权力和改革措施则与之呈正相关关系（Donald P Moynihan and Sanjay K Pandey，2007）。近年来，变革型领导对公共服务动机的影响受到了学者们的关注。帕尔伯格和拉威那提出假设，认为变革型领导能够沟通、培养和构建公共服务动机（Paarlberg and Lavigna，2010）。此后，怀特检验了组织中变革型领导与公共服务动机之间的相关关系,结果发现变革型领导与公共服务动机之间有着积极的正向关系(Wright et al.,2012)。贝勒设计了一个实验来调查变革型领导对护士绩效的影响(Bellé,2014),在实验中,护士们被要求来将外科手术工具和医药品组装放入手术包。在一组护士动手之前,由一位护士长向她们解释接下来所作的工作的重要性,另一组则没有任何干扰。结果显示,那些在变革型领导影响下的护士们拥有更高的绩效,她们能够正确地组装出更多的手术包。这说明一种重要的工作资源——变革型领导能够对公共服务动机产生巨大影响。

沃德发现无论是否处于公共服务部门,只要人们愿意主动去帮助他人,积极完成社区服务的工作,那么他们的公共服务动机就会呈现出明显的增长趋势。他也组织任期过长可能会对公共服务动机产生消极影响(Ward,2014)。然而在这一点上有学者却持有不同意见,奥伯菲尔德(Oberfield,2014)对警员的行为进行了长达两年的深入调查,发现公共服务动机在长时间内非常稳定。他注意到警员在经历过大量的工作后,公共服务动机仅仅发生了轻微的改变,但即便在公共服务动机有所下降时,警员保护遵纪守法的公民、维持街道的治安、保障每个人的平等和公正权利等这些服务导向的动机也都能够保持非常高的水准。

(七)公共服务动机的结果变量

佩里在提出公共服务动机概念之初,就提出了三个理论假设:第一,个体的公共服务动机越高,其加入公共部门的可能性就越大;第二,在公共部门中,员工的公共服务动机与其工作绩效正向相关;第三,那些能够吸引高公共服务动机的公共部门,更倾向于较少地依赖物质奖励来有效地激励员工提升其工作绩效(James L Perry and Wise,1990)。围绕这三个理论假设,学者们开始对公共服务动机结果变量进行研究。目前已有研究主要集中于工作满意度、离职倾向、组织公民行为等工作态度以及工作绩效、组织绩效等结果变量。

阿诺德·贝克通过研究发现过高的工作需求所带来的日常疲倦会导致公共服务动机的下降(Arnold B.Bakker,2015)。如果具备高公共服务动机的公务员一直处于高工作要求与低工作资源的状态下,那么他们可能会由于精神沮丧而导致公共服务动机的降低。与此同时，降低的公共服务动机可能会加剧工作需求所带来的疲惫感和自我破坏，并形成一个恶性循环，进而削弱工作资源、参与度和主动行为三者之间的良性循环，导致工作效率下降，工作满意度下降，甚至最后会提高员工的离职率，增强其离职倾向。

相反，如果组织能够很好地满足员工的公共服务动机，那么员工的工作绩效将会有显著的上升。首先，格兰特和苏曼思发现，当公共服务动机高的员工认为自己的工作非常重要的时候，就会提升他们的绩效，因此 PSM 能够预测工作绩效（Grant and Sumanth，2009）。布莱特通过研究发现公共服务动机与组织公民行为高度相关（Bright，2007）。在职场中，具备高公共服务动机的员工往往会选择去做一些志愿式的活动：帮助新同事了解工作环境，帮助没来上班的同事解决他的工作。这样的行为能够让员工认识到自己的价值。金指出公共服务动机也是组织行为非常重要的动力，这是一种出于个人意愿，既与正式奖励制度无任何联系，又非角色内所要求的行为（Kim，2006）。

另外，公共服务动机能够缓解员工与工作相关的压力因素对身体健康和心理健康造成的负面影响。在我国公共服务动机水平低的前线警察，在与长时间工作、混乱的工作要求、工作家庭冲突和公众负面评论等压力因素对抗后，会显得更加疲惫和紧张，而相比之下，具有高水平公共服务动机的警察几乎没有受到相同的压力因素的影响，这表明他们的公共服务动机能够帮助他们保持冷静并应对工作要求。

二、公共服务动机国内研究文献回顾

（一）公共服务动机的研究背景

公共服务动机近年来逐渐成为公共管理领域备受重视的概念之一。它起源于"新公共管理"运动时期：在公共选择理论的基础上，新公共管理理论假设公共部门雇员为自利的"经济人"，并引入绩效工资等来进行管理改革，取得了一定成果。但公共部门中存在一些雇员纯粹的利他性行为，并不以自利为目的，这意味着雇员的行为除了受到外在激励（如薪酬、晋升等）的影响，可能还会受到内在动机的作用。因此佩里和怀斯首次提出了"公共服务动机"

的概念,他们将其界定为"个体对主要或完全由公共制度和组织引起的动机进行回应的心理倾向"(Perry and Wise,1990)。① 公共服务动机被提出之后,在十余个国家产生了大量的研究成果(李锐,2015)。诸多学者对公共服务动机的概念、测量方法、在公共部门和私人部门中的区别、与工作绩效水平的关系、与工作满意度的关系等相关变量关系进行了大量的研究。

自《公务员法》实施以来,公务员队伍结构极大优化,整体素质也有了极大提高,但在公务员激励尤其是薪酬激励方面仍然存在明显不足,且工资水平调整机制仍然不够完备,公务员管理制度需要进一步完善与更深层次的改革。然而,有关数据显示 2018 年国家公务员考试(以下简称国考),近 166 万人报名争夺 2.8 万多个职位,相比 2017 年呈增长趋势;自 1994 年至今,国考报名规模增长了 377 倍,报名人数已连续十年在百万以上,②众多公务员恪尽职守,认真工作,为我国公共事业作出奉献,这说明除了外部激励,内在动机极有可能对我国公务员群体产生重要的影响。目前公务员的范围不断扩大,社会对公务员的专业能力要求更高,公务员专业化是社会的迫切需求,这不仅要求公务员具备特殊知识与技能与个人能力,更要求公务员具备对公众与职责负责的态度。因此,关注公共部门员工的公共服务动机,为切实解决我国的实际问题提供理论依据,是公共管理领域研究的重点工作之一。

尽管中国对公共服务动机研究起步较晚,但发展速度很快,已经达到了相对前沿的水平。近年来,我国已有文献系统地梳理了西方对公共服务动机的研究,介绍了相关量表;结合我国的实际情况,以我国各地(涵盖东、中、西部)公务员群体、教师群体、警务人员、党政干部、MPA 学生等为对象研究了公共服务动机相关的变量关系。但公共服务动机具有广泛性、多层次性的特点,并且不同的地域环境及其文化也会对公共服务动机概念的界定产生显著的影响,因此公共服务动机的概念、测量方式以及相关变量关系等也尚未有定论。大量研究发现,在美国以外的文化中,公共服务动机或者需要增加各自本土化

① James L.Perry,Lois Recascino Wise,"The Motivation Bases of Public Service",*Public Administration Review*,Vol.50,No.3(May 1990),pp.367–373.

② 王红茹:《公务员"金饭碗"依然是热门》,《中国经济周刊》2018 年第 5 期。

的维度,或者缺失了某些维度。① 虽然为了克服比较研究中跨文化适用性较低的障碍,金等人开发了公共服务动机 16 题的跨文化量表(Kim,2013),我国学者包元杰(2016)也在此基础上形成了新的短版量表,但要克服其跨文化差异性,形成适合我国国情的公共服务动机量表的目标并未达成。

　　刘帮成(2015)曾在《中国情境下的公共服务动机研究》一书中将中国传统文化纳入对公共服务动机的研究之中,通过以中国人的社会取向(家族取向、关系取向、权威取向、他人取向)作为切入点,重新解读中国国情下的公共服务动机的影响机制,这为公共服务动机在国内的发展开辟了新的研究方向。随后,他(2019)对中国场景下的公共服务动机研究模式进行了一次系统的梳理,从中国知网(CNKI)上选取了 2018 年 12 月 31 日前公开发表的有关中国场景下的公共服务动机研究的 66 个中文文献以及 25 个英文文献进行分析,从研究设计、测量工具来源、数据获得方式、样本背景以及分析层次五个角度深入探究目前学界对中国场景下的公共服务动机研究模式,发现这些研究的核心概念和分析框架大多基于西方的理论基础之上,缺乏本国文化和制度层面的深层次研究以及基于现实重大场景的实证研究。另外,在对公共服务动机的测量方式上,大多数研究直接采用西方的测量量表,未曾考虑到文化异质性所导致的量表与实际情况的匹配程度,研究者缺乏对中国本土实际情况的探索。因此,刘帮成倡导要积极完善有关中国场景下的相关重要基础性问题方面的研究,并在全面深化改革的新时代背景下的中国具体重大现实场景开展更高质量的理论和实践研究。②

　　与此同时,李明(2018)从人性观的角度解读了公共服务动机在中国的发展现状和适切性,他指出中华传统社会是以儒家的性善论为主导,主张人性本善的观点,这与公共服务动机为社会服务的出发点一致,所以儒家的修身文化和经学义理为公共服务动机的培育提供了良好的条件。随后,他基于中国传

　　① 李明:《公共服务动机的跨文化研究及其中国文化本位内涵》,《心理研究》2014 年第 3 期。

　　② 刘帮成:《中国场景下的公共服务动机研究:一个系统文献综述》,《公共管理与政策评论》2019 年第 5 期。

统文化视角,通过公益投资游戏测验的方式对中国本土的公共服务动机的测量和培育展开了以下五个方面的探究:公共服务动机概念的建构和检验、文化本位内涵、测量方法的拓展、动机培育机制、激励设置。他将公共服务动机与中国的实际情况相结合,以中国传统文化中的"仁、义、中和、大我"思想与西方公共服务动机的多个维度相对应,并提出通过外显和内隐两种公共服务动机指标来甄选公共部门的应聘者。

学者苗青(2019)同样提倡丰富和扩展中国语境下的公共服务动机研究,呼吁学界跳出路径依赖,创造一套符合中国本土实际的研究框架。他基于治理体系现代化的时代背景下,提出以"有奔头的公共服务""有策略的公共服务""有志向的公共服务"和"有保障的公共服务"为主要内容的全新二维分析框架,并试图通过这一框架来解释目前新的时代背景下的改革所带来的改变。①

综上,我国公共服务动机的研究虽然数量不断增多,但对我国国内公共服务动机研究文献的系统梳理却是不多,且运用计量方法对文献进行分析的文章更是屈指可数。为全面系统地梳理我国国内目前对于公共服务动机研究的现状,适应公共服务动机的跨文化特性,为我国公共服务动机研究与中国社会现象相结合,本书运用文献计量方法和 Citespace 可视化软件,以2001—2018年3月 CNKI 数据库收录的234篇期刊及教育辑刊论文等为数据源,通过文献计量法和知识图谱可视化分析,以期能全面地了解该研究领域的热点主题,梳理其研究方向,为公共服务动机在中国的进一步研究提供参考。

(二)数据源与研究方法

本书所使用的数据源来自中国知网(CNKI)。根据前期检索测试,涉及"公共服务动机"的首篇文献刊发于2001年,因此本文数据源检索的时间范围为:2001年1月1日至2018年3月31日。在 CNKI 官网中,搜索主题为"公共服务动机"的期刊文献,得到234篇检索结果,该数据集的数据来源于

---

① 苗青:《公共服务动机理论的中国场景:新框架和新议程》,《公共管理与政策评论》2019年第5期。

SCI 来源期刊、CSSCI 以及核心期刊、教育辑刊等。经由 Citespace 数据处理后,这 234 篇公共服务动机的文献最终被划分成 268 个子数据集,生成总时间跨度为 18 年(2001 年至 2018 年 3 月)的 268 个子数据源的研究源数据,本次研究涉及的所有可视化分析均使用以上数据源。

Citespace 软件是陈超美教授研发的一种结合了数据挖掘、社会网络分析的基于 JAVA 环境的可视化文献计量软件,它结合了多种对数据进行可视化分析的功能。借助 Citespace 软件,研究者可以快速掌握所研究方向的论文网络图谱及时间图谱,实现论文的共被引分析和共现分析,提取被引用频次高的核心论文、出现频次高的关键词等,分析学科的发展脉络,进而把握该领域的研究趋势。本研究借助该软件对我国公共服务动机研究领域的文献进行了包括频次研究、中心性研究在内的关键词可视化分析以及时间线分析。

(三)公共服务动机研究文献的计量分析

1. 我国公共服务动机研究的学术关注度

研究主题的学术关注度可以用载文量和基金关注度来衡量。载文量能反映该研究领域的发展趋势,而基金支持量能反映本研究领域的社会关切和策应情况。从发文情况及载文量来看,我国涉及“公共服务动机”主题的期刊文献最早发表于 2001 年,之后年均发文 13 篇,18 年间文献数量呈现出波动上涨的趋势。以 2010 年为界,前期发文数量较少,研究进展相对缓慢,且有数年处于研究空白期,其间没有关于公共服务动机主题文献的发表;2010 年以后以公共服务动机为主题的文献数量明显增多,其间虽有较小幅度的数量波动,但总体上升趋势明显,尤其是自 2016 年至今,发文量激增。公共服务动机在我国的学术关注度在逐步提升,公共服务动机逐渐成为公共管理、行政管理研究领域的重要研究话题之一。

从基金支持角度来看,我国以公共服务动机为主题的文献,有基金对其进行支持的总共有 52 篇,占比 22.22%,其中,国家社会科学基金比重最大,共支持发文 22 篇。此外国家自然科学基金(支持发文 11 篇)、中国博士后科学基金(支持发文 5 篇)、“长江学者”奖励计划、陕西省教委基金、湖北省软科学研究计划、江苏省教育厅人文社会科学研究基金、陕西省软科学研究计划、黑龙江省社会科学基金、北京市自然科学基金、教育部留学回国人员科学启动资金和福建省软科学研究计划等基金项目为我国公共服务动机的研究发展提供了支撑。可见我国公共服务动机研究领域的发展迅速,近几年基金支持率相比研究初期增长幅度很大,但是总的基金支持率仍然只有 22.22%,相比于其他很多研究主题来说仍然处于一个较低的水平。提高基金支持率,提高公共服务动机的社会关切,对我国公共服务动机研究领域的长远发展起着基础性作用,值得研究者们关注。具体出版文献数、基金支持量和基金支持率如图 1-1所示。

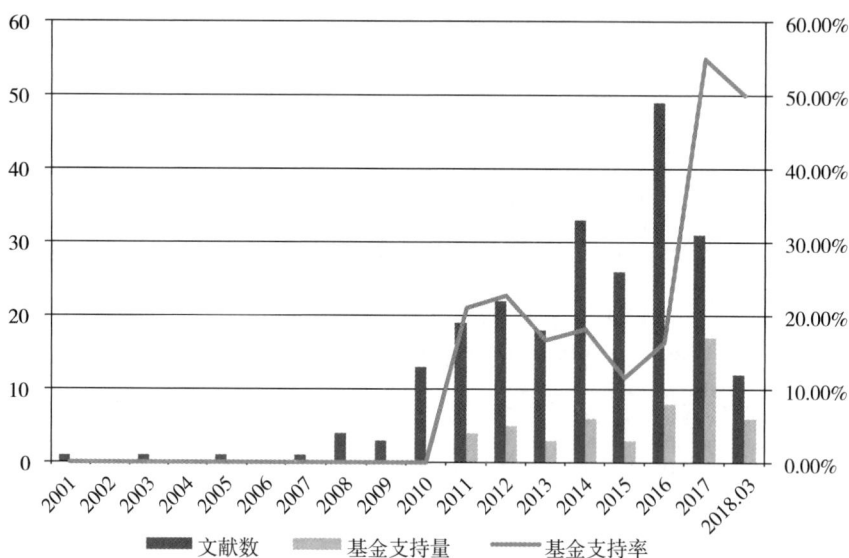

图 1-1　2001—2018 年我国公共服务动机研究样本文献的年度发表量及基金支持情况

2. 我国公共服务动机研究的学术影响力

研究主题的学术影响力可以用文献被引频次和刊载平台来衡量。文献被引频次能反映其学术质量及在该领域的影响力;刊载平台则能衡量研究的倾向性。本研究样本文献共 234 篇,总共被引 941 次,总下载次数为 82981 次,其中高被引(前十位)文献详情可见表 1-11,分析结果反映出公共服务动机研究在学术影响方面的几个特点:第一,高被引文献发表时间都比较早,集中在2008 年到 2012 年,学科范围则集中在行政学与国家行政管理学科,主要介绍公共服务动机的概念及基本测量方法,为公共服务动机的影响因素和作用机制的相关探索奠定了理论基础;第二,样本文献以综述类和实证类为主,研究层次以社科类基础研究为主,占比 71.2%,其次是社科类政策研究,占比 14.3%。文献刊载平台主要为行政管理类期刊,主要来源于《中国行政管理》《公共行政评论》《公共管理学报》《领导科学》等。

表1-11　2001年—2018年3月公共服务动机样本文献高被引文献(前十篇)

序号	篇名	作者	刊名	发表时间	被引频次	下载频次
1	公共服务动机:概念、特征与测量	曾军荣	中国行政管理	2008	62	2307
2	公共服务动机:内涵、检验途径与展望	叶先宝、李纾	公共管理学报	2008	46	2119
3	公务员的工作满意度、组织承诺与公共服务动机的关系探讨——以澳门特区政府公务员为例	吴绍宏	中国人力资源开发	2010	45	1299
4	公共服务动机的结构及测量	李小华	武汉大学学报(哲学社会科学版)	2008	43	1041
5	公务员公共服务动机对个体绩效的影响研究	李小华、董军	公共行政评论	2012	41	1334
6	公共服务动机研究述评	朱春奎、吴辰、朱光楠	公共行政评论	2011	39	2111
7	西方公共服务动机研究	李小华	理论探讨	2007	27	1129
8	公共服务动机与工作绩效的关系研究	孟凡蓉、马新奕	统计与决策	2010	27	790
9	公共服务动机视角下绩效工资公平感对工作投入的影响	孟凡蓉、吴建南	西安交通大学学报(社会科学版)	2014	26	816
10	公共服务动机:测量、比较与影响——基于福建省样本数据的分析	叶先宝、赖桂梅	中国行政管理	2011	23	1091

(四)公共服务动机研究文献的可视化分析

1. 我国公共服务动机研究的关键词分析

关键词是文献的核心词汇,最能体现出文献的研究主旨。收集与分析相关文献的关键词,可以了解某一个时期内,或是整个研究区间内,该研究领域内的热点,进而为分析该领域的研究方向、探索该领域的研究趋势等方面提供参考和支持。本书借助 Citespace 软件来对在 CNKI 检索得到的源数据进行可视化分析。

关键词频次作为文献计量的重要指标之一,用来度量某一节点在数据源中出现的次数,在本书中即某关键词在文献数据库关键词中出现的次数。频次的高低可以反映研究的热点情况,进而用来计量分析某领域的研究现状。在借助文献计量软件 Citespace 进行的关键词频次分析结果显示,作为检索关键词的"公共服务动机"频次为 86,其次是"公务员"(11);公共服务(9);公共部门(8);工作满意度(7);工作绩效(4);组织公民行为(4);其余提取出的关键词频次均为 2。按以上排序结果,公务员、公共服务、公共部门、工作满意度以及工作绩效出现的频次相对较高。

同时,本研究将搜集的源文件导入 Citespace 软件,新建项目"公共服务动机",以实现对"公共服务动机"主题文献的关键词共现分析和中心性分析。关键词共现分析,即共词分析,是内容分析法的一种。它反映文献中每一个关键词对的共现关系和共现强度,揭示其内在结构;而中心性则是社会网络分析中的重要指标之一,其包含中介中心性、接近中心性、特征向量中心性等,蕾蒂斯托夫将中介中心性作为测量学术期刊的指标。[1] 中介中心性是衡量节点在图谱中对资源掌控程度的指标,可以反映一个节点的重要程度。在共现网络中,中介中心性越高,其在该图谱中的作用就越大,其他节点与之相连的可能性就越大,该节点也就越重要。

本书设置 Timeline(时间区间)为 2001—2018 年,将该区间按照一年为一段进行时间切片;以 keyword(关键词)为节点类型;重新设置阈值(Threshold Interpolation)为 30%,即只显示每个时间切片中出现次数在前 30% 的关键词;设置 Top 100 per slice,提取每个时间切片排名前 50 位的数据来生成最终的关

① 沈君:《中国劳动经济研究领域文献计量报告(2012)——基于 CiteSpace 的可视化分析》,《劳动经济评论》2014 年第 1 期。

键词图谱,对"公共服务动机"主题研究文献进行关键词聚类、可视化分析。关键词图谱中节点的大小反映了该词出现的频率,字体越大,该节点出现的频率越大,其中心性就越强,也代表着该词的研究热度更高。Citespace 软件中,Modularity Q 和 Mean Silhouette 是最能代表整体框架特征的重要参数,当 Modularity Q 值和 Mean Si houette 值在 0.4 到 0.8 之间时,图谱的可视化效果较好,节点间距离适中,利于后期的分析。本次研究中,基于以上参数设置,运行软件所得的 Modularity Q 值为 0.4156,Mean Silhouette 值为 0.5474,均处在较为合理的区间内,说明本书的可视化分析结果是合理并具有说服力的。公共服务动机的关键词图谱如图 1-2 所示。

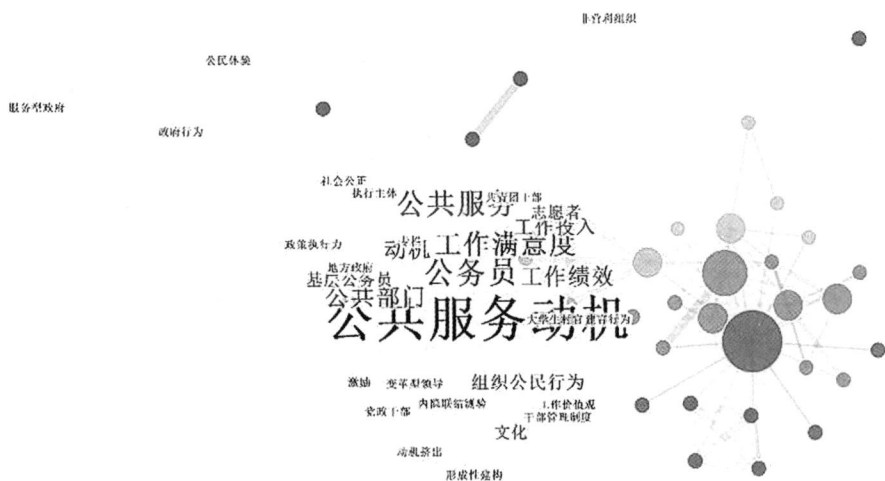

图 1-2　2001—2018 年我国公共服务动机研究关键词图谱

"公共服务动机"作为主检索词,在可视化结果中占据中心位置,而各节点与主检索词"公共服务动机"的距离揭示出公共部门、公共服务、公务员与工作满意度和组织公民行为等关键词与公共服务动机关系较为紧密,即这些关键词代表了公共服务动机研究领域的重点研究内容;而非营利组织这一类关键词则因研究角度不同而远离图谱中心。关于关键词中心性的运行结果显示,作为研究主题的公共服务动机中心性最强,为 1.17;其次是公共服务和公共部门,其中心性分别为 0.03 和 0.02;其余关键词,比如工作绩效、组织公民行为,它们的中心性几乎相同。值得注意的是,公务员的出现频次虽然高,但是中心性却弱于公共服务、公共部门以及公共满意度。

依据以上分析结果将我国公共服务动机研究领域的重点关键词分类为以下三个方面:一是公共服务动机的作用范围,其关键词主要有公共部门、公共服务、公务员群体、党政干部、共青团干部、大学生村官等;二是公共服务动机的相关变量,其关键词主要有工作满意度、工作绩效、工作投入、组织公民行为、变革型领导、组织承诺、高承诺工作系统、幸福感、价值观等;三是公共服务动机的实际运用,其主要关键词有公民体验、服务型政府、建言行为、社会公正、政策执行力、干部管理制度。

2001 年至 2018 年 3 月,我国公共服务动机的研究对象主要存在于我国的公共部门中,如公务员、其他公共部门的工作人员,这类主要从事公共工作的群体,这指示了我国公共服务动机的研究方向;公共服务动机的相关变量是该领域的重要研究内容,公共服务动机相关变量的研究传统与创新并重,既有对工作绩效、工作满意度的深度研究,也对变革型领导、幸福感、高承诺工作系统等新颖的变量进行了探索性研究;在结合本国特色的公共服务动机实际运用研究中,我国学者在我国政府为人民服务的宗旨和政府职能转变的背景下,对公共服务动机在优化公民体验、建设服务型政府、提高政策执行力、完善干部管理制度等方面进行了相关研究。

2. 我国公共服务动机研究的发展趋势分析

Citespace 软件中的时区图(timezone)和时间线图(timeline)可以直观而清晰地反映出我国对公共服务动机的研究过程中每一年的热点关键词,进而揭示研究的发展阶段和发展趋势,并可在此基础上对未来的研究方向进行一定程度上的预测。依据本书所用数据源,Citespace 软件运行所得我国公共服务动机时间图谱如图 1-3 所示。

自 2001 年至今,我国对公共服务动机的研究文献类型从以综述为主向以实证为主演化,研究内容从西方转向本土,从公共服务动机的测量转向与其相关的变量关系研究。本书将我国对公共服务动机的研究进程划分为三个阶段:2001—2007 年为我国公共服务动机领域研究的萌芽期:在此期间,我国对

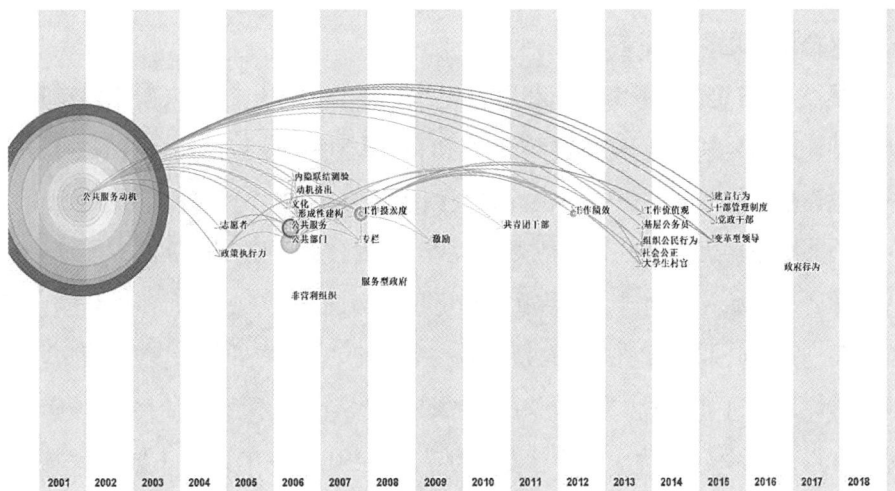

图1-3　2008—2018年公共服务动机研究热点时区图

公共服务动机的研究内容主要集中在介绍西方对公共服务的动机的研究成果、对公共服务动机概念的界定上。2008—2014年为我国公共服务动机研究领域的发展期:在此期间,我国学者对公共服务动机进行了更加深入的研究,尤其是大量文献开始探讨公共服务动机的测量方法;同一时期也出现了更多研究公共服务动机与其相关变量关系的文献,其中出现了"工作满意度""工作绩效""工作投入"等研究关注度较高的代表性变量,这对拓宽其实际运用领域、提升其后续发展有着极为重要的作用。2016—2018年为我国公共服务动机研究领域的提升期:在此期间,随着该领域的逐渐发展,我国对公共服务动机的研究已经切入前沿水平,除了继续深入研究公共服务动机的相关变量之外,学者开始结合我国的实际情况,针对我国所面临的实际问题,深入研究与公共服务动机相关的变量,并尝试将公共服务动机的理论、公共服务动机与其相关变量的作用机制运用到实际中,以丰富公共服务动机研究的实际价值。

3. 我国公共服务动机研究的热点主题分析

热点主题是在该研究研究过程中被提及数量较多且能反映研究内在逻辑的文献主题。我国对公共服务动机的研究经历了一个循序渐进的过程,由浅到深、由综述到实证、由理论到实际、由概括到具体。本书对我国公共服务动机研究的三个阶段,以及每个阶段主要的研究内容进行梳理与探讨,目前我国公共服务动机的研究呈现出三个热点。

热点一:界定公共服务动机概念及范围。概念的界定是深入研究的前提,从我国开始对公共服务动机进行研究之初,我国学者即是以研究公共服务动机的概念为起点的。公共服务动机的研究始于西方,经过一段时间的发展,西方对于公共服务动机的研究日渐成熟,而基于国内公务员制度发展的现实问题,我国学者也开始关注并研究公共服务动机这一概念,但对公共服务动机进行准确定义一直是公共服务动机研究领域的一个争论点,国内外的诸多学者都对其概念的界定进行了探讨。在我国对公共服务动机研究的萌芽期,对公共服务动机概念以引入及介绍为主。李小华(2007)最早在文献中介绍了佩里及怀斯(Perry and Wise)对公共服务动机的定义是"主要或特定针对公共机构的目的所具有反应的个体倾向",以及他们把公共服务动机分为理性、规范和情感三类动机;①佩里的理论得到了不少学者的支持,但仍有批评者针对其地区适用性提出了质疑,因此范登毕等人将公共服务动机更加包容地定义为"信念、价值与态度",关注更大政治实体的利益,并通过公共互动,激励个人采取有目的之行为。② 佩里之后,亦有学者对个人动机的分类进行改进,"认为组织成员个体存在着不同的公共服务动机,并将其概括为四种导向,分别代表公共服务的一种独特观念,即乐善好施者、共产主义者、爱国者和人道主义者。他们均体现出强烈的公共服务愿望,由不同的动机所驱动,既相互重叠又具有差异性"。③ 近年来,我国学者除了依据国情对量表进行了本土化改良,还通过各类实证调查,根据中国的实际情况及地域特色,对公共服务动机概念进行补充。

热点二:透视公共服务动机的测量方法。公共服务动机并不只存在于公共部门,也曾有学者对公共部门和非公共部门中的公共服务动机进行了比较研究。但"公共部门"和"公共服务"这两个关键词的高频次和高中心性显示出我国关于公共服务动机的文献研究范围主要还是集中于公共部门,而不是

① 李小华:《西方公共服务动机研究》,《理论探讨》2007年第3期。
② 曾军荣:《公共服务动机:概念、特征与测量》,《中国行政管理》2008年第2期。
③ 朱春奎、吴辰、朱光楠:《公共服务动机研究述评》,《公共行政评论》2011年第5期。

非公共部门,尤其是对公共服务动机的测量部分,都集中在我国的公共部门。佩里在1996年提出了用于测量公共服务动机四个维度的(公共政策制定、公共利益承诺、同情心和自我牺牲)24题量表,是目前被引用率最高的公共服务动机量表,对公共服务动机的研究和成果作出了较大贡献。我国学者在公共服务动机测量的研究方面也颇有成效。李小华(2008)介绍了西方公共服务动机测量的两种方法:通过测量相关变量来间接反映公共服务动机的间接测量方法和通过公共服务动机的概念和外延建立量表进行测量的直接测量方法,佩里使用的测量方法就是直接测量法;①曾军荣(2008)则概述了报酬偏好比较、公共服务动机问卷和公共服务行为研究三种测量方法;我国诸多学者在研究中采用了Perry四个维度的公共服务动机测量方法,但金(Kim,2013)等则认为公共服务动机的比较研究中存在跨文化适用性较低的问题,因此开发了公共服务动机16题的跨文化量表以求克服此问题,我国学者包元杰(2016)亦在此基础上形成了新的短版量表,并通过信效度检验证明了该量表的合理性与可用性。

热点三:探索公共服务动机的影响因素和作用机制。对已知的公共服务动机相关变量作用机制进行深入研究、依据社会的现实情况开发提炼新的变量,在对公共服务动机的研究中起着至关重要的作用。在西方对公共服务动机相关变量的研究中,"工作绩效""工作满意度"是十分重要的两个变量。大量研究试图通过实证验证公共服务动机对工作绩效存在显著的正相关关系,公共服务动机越高则员工的工作绩效越高,但仍有研究对此提出异议,因此公共服务动机与工作绩效间的关系尚未形成定论。在我国对公共服务动机相关变量关系的研究中,"工作满意度"和"工作绩效"的频次和中心性也排在较为靠前的位置,说明了我国学者亦认为二者都是公共服务动机相对重要的影响因素,也是在公共服务动机实际运用中较为重要的部分,这与西方的研究情况颇为相似。关于"工作满意度""工作绩效"与公共服务动机的关系,我国学者

---

① 李小华:《公共服务动机的结构及测量》,《武汉大学学报(哲学社会科学版)》2008年第6期。

以我国的实际情况为背景进行了全方位的研究。

当工作满意度作为公共服务动机的结果变量时,吴绍宏(2010)通过研究澳门公务员群体,认为公共服务动机会对工作满意度有明显的影响;①朱春奎、吴辰(2011)在对我国中西部省会城市公务员的研究中发现,公共服务动机对工作满意度有显著的正向影响,其中公共政策制定吸引力和自我奉献影响力最大;②毛万磊等人(2017)在研究山东省基层公务员的公共服务动机时,发现其与公务员的工作满意度呈较强的正相关关系,且公共服务动机对公务员的主观工作满意度大于对其的客观工作满意度。③ 当工作满意度作为公共服务动机的前因变量时,叶先宝(2011)的研究认为工作满意度、组织承诺对公共服务动机有显著的影响。④ 当工作满意度作为公共服务动机的中介变量或调节变量时,刘昕等人(2016)的研究认为公共服务动机与工作满意度呈显著正相关,且在工作价值观对工作满意度的影响中起到中介作用,他同时提出,我国存在公务员的公共服务动机较高,但工作满意度不高的情况。⑤

在有关于工作绩效与公共服务动机关系的研究中,孟凡蓉(2010)对教师群体、⑥祝军等人(2014)对北京市专职团干部的研究显示,公共服务动机越高,则工作绩效越高,二者呈显著的正相关关系;⑦李小华和董军(2012)在对MPA研究生的研究中发现,公共服务动机与个体绩效也呈正相关关系;⑧从

① 吴绍宏:《公务员的工作满意度、组织承诺与公共服务动机的关系探讨——以澳门特区政府公务员为例》,《中国人力资源开发》2010年第9期。

② 朱春奎、吴辰、朱光楠:《公共服务动机研究述评》,《公共行政评论》2011年第5期。

③ 毛万磊、郑栋、陈玉龙:《公共服务动机对基层公务人员工作满意度的影响研究——基于山东问卷调查的实证分析》,《山东行政学院学报》2017年第4期。

④ 叶先宝、赖桂梅:《公共服务动机:测量、比较与影响——基于福建省样本数据的分析》,《中国行政管理》2011年第8期。

⑤ 刘昕、王许阳、姜炜:《我国公务员的工作价值观对工作满意度的影响——以公共服务动机为中介变量》,《中国行政管理》2016年第12期。

⑥ 孟凡蓉、马新奕:《公共服务动机与工作绩效的关系研究》,《统计与决策》2010年第17期。

⑦ 祝军、钟坚龙:《共青团干部公共服务动机对组织承诺的影响研究——以北京市221名专职团干部为分析对象》,《山东青年政治学院学报》2014年第4期。

⑧ 李小华、董军:《公务员公共服务动机对个体绩效的影响研究》,《公共行政评论》2012年第1期。

刘晓洋(2017)以青年警务人员为对象的研究中可以体现出,公共服务动机与
绩效水平显著正相关,且工作满意度能够在其中起到中介作用。[①]

除工作绩效和工作满意度外,我国学者亦研究了一些其他的公共服务动
机的影响因素。在对公共服务动机前因变量的研究中,李锋和王浦劬(2016)
的研究认为中国基层公务员的公共服务动机结构与西方的传统结构存在差
异;组织环境中的权责明确、与上级部门信任关系良好等因素能显著地提高公
共服务动机,教育层次、领导职位等也在不同维度影响公共服务动机。[②]　在对
公共服务动机结果变量的研究中,邱茜(2017)的研究说明公共服务动机对我
国公务员的组织公民行为具有显著的正向影响,且在公共服务动机四个维度
都能体现;[③]郑楠、周恩毅(2017)则认为基层公务员的公共服务动机和职业幸
福感呈显著正相关。[④]　在对公共服务动机中介变量或调节变量的研究中,陈
振明、林亚清(2016)研究了公共服务动机对政府部门领导关系型行为与下属
变革型组织公民行为关系的中介作用,结果证明公共服务动机在其中起到了
完全中介作用;[⑤]谭新雨、汪艳霞(2017)证明了公共服务动机在服务型领导与
公务员建言行为中发挥了中介作用;[⑥]马岩(2016)以税务领军人才群体为对
象,探讨心理资本、公共服务动机和职业成功之间的关系,其研究证明公共服
务动机在心理资本与主观职业成功的关系中起调节作用。[⑦]

热点四:落实公共服务动机的实际应用。在公共服务动机研究的提升期,

①　刘晓洋:《公共服务动机绩效促进模型与检验》,《学术研究》2017 年第 5 期。
②　李锋、王浦劬:《基层公务员公共服务动机的结构与前因分析》,《华中师范大学学报(人文社会科学版)》2016 年第 1 期。
③　邱茜:《公务员公共服务动机对组织公民行为的影响——基于山东省 17 地市的实证研究》,《中国行政管理》2017 年第 6 期。
④　郑楠、周恩毅:《我国基层公务员的公共服务动机对职业幸福感影响的实证研究》,《中国行政管理》2017 年第 3 期。
⑤　陈振明、林亚清:《政府部门领导关系型行为影响下属变革型组织公民行为吗?——公共服务动机的中介作用和组织支持感的调节作用》,《公共管理学报》2016 年第 1 期。
⑥　谭新雨、汪艳霞:《公共服务动机视角下服务型领导对公务员建言行为的影响》,《软科学》2017 年第 8 期。
⑦　马岩:《税务领军人才心理资本、公共服务动机与职业成功的关系研究》,《税务研究》2016 年第 11 期。

我国对公共服务动机进行研究的文献越发的注重实际应用。相较于早期较为零散的介绍一些西方重点研究的相关变量,后期的样本文献更注重于我国现实国情的结合,也更注重公共服务动机的实际作用,而不是仅仅停留在理论层面。在我国转变公务员作风、建设服务型政府的大背景下,张素红、孔繁斌(2016)以公共服务动机为视角研究了公共服务精神的塑造,认为要强化公务员内在激励和注重外在激励的内在性,激发公共服务的内在动力,塑造公共服务精神;①基于公共服务动机理论,彭晓娟(2016)提出在选拔源头引入心理测评机制,将公共服务动机作为选人的标准之一,这对整个组织绩效水平的提高至关重要;②公共服务动机理论对我国党政干部的选拔亦有启发,叶菲菲、刘碧强(2016)的研究认为要使干部具备公共服务动机,要从干部内在激励角度出发,监督问责与常态化机制结合,建立监督有力的权力运行体系,建设廉洁政治;提升党政干部践行核心价值观的能力;引进绩效奖励机制,激发党政干部的工作积极性,激发其公共服务动机;③黄艳茹等人(2015)将公共服务动机归为公务员考核创新的内隐性动机,它可能会促进政府相关部门领导者的创新行为;④也有学者认为公共服务动机大量存在与公共部门中,是一种长效的激励,但它必须以一定的物质激励为基础。⑤ 虽然我国对公共服务动机的研究范围并未有太大改变,仍然集中在公共部门的工作人员,尤其是公务员群体;但基于我国目前完善公务员管理制度、规范公务员行为、建设服务型政府的背景,以基层公务员为研究对象的实证研究数量迅速增多,成为公共服务动机研究的重点领域。

---

① 张素红、孔繁斌:《公共服务动机视角下的公共服务精神塑造》,《南京社会科学》2016 年第 11 期。

② 彭晓娟:《PSM 及强化理论双重视下的官办社会组织管理机制研究》,《九江职业技术学院学报》2016 年第 2 期。

③ 叶菲菲、刘碧强:《公共服务动机及其对党政干部争竞性选拔工作的启示》,《行政与法》2016 年第 9 期。

④ 黄艳茹、阎波、郑烨:《我国公务员考核创新的动因分析》,《湖北社会科学》2015 年第 1 期。

⑤ 何晓晶、陈毅文:《公共服务动机视角下的公务员激励机制》,《人类工效学》2015 年第 1 期。

（五）国内公共服务动机研究展望

本书借助 Citespace 软件,完成了 18 年间(2001 年至 2018 年 3 月)的 CNKI 中收录的以"公共服务动机"为主题的文献进行了计量统计分析。通过传统的文献计量方法对该主题文献的发文量、年度分布情况、基金支持情况、引论文的主题、作者及刊载平台进行了分析。运用文献计量软件 Citespace 对"公共服务动机"主题文献进行的包括关键词共现分析、时区及时间线分析在内的文献可视化分析,对我国公共服务动机研究的历史和现实情况、发展过程及发展趋势进行了梳理,以及对公共服务动机的关键词及研究热点的拆分及详细研究,得出了以下结论:

自 2001 年至 2018 年 3 月以来,"公共服务动机"主题发文量呈现波动上升趋势,以 2010 年为节点,前后发文量差异较大;公共服务动机主题文献的基金支持率同样呈现明显的上升趋势,尤其是 2016 年后,文献支持率激增,达到了 50%,但仍然平均支持率只有 22.22%,处于较低的水平。由此可见,公共服务动机的学术关注度在不断上升,尤其是在近几年,逐渐成为公共管理领域的重点研究对象之一,但相较于其他课题,公共服务动机目前的社会关切度还不够高,提高对公共服务动机的学术关注度和社会关切度,有利于进一步对公共服务动机进行研究,发挥公共服务动机在解决社会实际问题过程中的作用。

Citespace 软件对公共服务动机研究样本文献的可视化分析显示,我国对公共服务动机的研究呈现出循序渐进的发展趋势。研究重点由公共服务动机的作用范围、公共服务动机的相关变量、公共服务动机的实际运用三部分构成。公共服务动机的作用范围主要集中在我国的公共部门,公务员群体以及其他公共部门的工作人员是我国学者进行公共服务动机研究的重点研究对象,这不仅与公共服务动机的具体概念和外延相符合,也与我国庞大的公务员群体及公务员管理制度完善与发展的需要相契合;相关变量以对传统的"工作满意度"和"工作绩效"的研究最为突出,在已有的研究中,大量文献通过实证研究证明"工作满意度"与"工作绩效"存在显著的相关关系,公共服务动机越高,工作满意度和工作绩效往往越高;对新的相关变量尤其是贴近我国实际情况的变量的研究同样引人瞩目:职业认同与工作投入、公民建言行为、变革型领导、公务员高承诺工作系统、党政干部纪律约束制度、干部晋升制度、公共精神等，都是较为新颖的、与我国实际情况紧密相关的公共服务动机相关变量；对实际运用的研究主要出现在近一年的时间范围内，是我国对公共服务动机研究新领域的探索。

我国目前所面临的公务员管理制度改革与完善的问题，使得对公共服务动机的研究成为必然要求。党的十九大报告明确指出"转变政府职能，深化简政放权，创新监管方式，增强政府公信力和执行力，建设人民满意的服务型政府"①。在转变政府职能，建设服务型政府的背景下，改善公务员选拔制度，完善公务员管理制度，提高公务员工作效率，以促进政府工作效能的提升，是新时代行政体制改革的重要任务。已有研究已经说明公共服务动机作为一种内在动机对公共部门工作人员的工作绩效和组织承诺等都能够起到一定程度上的促进作用；如何提高公务员及公共部门工作人员的公共服务动机，以促使他们工作绩效的提高，从而实现部门整体绩效的提升、实现公民体验的提升、助力我国服务型政府的建设；如何提高公务员的工作满意度，来提高公务员的公共服务动机，则是公共服务动机研究领域的需要进一步深入探究的问题。我国对公共服务动机的研究正在朝实证化方向发展，这将使该领域的研究更具科学性和准确性，但目前的实证研究存在样本数量较小、样本来源范围狭窄或太过分散等问题，缺乏大样本的、代表性更强的实证调查研究；同时，尽管已有学者针对公共服务动机的跨文化差异性、基于我国的实际情况开发出新的量表，但这并不代表公共服务动机的跨文化差异性就此得到克服，应该在后续对公共服务动机的研究中进一步完善以我国实际情况为背景的公共服务动机量表开发，以求更全面、更准确地在我国进行公共服务动机的测量，使研究能够更加切实地服务于我国公共部门的发展。但本研究尚有改进空间，本次研究仅就 CNKI 检索到的公共服务动机主题的文献进行了计量与可视化分析，在样本的选取和分析上可能存在一定的局限性；另外，受研究时间跨度的影

---

① 习近平：《决胜全面建成小康社会 夺取新时代中国特色社会主义伟大胜利——在中国共产党第十九次全国代表大会上的报告》，人民出版社 2017 年版，第 39 页。

响,可能对近期发表的、文献被引量较小的文献分析稍显不足;按照年份进行数据对比时,也因 2018 年仅有第一季度的数据源可能对准确性略有影响。因此,要更加全面、准确、系统地对我国公共服务动机研究进行分析,还需要更进一步地探讨和研究。

第二节　大学生就业倾向文献综述

由于 21 世纪前很长一段时间以来我国大学生就业分配体制的特殊性,导致我国关于大学生就业倾向的研究在 21 世纪前基本处于空白状态,随着我国大学毕业生总量的逐年攀升以及就业难问题的凸显,大学生就业问题逐渐升温,关于大学生就业倾向的研究也逐渐增多。笔者通过对中国知网(CNKI)的检索发现,目前国内尚未有学者以大学生就业倾向为主题发表综述性的文献。本书对大学生就业倾向研究兴起以来国内、国外学术文献的整理和分析,尝试对这一研究主题进行较为全面、系统的文献综述,为今后对这一主题进行研究的学者提供一定的借鉴。

一、我国大学生就业倾向研究的缘起

由于我国长期实行的大学生毕业分配制度强调的是服从国家的统一安排,所以当时就业倾向的问题并没有得到关注,自 20 世纪 90 年代,该制度的作用逐渐减弱。至 1996 年,我国出台了《国家不包分配大专以上毕业生择业暂行办法》,这标志着我国大学毕业生"包分配"的制度正式取消。然而由于当时大学生群体的总量并不大,所以并没有对就业形势产生很大的影响。自1999 年,我国大学开始扩大招生规模,所以步入 21 世纪后大学生就业问题逐渐显著。毕业生面临着巨大的就业压力,"就业难"成为社会普遍关注的话题,为了应对被广泛关注的就业问题,"就业倾向"研究逐渐进入学者的研究视野中。

经过对中国知网(CNKI)的检索发现,在研究的早期,张素芳(1995)提出大学生的就业倾向受就业动机支配,并对就业动机进行了测量(获取衣食来源、展

示才华、为社会作贡献),进一步将其归纳为"谋生型—创业型—贡献型"三种类型,其受客观条件(收入、福利、社会地位、地理因素)和社会观念(生产力水平、社会意识形态、家庭、大学教育)的影响,对于就业倾向的测量是从收入、工作与个人的匹配程度、持续发展的机会、社会地位、管理制度、稳定性和科研条件这些方面进行的,主要是从价值观角度进行论述。① 但是她的研究中样本量较小(137),且只进行了初步的描述性统计,缺乏进一步分析。陈继承(1999)从社会(价值观念、社会舆论与习俗)、家庭(父母对于子女的影响)、自身(思想品德、心理素质、年龄)三个维度来阐述就业倾向的影响因素,但缺乏相关数据的支撑。② 相比之下,王巧萍(2000)首次进行了较大样本的研究(814),通过对学生的职业身份、地理因素、理想工作要素等方面进行描述性统计来分析,首次提出高校就业指导部门工作的重要性,并对其工作提供了一些建议。③

二、大学生就业倾向的研究角度和影响因素

(一)研究对象的选择

进入 21 世纪后,随着我国在这一领域研究者逐渐增多,对于研究对象的选择主要有集聚性研究和依据学历进行区分性研究两种切入点:

1. 集聚性研究

对于研究样本的选择主要是对某些群体的集聚研究,其大致从以下几个专业进行切入:体育、师范、旅游管理、酒店管理、市场营销、少数民族类高校等。

对于体育专业的学生,马庆林(2000)认为学生的职业态度直接影响毕业时的就业倾向,从"认知(经济地位、社会地位、辛苦程度、发展前景)—情感(对体育工作的喜好程度)—意志(就业倾向)"三个层面进行量化分析,得出"认知、情感、意志"三个层面相对不平衡的结论,不足之处在于样本量相对较少(191)且研究给出的建议十分简略。④ 梁添祥(2003)研究发现不同性别、

① 张素芳:《试论当代大学生价值观的趋向》,《北京建筑工程学院学报》1995 年第 4 期。
② 陈继承:《大学生择业观变化因素探析》,《广西医科大学学报》1999 年第 2 期。
③ 王巧萍、张建安:《厦门大学:毕业生择业意向调查报告》,《中国大学生就业》2000 年第 1 期。
④ 马庆林、李跃生:《对北京体育大学毕业生职业态度的调查与研究》,《河北体育学院学报》2000 年第 2 期。

地域来源、年级的大学生的就业倾向具有差异性且随年龄的增长趋于理性化、个性化。① 郭望(2017)认为民族传统体育专业学生专业技能水平的高低影响其就业倾向,但是研究面相对较窄,不具有普适性。②

对于师范类高校,钟兴言(2007)率先针对这一领域进行分析,研究发现师范类学生就业价值倾向与就业行为存在冲突,得出样本群体注重个人价值的实现、就业行为受地理因素影响的结论,并从价值观教育的角度给出对策。③ 任庆雷(2009)通过对西部某师范高校进行研究,认为影响就业倾向的因素有地域、性别家庭经济状况等,其中西部城乡差异是影响就业倾向的最重要因素。④ 张爱芹(2010)以北京师范大学为例对即将进入毕业班的大学生进行分析,认为大学生虽然仍有地域情结,但是预期收入和选择用人单位的标准日趋成熟。⑤

对于旅游管理、酒店管理专业的学生所进行的研究,有两个显著特征:一是大多强调在本行业进行“实习”的重要影响;二是注重运用定量分析的方法。就旅游管理专业的研究而言,杨效忠等人(2008)所进行的研究影响很大(被引用达 49 次),首先他对国内外的研究进行了回顾,之后研究了酒店实习对就业倾向的影响,首先利用 Cronbach's α 系数等指标进行信度和效度分析,再利用 5 点李克特量表设置问卷题目,最后运用配对样本 t 检验处理数据。⑥ 其运用的量化分析方法较之前的研究更全面、更深入,对于后续的研究来说是一次积极的尝试。梅虎(2009)发表的一篇文章也以量化研究为主导,从社

---

① 梁添祥、郭李亮:《高师体育教育专业学生学习行为与择业倾向分析》,《湖北体育科技》2003 年第 3 期。

② 郭望:《民族传统体育专业学生技能与就业倾向的调查研究》,《安徽体育科技》2017 年第 4 期。

③ 钟兴言:《师范类本科生就业倾向性调查分析及对策研究》,《中国大学生就业》2007 年第 1 期。

④ 任庆雷:《大学毕业生就业倾向调查——以西部某师范高校为例》,《江西金融职工大学学报》2009 年第 1 期。

⑤ 张爱芹、刘淑玲:《对准毕业生就业倾向的调查分析——以北京师范大学为例》,《出国与就业(就业版)》2010 年第 10 期。

⑥ 杨效忠、汪淑敏、叶舒娟、陶晨晨:《酒店实习对旅游管理专业本科生就业倾向的影响》,《高等农业教育》2008 年第 11 期。

会、企业、高校、家庭、学生 5 个方面选取 40 个影响因素进行评价,通过因子分析剔除多重共线及影响小的因素,利用 Logistic 回归模型分析了专业本科生与其行业的关联性,从促进和抑制就业倾向两个方面得出研究结论。① 梅虎(2009)在同一年还利用相似的量化研究方法发表了针对酒店管理专业学生就业倾向的研究。② 李文兵(2013)对之前学者的研究进行总结,采用因子分析等手段对模型进行修正,补充提出职业认知和环境支持因素分别对就业倾向起到直接和间接的作用。③ 徐秀玉(2016)提出人际技能、单位保障、课程教学等九种因素对高职旅游管理专业学生的就业倾向具有影响。④ 对于酒店管理专业的学生,张雪丽(2015)结合大学生定岗实习中的实习预期(Expectancy)、实习过程情绪管理(Mood)、实习满意度(Satisfaction)三个因素,构建"EMS"影响模型,研究其与就业倾向之间的关系。⑤ 于海燕(2016)认为实习前的择业意向、实习酒店的工作条件、实习生心理资本三个因素与实习生在酒店的择业意向呈正相关。⑥

对于市场营销专业的学生,冯春梅(2010)研究发现性别、社会实践等因素对毕业生求职信心有重要影响。⑦ 杜华勇(2011)采用基于 Matlab 的 AHP(层次分析法)来解决指标权重的分析问题,其构建的就业倾向评价体系包括学术工作、教育工作、行政工作、企业工作和自主创业 5 个一级指标和下属 7

---

① 梅虎、詹泽慧:《旅游管理本科生就业倾向与本行业关联性分析及对策》,《旅游学刊》2009 年第 6 期。

② 梅虎:《酒店管理专业大学生本行业就业倾向分析及对策》,《肇庆学院学报》2009 年第 4 期。

③ 李文兵:《职业认知、环境支持对旅游专业大学生就业倾向的影响》,《湖南理工学院学报(自然科学版)》2013 年第 3 期。

④ 徐秀玉、张春霞:《高职旅游管理专业学生就业倾向分析》,《职业教育研究》2016 年第 1 期。

⑤ 张雪丽:《定岗实践教学过程中 EMS 因素对本行业就业倾向影响实证研究——以酒店管理专业定岗实践教学为例》,《旅游研究》2015 年第 2 期。

⑥ 于海燕:《高职学生酒店实习对其就业倾向的影响分析——以酒店管理专业为例》,《高等职业教育(天津职业大学学报)》2016 年第 2 期。

⑦ 冯春梅:《地方应用型本科院校市场营销专业就业倾向实证调查》,《黑龙江对外经贸》2010 年第 10 期。

个二级指标。①

对于少数民族类高校的学生,吴健强(2010)认为在校生就业预期与经济发展、毕业生就业现实与就业期望这两对矛盾。② 杨文文(2017)认为民族类高校学生在求职中最严重的问题是缺乏工作经验和实践,但是其样本很小(97),不具有代表性。③

2. 依据学历进行区分研究

在这一领域对于本/专科学生的研究一般不会关注学生的学历因素,而对于包含研究生群体的研究则有明显的区分性,一般会关注其不同学历的影响。范皑皑(2014)以预期收入为切入点,研究不同收入预期对就业选择的影响,发现其显著相关,并且对于专科、本科和研究生的作用方式存在差异。④ 针对硕士研究生群体,胡凯丽(2015)调查发现燕山大学硕士毕业生就业倾向于国有企业,就业地域倾向于二、三线城市,影响研究生就业倾向的因素有社会环境因素(相对于公务员更愿意选择国有企业)、家庭环境因素(毕业后面临买房、结婚等一系列问题,承受婚姻、家庭及大城市高生活成本的压力,更愿意选择二、三线城市)、高校因素(研究生扩招后使其在就业竞争中没有绝对优势)、自身因素(自我意识逐步增强,不愿吃苦)。⑤ 王景琳(2015)认为研究生对于就业地区和单位选择比较单一、过于关注个人利益(包括薪资等有很高期望),但是其研究缺乏数据支撑。⑥ 李宁(2015)用"想去城市""首选行业""希望岗位""工作要求"代表择业观念并进行描述性统计分析,但其研究样本很小(45),也不具有普遍性。⑦

---

① 杜华勇、孙博文、向劲龙、袁邦玺、曹梅、张维:《基于 AHP 的大学生就业能力对策研究——以西南大学市场营销专业为例》,《经济视角(中旬)》2011 年第 1 期。

② 吴健强、季峰:《新疆大学少数民族学生就业倾向研究》,《新疆大学学报(哲学·人文社会科学版)》2010 年第 3 期。

③ 杨文文、靳尤美、杨佳、张冰、何荣:《大学在校民族学生就业倾向的调研与思考》,《现代经济信息》2017 年第 7 期。

④ 范皑皑、车莎莎:《大学生的就业预期与就业选择》,《教育发展研究》2014 年第 23 期。

⑤ 胡凯丽:《硕士研究生就业倾向——以燕山大学为例》,《人才资源开发》2015 年第 6 期。

⑥ 王景琳:《高校研究生就业倾向性研究及对策分析》,《产业与科技论坛》2015 年第 5 期。

⑦ 李宁、刘媛媛:《硕士毕业生就业倾向及对策调查研究》,《职业时空》2015 年第 8 期。

（二）大学生就业倾向的影响因素

现如今国内外针对就业倾向的研究日趋成熟，国内外学者从多角度基于不同的理论对职业选择给出了不同的定义，针对就业趋势提出不同的看法并对就业选择中出现的问题给出了相应的解决办法。

1. 国外就业倾向影响因素文献综述

个体对职业选择的偏好能够根据个体的特质和价值观（Judge and Bretz，1992）、组织吸引力和组织形象（Gatewood et al.，1993）以及经济和社会约束（Albert and Luzzo，1999）之间的相互作用来预测。实际上，大学生在面临就业之前就已经形成了职业选择动机。职业选择动机是指那些能够激励和影响个体就业倾向的动机、动力或者前提条件（Ritz and Waldner，2011）。大学生在选择工作的时候，会考虑到很多的因素，包括个人喜好、个人观点、组织—社会价值观、个人背景、工作经验以及对内在激励和外在激励的期望，这也就是内在的工作选择动机和外在的工作选择动机，两者共同影响着求职者的就业倾向。例学者们普遍认为，外在因素产生了对于选择私营部门工作的潜在动机，而内在因素则使人们倾向于选择公共部门的工作，例如赖特、刘易斯等人的研究支持了这一观点（Wright，2001；Lewis，2002）①②；乔治·埃利斯的研究也支持了这一观点，但同时也认为较高的外在激励可能会对内在激励产生挤出效应（Georgellis，2011）。③

内在的工作选择动机通常与利他动机、精神认同、社会和工作责任感、亲社会行为以及公共服务动机有关（Word and Park，2015）。先前的理论和研究认为，非营利组织的员工和管理者是依靠自身内在激励来为身边的社区团体服务（Leete，2001；Mann，2006；Santora and Sarros，2001；Weisbrod，1988）。切尔

---

① Bradley E.Wright，"Public-Sector Work Motivation：A Review of the Current Literature and a Revised Conceptual Model"，*Journal of Public Administration Research and Theory：J-PART*，Vol.11，No.4（October 2001），pp.559-586.

② Gregory B.Lewis，Sue A.Frank，"Who Wants to Work for the Government？"，*Public Administration Review*，Vol.62，No.4（June 2002），pp.395-404.

③ Yannis Georgellis，Elisabetta Iossa，Vurain Tabvuma，"Crowding Out Intrinsic Motivation in the Public Sector"，*Journal of Public Administration Research & Theory*，Vol.21，No.3（July 2011），pp.473-493.

哈特等人发现与公共部门和私人部门相比,非营利部门能够吸引那些不看重经济报酬的毕业生,因为那些选择非营利部门的人们往往是将为他人服务作为首选(Tschirhart,2008)。这也证明了人—工作匹配之中的重要因素——价值观契合对于员工选择非营利组织的影响。

外在的工作选择动机是指为薪酬、奖励和表彰等福利而工作的愿望,外在或有形的利益能够成为帮助员工实现成就的重要助推力(Word and Park,2015)。有研究表明,外在激励可以挤出或破坏内在动机(Deci et al.,2001)。然而,最近对那些服务工作者的动机测量表明,内在动机和外在动机之间的关系可能比通常理解的更复杂。特拉维斯认为,外在动机对于服务工作者来说非常重要,因为它们以物质的形式反映了他们的工作价值(Travis,2007)。特别是当沃德和帕克研究了雇主采取的三种外在动机策略,这些策略可能会增强员工的个人—环境匹配(Word and Park)。研究将工作家庭平衡、工作保障和晋升动机视为外在动机,这些动机能够增强员工的个人—价值观匹配程度。

在工作家庭平衡方面,工作与生活的平衡是组织中的关键人力资本战略,其概念是指个体能够较好地平衡家庭和工作之间的关系,是个体实现工作家庭冲突最小化的同时,达到两者平衡最大化的状态(Kalliath and Brough,2008)。员工往往会因为工作与家庭的失衡而影响其出勤率、工作效率、工作满意度,进而提升其离职率。因此员工会更加希望能够实现工作和家庭的平衡,具有灵活的工作时间或者压缩工作周的部门会成为员工较为青睐的选择。学者们通过对政府中"弹性时间"的使用以及英国公共和非营利性药物治疗中心人力资源实践差异研究证实,工作家庭平衡会成为影响员工选择就业的重要因素(Parry et al.,2005)。

在工作保障动机方面,弗雷德里克·赫茨伯格(Fredrick Herzberg)的双因素理论表明,工作动机包含两个独立的组成部分,可称为保健因素和激励因素。保健因素包括工作保障、工作条件、工资和人际关系。根据该理论,这些因素通常不会导致更高的动机水平,但是如果缺乏足够的薪酬水平或工作保障可能会导致员工产生不满情绪。出于这个原因,研究工作保障在工作选择动机中所起的作用具有重大意义。工作保障被定义为员工对特定组织就业的稳定性和连续性的期望(Bozeman and Ponomariov,2009),在这方面具有需求的员工可能愿意采取较低的工资以换取就业方面的更大确定性或稳定性(Mossholder et al.,2005)。布仁也在他的研究中提到工作稳定性(Job Security)对于个人就业倾向仍存在较大的影响作用(Bulens,2007)。① 美国学者刘易斯和弗兰克、比利时学者凡德纳比的研究表明,公共部门的工作保障和薪酬对求职者有强烈的吸引力(Lewis and Frank,2002;Vandenabeele,2008)。在中国,这也同样适用,因为公众认为公务员的薪酬很高,并且中国公共部门的工作保障待遇也非常优厚。

在晋升动机方面,弗雷德里克·赫茨伯格(Fredrick Herzberg)提出的双因素理论指明激励因素确实有可能提高工人的满意度。但激励主要与工作本身的性质有关,例如工作的有趣程度和工作的重要性或者所在的岗位具有重大工作责任或众多晋升机会。理论将成就、进步或成长归类为更高层次的激励因素,认为许多激励因素与雇主的晋升或同事认可有关,这些激励因素对员工的工作绩效有积极影响。德瓦罗和布鲁克希尔通过对非营利组织的研究证明,在非营利组织中,晋升是能够更好地将员工的个人能力和工作更好地匹配起来,这样在一定程度上能够满足个人对于自我价值实现的要求(Devaro and Brookshire,2007)。

此外,还存在很多因素能够影响个人的就业倾向,这些因素或直接或间接改变着公共服务动机对个人就业倾向的影响效果。郑宰业和约翰·麦考密克等人以566名澳大利亚悉尼大都市区学校学生作为研究样本,将职业兴趣、职业态度和就业倾向进行联系,通过实验验证了以下观点:学生对职业的兴趣越强烈,他们对自己所选职业的态度就越积极,追求这些职业的意愿就越强(Jae Yup Jung and John McCormick,2011)。他们认为职业兴趣和职业态度是就业倾向最强烈的预测因素。从研究的角度来看,从兴趣、态度和职业决策之间联系所获得的新见解可以为高中生职业决策过程的研究提供新的角度。拉金提到了年龄因素的差异:25岁以上的学生比20—24岁的学生具有更显著的内

---

① Marc Buelens,Herman Van den Broeck,"An Analysis of Differences in Work Motivation between Public and Private Sector Organizations",*Public Administration Review*,Vol.67,No.1(January 2007),pp.65-74.

在动机,而在外在动机方面无显著差异(Larkin,2007)。[1]

2. 国内就业倾向影响因素文献综述

目前,我国经济社会发展迅速,劳动力供求关系与产业结构性变化所带来的就业困难和招工困难之间的矛盾受到各界的关注,就业问题成为学界热点话题。国内学者在分析就业问题时,结合我国时代大背景的变革,综合性考虑了各行各业人群的需求,主要从目前就业形势、就业结构变化以及特殊就业对象等三个角度进行分析我国公民就业倾向变化的影响因素。

首先,中国人民大学曾湘泉教授(2003)提出世界各国就业表现的三大趋势:产业变动的进程加快,服务业逐步成为就业主体;灵活就业比重不断上升,就业模式日趋多样化;工作岗位的创造与消失速度加快,就业稳定性下降。[2]有研究证明,已有足够的证据显示贸易自由化对非正规就业的影响方向和程度高度依赖于特定国家的环境。在贸易开放和非正规就业不断扩大的背景下,周申全(2017)对各个群体的就业倾向进行分析,实证检验中国加入世界贸易组织后,贸易自由化对个体非正规就业的地区效应及动态影响。首先,贸易自由化程度越高的地区,个体就越可能从事非正规就业,这一结果在不同情况下依旧稳健;其次,入世后,贸易自由化对个体非正规就业的效应具有动态性,政策效果在2006—2009年更为显著;最后,贸易自由化对不同类型个体非正规就业的影响具有异质性,贸易自由化更倾向于提升农村、中低技能个体的非正规就业概率,对女性从事非正规就业的影响则滞后于男性。[3]

其次,不同学者分别从农民工群体、女性群体和大学生群体三种不同研究对象的视角对就业倾向的影响因素进行分析。

(一)农民工群体就业倾向影响因素研究

张连业(2007)以陕西省西安市的城市近郊农民为调查对象,通过问卷调

---

① Judith E. Larkin, Kate A. LaPort, Harvey A. Pines, "Job Choice and Career Relevance for Today's College Students", *Journal of Employment Counseling*, Vol.44, No.2(June 2007), pp.86-94.

② 曾湘泉:《世界就业趋势及各国就业政策》,《求是》2003年第18期。

③ 周申、何冰:《贸易自由化对中国非正规就业的地区效应及动态影响——基于微观数据的经验研究》,《国际贸易问题》2017年第11期。

查的形式分析城郊被动性城市化下农民的非农就业意愿的因素。研究结果列举了城郊农民非农业就业倾向的影响因素,其中劳动者个人因素起到了重要作用,例如年龄和受教育程度,而农民家庭人口数量和所供养的非劳动人口数量对于其非农业就业倾向及其成功率的影响不大,他提出应该针对不同群体制定不同的政策,要加强农民中等教育培训、健全劳动力供求信息系统的建议。① 该想法与许多学者观点不谋而合。王春超(2011)在以往的研究中发现:农民在对待就业决策时,不是单纯着眼于个人收入,而是依据家庭成员比较优势,合理分配农业和非农业家庭成员劳动时间,以追求农户收入的最大化。② 田新民等人(2009)提出农村劳动力会因为城市职业收入较高而涌向城市,从事城市当中的其他行业,收入差距为劳动力由农村迁向城市的原动力。③

(二)女性群体就业倾向影响因素研究

女性在选择职业时较男性易受到歧视,因此对于女性群体就业问题的研究就具有较大意义。徐林清(2004)使用了工资这个工作评价中最常用的也是最重要的指标来对女性劳动力就业的行业倾向进行了分析,发现从工资角度上来看,我国女性在行业分布上受到歧视的可能性比较小,并且近来女性地位不断提高,男性求职者和女性求职者之间的差异越来越小。同时他也认为衡量是否存在歧视不能仅凭借工作本身去分析,还要结合就业者对这种工作的评价去判断。④ 刘妍(2008)基于现有文献,针对性探究农村已婚女性非农业就业倾向的主要因素,并基于此提出种种促进农村劳动力非农就业的政策建议,发现年龄、文化程度、个人技能、配偶职业以及所处地域经济发展状况都对农村劳动力尤其是已婚女性的就业选择具有较大影响。⑤ 陈昊(2013)提出

① 张连业、杜跃平、张爱婷、董国强:《城郊被动型城市化进程中农民就业转移的调查分析》,《农业经济问题》2007 年第 3 期。
② 王春超:《农民工流动就业决策行为的影响因素——珠江三角洲地区农民工就业调查研究》,《华中师范大学学报(人文社会科学版)》2011 年第 2 期。
③ 田新民、王少国、杨永恒:《城乡收入差距变动及其对经济效率的影响》,《经济研究》2009 年第 7 期。
④ 徐林清:《女性就业的行业——工资倾向与性别歧视》,《妇女研究论丛》2004 年第 2 期。
⑤ 刘妍、脱继强:《江苏省农村已婚女性劳动力非农就业的影响因素分析》,《中国人口科学》2008 年第 2 期。

出口贸易的性别就业差距即出口加剧了低度持续出口企业的就业性别歧视，却缓解了高度和中度持续出口企业的就业性别歧视；此外，女性员工主在营业务收入相对较低和规模相对较小的出口企业更具有优势。[①]

（三）大学生群体就业倾向影响因素研究

对于大学生就业倾向的影响因素上的探究，学界总体来说有以下几种观点：

一是基于大学生就业整体环境和趋势的角度进行研究。例如何苗（2004）在通过对某综合性大学应届本科生的问卷调查中发现了现代大学生的三大就业倾向：（1）大学生就业取向的"福利化"。大学生在职业选择中会更看重就业后的工资薪酬以及福利保障，这在一定程度上说明当前大学生对于物质生活方面的满足远远高于其他，就业选择的"福利化"趋向非常突出。（2）大学生就业期望的"非风险化"。根据研究数据显示，大部分大学生会在面临毕业之际，选择考研或出国等方式继续深造以逃避就业压力。那些选择毕业后立即就业的大学生也更加青睐于较为稳定的工作单位，希望尽量减少"二次就业"的风险，凸显大学毕业生就业期望的"非风险化"趋向。（3）大学生对道德质修养的"弱化"。在研究过程中发现，大学生对于道德修养的重视程度不够，这一群体认为道德修养在就业过程中所起到的作用或许不如其他专业性技能给自己带来的收益更大，这表明大学生群体在面对职业选择的过程中弱化了道德修养的重要性。[②] 赵晶晶（2016）将大学生群体分为本硕博三类，从空间流动网络的视角对大学生群体的就业特点进行研究，结果发现：本专科毕业生更倾向于在本地就业，流动强度不高；硕士毕业生则能够有更多的选择，能够选择院校地附近的省份，流动性逐渐上升；而博士毕业生毕业后，相对来说选择附近省份就业的概率较低，多数在院校所在地和北京、上海、广州等一线城市之间做出选择，流动强度最高。[③]

---

① 陈昊：《出口是否加剧了就业性别歧视？——基于倾向评分匹配的再估计》，《财经研究》2013 年第 9 期。

② 何苗、王军、黄曙萍：《论当前大学生就业的三大倾向》，《河海大学学报（哲学社会科学版）》2004 年第 2 期。

③ 赵晶晶：《我国高校毕业生就业流动研究——基于空间流动网络的视角》，《教育发展研究》2016 年第 3 期。

二是基于大学生自身因素的角度进行的研究。李晓玲(2007)通过分析中国西部两所大学 3282 名大学本科生的样本数据发现影响在校大学生就业倾向的因素有两个方面,一为大学生的家庭背景,例如父母的教育水平、生源地以及学费会显著影响毕业生的就业倾向,二为所受教育的程度,例如学校类型、学科情况、学业成绩等也会对其造成重大影响。[1]

三是基于"人力资本"和"社会资本"的角度进行研究。韩翼祥(2007)研究了人力资本和家庭社会经济背景对大学生就业决策和职业期望的影响。[2]李黎明(2008)采用 Logistic 回归和多元线性回归方法进行研究,发现"人力资本"和"社会资本"对大学生职业选择有显著的影响,其社会资本越充裕,人力资本越丰富,就业倾向越高。[3] 刘帮成等学者(2011)在通过对中国东部两所著名大学的 584 名学生调查也证明了这一观点,研究发现如果社会科学专业的女学生有亲属在公共部门工作,那么她们则更倾向于选择在公共部门中就业。这表明社会资本在就业倾向中扮演着重要角色。

四是基于心理学的角度进行研究。程池超(2010)运用多元线性回归分析"就业风险"对大学生就业心理的影响程度。[4] 刘春雷(2011)采用大学生就业心理问卷、社会支持评定量表、建议应对方式问卷、抑郁自评量表和焦虑自评量表对大学生的就业心理进行分析。[5] 凌文辁等人(1999)在对我国大学生的职业选择研究后认为价值观在职业上的体现即"职业价值观",人们在选择职业时,个人的择业标准以及对具体职业的评价集中地反映了他们的职业价值观。[6] 基于凌文辁等人的研究,阴国恩等人(2000)认为从理想和现实的

① 李晓玲、李胜生:《大学生就业倾向及其影响因素》,《西安交通大学学报(社会科学版)》2007 年第 4 期。

② 韩翼祥、翁杰、周必彧:《中国大学生的就业决策和职业期望——以浙江省为例》,《中国人口科学》2007 年第 3 期。

③ 李黎明、张顺国:《影响高校大学生职业选择的因素分析——基于社会资本和人力资本的双重考察》,《社会》2008 年第 2 期。

④ 程池超、马永华:《论就业风险对大学生就业心理的影响》,《高等工程教育研究》2010 年第 4 期。

⑤ 刘春雷、于妍:《大学生就业心理现状及其影响因素研究》,《人口学刊》2011 年第 6 期。

⑥ 凌文辁、方俐洛、白利刚:《我国大学生的职业价值观研究》,《心理学报》1999 年第 3 期。

角度来讲,大学生在选择自己就读的学校、专业时已经考虑到了自己将来的理想职业——也就是毕业后从事的"现实职业",但数据证明不同学校大学生在选择"现实职业"和理想职业时都存在着极显著的差异。①

五是基于人的动机有关的理论进行的研究。国内的研究尚处于探索阶段,例如李晓明(2007)依据"职业锚"理论指导"女大学生"这一群体进行就业选择,但是缺乏样本数据的支撑。② 也有学者基于马斯洛需求理论,分析大学生就业倾向成因,从个人因素、家庭方面、用人单位因素、高校因素以及政府因素五个方面进解释莆田学院大学生的就业现状,并针对性提出了政策建议,但该研究的样本数据代表性不足。③

除了对特定群体的就业倾向研究,也有部分学者从就业结构的结构偏离度角度对劳动力整体的就业倾向进行分析。学者何景熙(2013)认为目前中国正处于经济转型过程中的重要时期,产业—就业结构变动、升级将带来整体就业倾向的变化。其中,中国第一产业的产业结构偏离度最大且正向并逐渐减小,表明第一产业单位产值内容纳了过多劳动力,即劳动力未充分释放;而第二、三产业的产业就业结构偏离度均呈负向,且绝对值在波动中有减少的趋势,表明第二、三产业的就业弹性不够,单位产值内产业对劳动力的吸纳不充分。④

三、就业倾向研究述评与展望

1. 研究者自身的能力所限

我国大多数研究大学生就业倾向的作者为高校学生工作部门的教师,尤其是一些专门从事行政工作的教师,在学术水平和研究能力上相对于专业领

---

① 阴国恩、戴斌荣、金东贤:《大学生职业选择和职业价值观的调查研究》,《心理发展与教育》2000 年第 4 期。

② 李晓明、乔云娜:《浅析职业锚理论对女大学生就业选择的影响》,《广西民族大学学报(哲学社会科学版)》2007 年第 1 期。

③ 林国建、柯琦颖:《基于马斯洛需求理论的大学毕业生就业倾向分析——以莆田学院为例》,《莆田学院学报》2016 年第 3 期。

④ 何景熙:《产业——就业结构变动与中国城市化发展趋势》,《中国人口·资源与环境》2013 年第 6 期。

域的研究者有一定的差距。由于研究多是以高校毕业生就业问题为导向,所做出的对策也基本上是从高校就业指导的角度出发——包括信息收集、求职技巧、观念转变等,导致文献的水平参差不齐,较难有进一步的突破。

2. 概念界定不清

作为研究的主体概念,"就业倾向"的界定较为模糊,在国内外学术界没有达成概念的统一。就国内的研究而言,"就业倾向""职业选择""就业动机""就业心理"等概念经常混用;就国外的研究而言,"Job Choice""Career Choice""Career Decision""Career Preference"等概念也没有规范性界定。概念的含混不清不仅给研究主题本身带来了复杂性,而且会给后续研究者的文献收集、整理带来一定的困难,其带来了研究不必要的成本,这种成本的增加会阻碍更多的研究者进入这一研究领域,而这种成本原本是可以通过规范性的方式来避免的。

3. 缺乏研究的深度和广度

(1)文献的总量较少。这一研究领域文献的积累量不多,以"就业倾向"为关键词在知网(CNKI)进行文献检索,仅有 60 余篇文献,显然不够充实,亟待更多的学者对这一主题进行研究。

(2)研究面较窄。我国多数研究只针对某一类专业的学生或是某个学校的学生,鲜有针对某一省份,例如李峰(2012)对武汉市高校的研究[①]或大量样本的研究,例如马莉萍(2013)利用 31 个省区市高校毕业生的研究。显然,样本不足的研究具有特殊性,而且可以看出目前研究多停留在"点"的基础上,而不能有效地形成"面"上的研究。[②]

(3)研究方法、途径单一。从研究方法来看,在我国的研究中定性分析占很大的比例,或以简单的描述性统计为主,缺乏严谨、系统的量化分析。从对影响就业倾向的因素的分析过程来看,大部分描述性统计浮于表面,多是"事

[①] 李峰、柯峰、文鹏:《大学生择业期望现状及差异性分析研究——以武汉市七所部属高校为例》,《人口与发展》2012 年第 4 期。

[②] 马莉萍、潘昆峰:《留还是流?——高校毕业生就业地选择与生源地、院校地关系的实证研究》,《清华大学教育研究》2013 年第 5 期。

实"层面的,而缺乏"理论"层面的深入剖析和完整建构,例如各影响因素之间影响权重、交叉作用的分析等。

4. 未来研究展望

从对国内外文献的梳理可以看出,大学生就业倾向的研究要有相关理论依据作为支撑,不能只对数据进行处理和分析。心理学、管理学等学科的相关理论模型都可以与这一研究问题相结合,尤其是与人的动机、个人—组织匹配相关的理论,例如公共服务动机理论等,从国外的研究来看是目前国际上比较热点的研究方向,但国内的研究者运用得并不多。这些理论都可以为大学生就业倾向的研究提供新的研究途径和思路,未来可以从此着手,针对中国背景下的大学生就业倾向进行更广泛、深入的探索和研究。

第三节　公共服务动机与就业倾向之间关系研究

自从佩里和怀斯提出公共服务动机这一概念后,西方学者对这一领域充满兴趣,其中主要的研究方向在于探究公共服务动机和就业倾向之间的关系(e.g.Lewis and Frank,2002;Perry and Wise,1990;Vandenabeele,2008)。佩里和怀斯认为个体的公共服务动机越强,那么他越可能在公共部门寻求职位(Perry and Wise,1990)。然而,沃德和帕克的研究指出公共服务动机不仅仅在公共部门或者政府起作用,而且也存在于那些具备公共服务使命的组织,例如非营利部门。在这方面有潜力的员工将会被那些重视公共服务的组织所吸引,并且刺激他们努力工作(Word and Park,2009)。在早期的研究中,学者们大多通过对比私人部门和公共部门或者非营利部门来判断公共服务动机对于职业选择的影响(Lewis and Frank,2002;Steijn,2008),而公共服务动机对个体在公共部门和非营利部门之间的职业选择影响则缺乏系统性的研究,直到2012年开始,美国才有学者从这一角度对公共服务动机进行深入研究。本书通过梳理公共服务动机和就业部门之间关系的研究发展脉络,可以发现两者之间是一个相互影响的过程。但目前学者们对公共服务动机与就业倾向之间关系尚未达成一致。

一、公共服务动机能够影响就业倾向

大量研究表明,公共服务动机与公共部门就业呈正相关关系。在佩里提出公共服务动机能够很大程度上影响人们对工作岗位的选择后(Perry,1990),涌现出一批学者通过对即将毕业的大学生进行公共服务动机的测量来调查公共服务动机是否能够预测大学生的就业倾向。

布莱德利·赖特等人(Bradley E.Wright,2017)在测试公共服务动机对就业选择的影响时,他们发现一年级的法律系学生所测量的公共服务动机预测了三年后他们毕业就业部门的结果。高公共服务动机人员所选择的法律职位更可能涉及公共机构、公民和公民事件,而不像低公共服务动机人员所选择的私人公司或律师事务所的法律职位那样表现出强烈的利润动机,这也就表明公共服务动机的确可以影响人们对就业部门和工作方面的选择。

在此之前,赖特和克里斯滕森(Wright and Christensen,2010)通过研究发现公共服务动机可能无法预测个人第一份工作的就业部门,但它确实增加了个人未来职业生涯中对于选择在公共部门工作的可能性。他们通过测量从1984年到1990年美国律师群体的面板数据,获取其公共服务动机数据,发现公共服务动机并不能预测个体的第一份工作的就业部门,但是对其随后的工作的预测能力上升,人们会更加倾向于去公共部门任职。施奈德等人(Schneider et al.,1995)提出的吸引—选择—磨合模型(Attraction-Selection-Attrition Model,简称ASA)能够解释这一结果,他们认为在吸引—选择阶段,人们以前的工作和行业经验以及行业、组织偏好将会预测他们的下一份工作的选择方向。吸引—选择—磨合理论认为,人们在个人和组织之间的特征匹配的基础上进行"差异的吸引"。因此,那些具备高公共服务动机的求职者的第一份工作如果并不能满足他们为他人服务的需求,那么求职者便容易辞职,并随后选择到更加适合他们的公共部门任职,因为两者具备相同或相似的理念和特质。

(一)公共服务动机各维度与就业倾向之间的关系

公共服务动机不仅仅是作为一个整体对个人的就业倾向选择产生影响,

它还能够根据其自身不同的维度产生不同的结果。基于公共服务动机整体进行测量和使用的分析可能会掩盖只有在对公共服务动机的不同维度下进行测量时才会呈现出的结果。佩里在早期的研究中对公共服务动机进行了初步划分,将其划分为基于理性、规范、情感的动机(Perry,1990),在1996年,佩里进一步地对公共服务动机内在维度进行划分,提出新的公共服务动机维度分类标准:将公共服务动机划分成为参与政策制定的意愿、对公共价值的承诺、同情心的保持以及自我牺牲精神四个维度。参与政策制定的意愿意味着对政治过程抱有极大热情和兴趣,对公共利益的承诺表明将公共利益视作行为的动机,同情心的保持意味着关心他人并对他们的所处环境抱有同情,而自我牺牲维度则是将他人的利益置于自己之前,更有可能放弃物质上的回报。

有学者通过这四个维度的划分标准来研究单独维度对个体的就业倾向选择的影响。首先,凡德纳比等人提出参与政策制定的意愿维度与政府工作之间存在一定联系,他们认为公共服务动机的理性组成部分包括参与政策决策过程的愿望。这也就意味着那些在政策制定意愿维度上呈现出较高水平的人员,会更加倾向于加入政府部门工作,因为参与政策制定过程能够满足他们内心的需求(Vandenabeele et al.,2004)。泽维尔·巴拉特和吉勒姆·里科认为,对于那些想要对整个社会做出改变的大学生来说,他们在初入社会时所选择的工作是否稳定并不重要(Xavier Ballart and Guillem Rico,2018)。但这并不意味着具有公共服务动机的人并不在意工作的稳定性,个体追求工作保障是为了维持其基本经济生活,这与更高层次上帮助他人、奉献社会的需求是可以并存的。事实上,工作保障在一定程度上能够为公共服务动机的满足和培养提供支持(Chen and Hsieh,2015)。因此,应该也为那些具备公共服务动机的人提供必要的工作保障,在满足他们帮助他人的愿望的时候,也能为他们提供良好的生活条件。与此相似,对于那些具备政策制定意愿和对公共价值承诺的人而言,一份更加稳定的工作显得尤为重要,因为基于理性工具角度来看,他们需要一个更稳定的环境来发挥潜力。根据克勒金和科格本的研究,自我牺牲维度是促使人们选择非营利部门的主要原因(Clerkin and Coggburn,2012)。因为通常来说在同等职位下,非营利部门所能够提供的薪酬水平远不及私人部门甚至是公共部门,且在工作保障和稳定性两个方面也比不上公共部门。因此,如果选择去往非营利部门工作,势必要放弃部分经济上的利益。罗斯认为人们缺乏对政府的信心并且对政府工作抱有负面看法,然而他们往往出于参与政策制定的意愿,会提升其到政府部门工作的兴趣,而对公共利益的承诺、怀有同情心和拥有自我牺牲精神的学生更坚定地认为较为直接的帮助和为人民服务是自身价值实现的最好选择(Rose,2012)。这也就可以解释学生趋向于到非营利组织和教育这两个领域就业的现实趋势。其他学者进一步研究发现,自我牺牲和同情心两个维度上具有较高水平的大学生会更加偏向于非营利部门,但在公共价值承诺上具有较高水准的大学生则会降低其选择非营利部门的意愿(Xavier Ballart and Guillem Rico,2018;Clerkin and Coggburn,2012;Bright,2016)。从工具维度来看,自我牺牲精神的确是一个能够促使人们选择到非营利部门工作的因素,因为非营利部门的酬劳不高,在这方面需要通过个体更高的自我牺牲精神和同情心来补偿。

(二)公共服务动机与各就业部门选择间的关系

公共服务动机的公私部门比较研究是公共服务动机初期研究的主要方向。学者们试图通过公私部门员工公共服务动机的差异,来证明公共服务动机的存在(Houston,2000)。以往的观念认为公共服务动机只存在于面向公众的公共部门以及非营利部门,实证研究表明公共部门员工的公共服务动机的确普遍要高于私人部门的员工,为公共服务动机理论提供了数据支持。然而,这并不说明公共服务动机只适用于公共部门,私人部门中也存在不同形式的公共服务动机(James L.Perry,Hondeghem et al.,2010)。这是因为公共服务动机不受行业部门的约束,只要有公共性,就能够唤起它的作用(Bozeman,1987;Moynihan and Pandey,2007)。简而言之,就是只要组织能够分享个人的公共服务价值观并且给出机会让员工进行实践,满足他们的需求,那么公共服务动机就会起作用。

但一般来说,具有高公共服务动机的人员往往会发现公共部门可能比私人部门更有吸引力,这可能是由于使命、实践甚至声誉上的重要差异。佩里等人(Perry et al.,2008)在2008年提出公共部门为社会提供公共物品并且使福利最大化的目标是吸引具有高公共服务动机人员的原因。但他们也证实公共服务动机并不仅仅存在于政府机构当中,但是它的确在公共服务部门和政府之中更加广泛(Perry et al.,2010)。同时,有研究显示,具备服务导向的工作能够吸引具有高公共服务动机的人员,因为服务导向的工作能够满足高公共服务动机人员的内在需求。(Steijn,2008;Taylor,2008;Christensen and Wright,2011;Kjeldsen and Jacobsen,2013)对于大学生而言,他们认为服务导向的工作能够直接和被服务者接触交流,由此通常能够满足他们帮助他人的内心需求,对于这一类人群具备较强的吸引力,而其他类型工作则更多是办公室中的文职工作,与被服务者没有任何接触。因此,具备高公共服务动机的人员会更加愿意选择到公共部门任职。

学者也关注到公共服务动机在非营利部门中的作用。他们发现公共服务动机的确能够反映个人为政府部门工作的倾向,然而实际上这些人在现实中不一定是在政府部门中工作(Lewis and Frank,2002;Tschirhart et al.,2008)。这也就意味着尽管很多人具备较高的公共服务动机,但他们可能也会选择在非公共部门之中就职。拥有社会使命或依赖志愿人员提供服务的非营利部门具有"悠久的历史,深厚的传统和文化,自愿奉献的价值观"(Ott,2001)。这些价值观或许将吸引那些具有高公共服务动机的群体选择来非营利部门工作。汉斯曼根据非营利部门的收入方式将不同类型的组织划分成为慈善型非营利部门(非营利部门的收入主要来自捐赠中)与商业性非营利部门(非营利部门的收入主要来自商品或服务的销售)。慈善型公共组织的员工更关注于服务和志愿服务相关的内在价值,而商业性公共组织的员工则更加倾向于直接与企业进行竞争。研究表明慈善型公共组织将对具有公共服务动机的群体更具吸引力(Hansmann,1987)。

泽维尔·巴拉特和吉勒姆·里科通过研究发现公共服务动机能够更好地预测非营利部门的职业偏好(Xavier Ballart and Guillem Rico,2018)。莱特通过研究在公共部门工作过的员工发现:如果他们表现出更高的内在动机水平,对工作保障和晋升不太感兴趣,这就意味着他们会选择转向非营利部门,因为他们渴望为他人服务。这一发现支持了这样一种观点,即非营利部门的员工认为为他人服务更加有意义(Light,2002)。泰勒也认同这一观点,在与公共部门相比,非营利部门往往具有强大的公共服务使命和类似于公共组织性质的工作环境,不过她也指出在薪酬水平上,非营利部门远远不如公共部门和私人部门(Taylor,2012)。因此在这样的情况下非营利部门容易出现人才流失的问题(McGinnis Johnson and Ng,2015)。

然而非营利部门存在自己的优势,那就是在管理上具有更大的灵活性和自主性,在非营利部门中的工作满意度和组织承诺度远高于公共部门。员工会更加信任非营利部门的管理以及他们能够拥有更高的自主性,包括加薪的可能性(LeRoux and Feeney,2013)。由于这些特性,非营利部门被认为是一个令人向往的部门,而公共部门恰恰相反,因为公共部门往往与政治、国家和官僚型组织具有高度的联系(Salamon and Sokolowski,2016),在规章制度的设计上严格甚至是刻板,缺乏灵活的工作时间和自主性。通常来说,在公共部门工作的个人应该对更高的工资、安全以及养老金计划等福利更感兴趣(Lee and Wilkins,2011)。莱特的研究表明,对于那些想在帮助他人方面有所作为的人来说,非营利部门比公共部门更适合他们(Light,2003)。克里斯滕森和赖特通过对具备高公共服务动机的法学院学生就业倾向的研究也证实了这一点,这些学生可能会更愿意接受非营利部门的工作而非公共部门的工作(Christensen and Wright,2011)。此外,奇尔哈特通过对 MPA 和 MBA 毕业生就业选择的研究发现价值观对非营利部门的重要性。相较于公共部门和私人部门,非营利部门能够吸引那些不在乎薪酬高低的毕业生(Tschirhart et al.,2008)。因为选择非营利部门的毕业生将帮助他人放在其职业生涯考虑的第一位。这些发现证明了内在动机对非营利雇员的重要性。这也说明价值一致性是选择在非营利部门工作的重要因素。

(三)不同文化背景下公共服务动机与就业倾向之间的关系

有学者将公共服务动机对公共部门就业的影响放在不同国家进行对比,考察各国的具体情况。事实上,将国别因素考虑在内是极其有必要的,因为不同国家的社会制度、经济条件以及文化背景都存在极大的差异,这种更加细化和差异化的公共服务动机研究极大促进了相关实践发展。赖特等人发现公共服务动机具备文化特异性,在不同的国家的文化背景下会产生不同的结果(Wright,2017)。同时,公务员在公共部门机构任职所获得的报酬低于同类型的私人部门(Naff and Crum,1999),民众对政府的信任随着时间的推移而下降(Perry and Wise,1990),公务员的工作满意度逐渐下降(H. Lee, Cayer and Lan,2006),而在个别国家,能够在政府部门工作也许是令人自豪的事情。因此,考虑到各个国家之间的文化差异,也有学者对西方世界之外的国家进行了调查,探究不同文化背景下公共服务动机和就业倾向关系的变化。

1. 韩国情景下公共服务动机与就业倾向之间的关系

李真和崔永林通过对韩国五所大学的 632 名志愿参与调查的毕业生进行研究,试图探寻在韩国背景下,公共服务动机和部门选择的关系。同时,关注公共服务动机、职业价值观以及亲社会经历对于韩国大学生选择去公共部门工作的影响(Lee G and Choi D L,2013)。结果发现,公共服务动机的三个维度中没有一个与公共部门的选择相关,公共服务动机和亲社会行为对于韩国毕业生求职者到公共部门的选择没有重大影响;而那些看重工作保障的大学生更愿意到公共部门求职。公共服务动机的三个维度与是否选择去公共部门任职没有任何联系,这可能是韩国的文化背景所带来的结果:第一,历史上,韩国政府官员不仅是公务员,还是管理或指导韩国普通民众的特权阶级。因此韩国民众对于政府职位有一种根深蒂固的执着,很多韩国学生在学习阶段就在为通过公务员考试而努力,而他们却缺少对公共服务动机的关注。这也就是为什么公共服务动机的内在因素不会影响韩国大学生的公共部门职业选择的原因。第二,目前韩国处于经济下行阶段,失业率不断攀升,就业岗位减少,考虑到其工作稳定性,大学生更倾向于选择公共部门工作。在韩国,教育、公共服务和警务工作被视作具备较好的工作保障,且工作保障是在经济萧条中选择工作的最重要标准。因此,当前严峻的经济形势可能会改变韩国公共部门就业的求职者的动机。此外,研究还发现,学生的专业对于其就业选择也会有影响,那些学习公共事务的学生比其他学生更有可能选择政府工作,但仍然不确定公共管理专业的学生是否具有比非公共管理专业的学生具有更高的公共服务动机。

总而言之,韩国大学生主要是因为工作保障或者社会认知而非公共服务动机的原因而选择在公共部门就职。因此,吸引—选择—磨合理论在韩国并不适用。同时研究认为公共服务动机应该是通过韩国公共组织的社会化过程来培养。应聘者随机选择公共部门就业而不考虑自身的公共服务动机,这使得公共服务组织员工既重视内在激励,又重视外在激励。但是该研究也存在不足:首先,实证研究结果来自调查数据和便利抽样,这可能会导致外部有效性的不足,进而限制了研究结果的普遍适用性。其次,本书中的大学生所选择的部门不是其在就业市场中的真实选择结果,而是作为衡量大学生就业意愿指标让大学生主观判断所做出的选择。因此,无法保证学生的意图及其最终就业岗位能够保持一致。

2. 中国情景下公共服务动机与就业倾向之间的关系

刘帮成(2011)等人以中国东部两所著名大学的584名学生作为样本来测试公共服务动机与职业意向之间的关系,其中457名学生就读信息科技专业、生物技术和工程技术,另外127名学生就读公共管理、文化与艺术管理、社会工作和社会保障专业。他们通过对学生的职业意向进行测量,试图探讨儒家、道家和集体主义在中国语境下如何影响公共服务动机和就业倾向之间的关系。儒家思想和道家思想对于中国的文化具有很深的影响,因此从文化角度上来看会对公共服务动机产生影响。儒家思想倡导"学而优则仕",号召人们积极投入到国家事务管理之中,为公共利益而牺牲个人利益;而道家思想则是认为"天地不仁,以万物为刍狗",其规范性维度可能会比情感和理性维度将发挥更大的作用。

结合中国本土实际情况对公共服务动机进行深入研究,他们发现公共服务动机的四个维度中,只有参与政策制定的意愿和自我牺牲两个维度得到了证实,同情心这一维度无法确认(刘帮成等,2008)。但刘帮成认为,这并不意味着同情心这一维度的失效,也许是由于传统中国行政对其的压制。同时,他也指出,佩里和怀斯发表的文章也点明公共服务动机的情感维度(同情心)可能是四个维度中最不重要的一部分,容易被忽略。作为公共服务动机中一个独立的维度,自我牺牲与人民所认识的公共服务之间有历史性的联系。自我牺牲是中国人的行政态度、道德规范和行为,这一点能够可以追溯到儒家思想。同时,研究也表明,与佩里和怀斯的公共服务动机理论不同,对公共利益的承诺这一维度并没有发挥相应的作用(Perry and Wise,1990)。

此外,刘帮成等人还发现在人口变量方面,如果求职者的父母或者其他亲属在公共部门工作,那么求职者会选择利用这些社会关系来帮助自己在公共部门中寻求到一门工作(Lewis and Frank,2002),而缺乏这种社会网络关系的人则更难以进入公共部门(Link et al.,1981)。因此,这也是为何没有父母或亲戚在公共部门中任职的求职者,在职业选择上对于公共部门的偏好会更低的原因。在性别上,女性会对于公共部门有更大的兴趣,因为她们更热衷于那些高工作保障、稳定性强以及挑战性弱的部门(e.g.Lewis and Frank,2002;Vandenabeele,2008)。同时本研究发现,学习社会科学专业的学生比学习工程类专业的学生更加倾向于公共部门的工作,因为社会科学主要是研究如何为社会、国家和公众更好地服务。刘帮成的研究表明公共服务动机在人们开始就业之前就已经产生,这意味着个人的公共服务动机可能是动态的和不断发展的。因此,他在研究结尾也指出未来研究方向在于探究对个人职业生涯中哪些因素会影响其不同阶段的公共服务动机。

3. 埃及情景下公共服务动机与就业倾向之间的关系

巴苏姆、加达通过对2012年的埃及劳动力市场小组进行调查,对涵盖了12060个家庭49186名个体受访者的样本运用综合研究方法深入研究,重点关注失业青年的求职方法以及就业部门给出的最低工资(Barsoum and Ghada,2016)。他们按照混合研究方法,将调查数据的分析与定性采访内容相结合。定性数据基于2012年11月至2013年3月期间收集的来自25岁青年的松散和半结构化访谈,其中14名为男性,11名为女性。接受采访的年轻人都接受过高等教育,住在城市地区,年龄不到30岁,并且他们要么现在处于就业状态,要么曾经有过工作经历或者有过找工作的经历。采访重点关注这些年轻人的工作经历、工作抱负和工作满意度的问题。定性数据有助于理解个人的观点、看法和生活经历(Denzin Lincolin,2005)。研究将与公共部门偏好相关的访谈数据和这种偏好的原因根据物质激励和精神激励进行编码,结合调查数据进行深度分析。结果发现,埃及的青年都更加倾向于去公共部门就职,并且这一现象的密度随着教育程度的上升而上升。这对于埃及的政府机构来说是一件好事,因为高学历的人员的加入能够给这个机构带来新鲜血液,提升机构的运作效率。之所以会产生这样的结果,除了私人部门的工作不稳定以外,一些无形的因素也加强了这样的趋势:信任、尊重和社会地位。对于经过高等教育培养的青年来说,他们发现在公共部门工作的父母能够支撑起整个家庭的生活,并且在其退休后政府还能够提供生活上的保障。因此,青年人受到家庭的影响后倾向于去公共部门,这也可以认为是社会化影响的结果。青年从父母、社会上接触的人,以及他们所受的教育中了解到选择公共部门有利于其未来的生活,因此他们在面临较大的就业压力和社会压力时,会更加倾向于选择公共部门就业,这也成为了当地自然而然的文化。

值得注意的是,埃及青年因为这些外在工作动机(工作保障)而寻求公共部门就业并非是意味着利他主义、政府呼唤、同情心和亲社会行为不再重要。诚然,年轻人可能会因其有利的工作条件而在公共部门寻求就业。但公共服务动机仍会起到一定作用,只是在埃及的历史文化背景对人们思想的影响下并不显著。此研究主要在工作岗位稀缺和劳动力过剩的背景下,对加入公共部门的动机因素进行全面解读,为现有的研究提供了两个新颖的角度:第一,以往的研究都是在国家面临老龄化的背景下所进行的,此研究选择在工作稀缺、劳动力过剩的埃及,是为了观察公共服务动机在劳动力过剩而非正规私营单位占据主导的地方是否同样能够起作用。第二,此研究试图探究当一个国家从福利国家转向市场经济时会对青年人的公共服务动机造成什么样的影响。但这项研究的一个关键缺陷在于仅分析年轻人寻求工作的过程,却没有深入研究这些年轻人加入公共服务后的表现,或者他们加入公共服务的动机是否转化为在公共服务中实际"服务"的动机。这需要进一步研究以解决公共部门激励与公共服务动机之间复杂而微妙的联系。

4. 亚洲情景下公共服务动机与就业倾向之间的关系

高吉坤、圭南俊(Kilkon Ko and Kyu-Nahm Jun, 2015)从亚洲大学生主体入手,探讨了不同背景下,不同的就业动机和对公共服务的感知在影响大学生选择公共部门工作倾向过程中的具体作用。基于在中国、新加坡和韩国收集的关于大学生的调查数据所进行的实证研究,两位学者考量了不同行政背景下,不同的工作动机和对政府的看法如何影响大学生对公共部门职业的偏好。结果表明,中国、新加坡和韩国学生的动机和公共部门的工作偏好之间的关系非常复杂。在解释公共部门工作选择方面,个人工作动机的相对重要性在三个国家各不相同。新加坡和韩国学生的公共服务动机与公共部门工作偏好之间存在正相关关系,但在中国学生中并不存在这种明显的相关关系。具体来看,首先,稳定和安全的未来是最重要的激励因素,比为社会作出贡献的机会更重要,高薪则是第二重要的工作动机。无论这些学生的国籍还是他们对公务员的看法和职业意愿如何,这些发现都是一致的;第二,基于规范的激励因素,如服务社会的机会,并不能保证学生更喜欢公共部门。如果学生不把他们的政府与正直、能力和诚信等特质联系起来,他们可能不会想在公共部门就业,公共管理者必须考虑到不同的工作动机和其他外在因素。第三,对公共服务感知的跨国差异不是决定工作选择的因素。每个国家的学生都对政府等公共部门有不同的认识,这种对政府看法的不同会影响学生的工作选择。最后,各国学生的公共部门工作意愿受性别和公共行政教育的影响是不同的,这也要求每个国家的公共人力资源部门制定有效的招聘策略。

二、公共服务动机无法影响就业倾向

尽管很多学者验证了公共服务动机与就业倾向间的正相关关系,但也有学者不认同公共服务动机能够影响大学生的就业倾向这一观念,他们通过研究发现公共服务动机并不能预测人们的职业选择,也不影响他们进入公共组织后的职业选择。布莱特通过分析来自印第安纳州、肯塔基州和俄勒冈州的三家公共机构的调查对象数据,发现公共服务动机与职业选择并不相关(Leonard Bright,2011)。

以往的研究主要依据经验丰富的员工的横断面数据样本,存在一定缺陷,而杰尔德森和雅各布森选择丹麦理疗专业的学生作为调查的对象,在他们进行第一份工作的前后分别对其公共服务动机进行调查,通过面板数据深入探究公共服务动机与就业和就业部门之间的关系。在研究中以理疗专业的学生为调查对象,因为这个专业的学生无论是处于公共部门还是私人部门,所做的工作都一样,借此能够排除个人与工作内容之间的关系,单独测量公共服务动机与就业部门的关系。结果显示,求职者的公共服务动机高低不会影响实际就业部门的选择,公共服务动机可能与公共服务工作的性质更相关,而并非部门本身(Kjeldsen A M and Jacobsen C B,2013)。这些研究结果表明,公共服务动机与部门就业选择之间的关系并不完全是简单直接的。

三、公共服务动机与就业倾向关系研究述评

从众多学者的研究中可以发现,公共服务动机理论在大学生就业倾向这一问题上的影响很大。在一些探索性的研究中,例如卡尔研究发现公共服务专业的本科生比商科专业的本科生有更高的利他动机(Karl,2004)。[1] 对于研究生阶段的学生,切特科维奇发现以贡献社会为动机的学生更倾向于选择公共部门而非私人部门(Chetkovich,2003)。[2]

一些文献证实,公共服务动机对于选择公共部门工作产生了积极的影响。布鲁尔的研究证实了公共服务动机与公共部门就业选择之间的关联,但其样本较小(69)(Brewer,2000)。[3] 凡德纳比基于公共服务动机和SDT理论(Self-Determination Theory),得出高公共服务动机将会使个体更易被吸引到公共部门(如政府部门)工作的结论(Vandenabeele,2007)。[4] 休斯顿基于不同福利国家的研究发现,在欠发达的福利国家,公共服务动机对就业倾向有显著影响

---

[1] Katherine A.Karl,"A Match Made in Heaven or a Square Peg in a Round Hole? How Public Service Educators Can Help Students Assess Person-Environment Fit",*Journal of Public Affairs Education*,Vol.10,No.4(October 2004),pp.265-277.

[2] Carol Chetkovich,"What's in a Sector? The Shifting Career Plans of Public Policy Students",*Public Administration Review*,Vol.63,No.6(November 2003),pp.660-674.

[3] Gene A.Brewer,Sally Coleman Selden,Rex L.Facer,"Individual Conceptions of Public Service Motivation",*Public Administration Review*,Vol.60,No.3(May 2000),pp.254-264.

[4] Wouter Vandenabeele,"Toward a Public Administration Theory of Public Service Motivation",*Public Management Review*,Vol.9,No.4(December 2007),pp.545-556.

(Houston,2011)。① 赖特认为公共服务动机是预测大学生就业选择的一个重要因素,并且需要培养以发挥公共服务动机的作用(Wright,2015)。② 具体来看,罗斯认为是"政策制定的吸引"这一维度对大学生的就业倾向产生了影响(Rose,2013)。③ 总体说来,公共服务动机能够通过对参与政策制定的意愿、对公共利益的承诺、同情心的保持和自我牺牲4个维度来影响大学生对未来职业方向的选择。其中,具有较高的政策制定意愿和对公共利益承诺的学生会更加倾向于到公共部门服务,而那些在同情心和自我牺牲维度方面具有突出表现的学生则更愿意到非营利性部门进行工作。

当然,公共服务动机能否作为影响就业倾向的决定性因素有待进一步研究。有研究对公共服务动机对就业倾向的解释力提出质疑,例如布莱特(Bright,2011)认为受教育程度和性别是公共雇员职业选择的决定因素,而非公共服务动机。④ 此外,根据金和佩里等人的研究,我们还需要考虑的不同国别、文化背景的影响(Kim,2013;Perry,2015)。⑤⑥ 之前的研究大多基于西方国家的学生,对亚洲学生的研究很少,有一些根植于文化的特定影响因素需要进一步研究。例如工作稳定性,李(Lee,2013)基于对韩国大学生的研究认

---

① David J.Houston,"Implications of Occupational Locus and Focus for Public Service Motivation:Attitudes Toward Work Motives across Nations",*Public Administration Review*,Vol.71,No.5(September 2011),pp.761-771.

② Bradley E.Wright,Shahidul Hassan,Robert K.Christensen,"Job Choice and Performance:Revisiting Core Assumptions About Public Service Motivation",*International Public Management Journal*,Vol.20,No.1(February 2015),pp.108-131.

③ Roger Rose,"Preferences for Careers in Public Work:Examining the Government-Nonprofit Divide Among Undergraduates Through Public Service Motivation",*American Review of Public Administration*,Vol.43,No.4(July 2013),pp.416-437.

④ Leonard Bright,"Does Public Service Motivation Affect the Occupation Choices of Public Employees?",*Public Personnel Management*,Vol.40,No.1(March 2011),pp.11-24.

⑤ Sangmook Kim,Wouter Vandenabeele,Bradley E.Wright,et al.,"Investigating the Structure and Meaning of Public Service Motivation across Populations:Developing an International Instrument and Addressing Issues of Measurement Invariance",*Journal of Public Administration Research & Theory*,Vol.23,No.1(January 2013),pp.79-102.

⑥ James L.Perry,Wouter Vandenabeele,"Public Service Motivation Research:Achievements,Challenges,and Future Directions",*Public Administration Review*,Vol.75,No.5(July 2015),pp.692-699.

为,工作稳定性是大学生选择公共部门工作的主要原因。[1] 高吉坤研究发现,无论学生选择公共或是私人部门,工作稳定性和工资均是非常重要的激励因素(Ko K,2015)。[2] 尤其是在劳动力市场丰富的国家,公共服务动机与大学生就业选择之间的关系可能不那么明晰。因此,未来需要更加注重这些因素的影响并由此展开深入的研究。

第四节 公共服务动机与就业倾向理论基础

一、吸引—选择—磨合理论

在 1987 年,施奈德(Schneider)基于互动心理学和职业心理学,提出了吸引—选择—磨合(attraction-selection-attraction,ASA)模型。该模型基于"相似性导致吸引"定律,认为个体与组织通过吸引、选择和磨合这 3 个相互关联的过程彼此选择和接纳(Schneider et al.,1995;Billsberry,2007)。认为人们并非随机地进入组织之中,不同类型的人被与之相匹配的组织所吸引、选择和保留。吸引—选择—磨合模型实际上包含了吸引(attraction)、选择(selection)和磨合(attraction)三个过程。吸引过程是指人们通过比较他们自身的特征是否与组织的特征相一致进而决定是否加入该组织。其中,个体特征主要是指个体的性格、兴趣、知识和能力水平,而组织特征指的是组织目标、组织结构、组织过程和组织文化等因素。选择过程则是指组织运用正式或者非正式程序和手段招聘那些与组织特征相符合的人员。磨合过程指组织将那些与组织相匹配的人员留下来,而那些不能够匹配的人员将以自愿或非自愿的形式脱离组织。通过这样的循环过程,组织内员工的同质性越来越高(Schneider,1987;Schneider,et al.,1995;Ployhart and Weekley,2006;Cooman et al.,2009)。这一理论在一定

---

[1]　Geon Lee,Do Lim Choi,"Does Public Service Motivation Influence the Intention to Work in the Public Sector? Evidence From Korea", *Review of Public Personnel Administration*, Vol.5, No.2(November 2013), pp.1015-1018.

[2]　Kilkon Ko, Kyu-Nahm Jun, "A Comparative Analysis of Job Motivation and Career Preference of Asian Undergraduate Students", *Public Personnel Management*, Vol. 44, No. 2 (June 2015), pp. 192-213.

程度上解释了个人对组织的选择:个人在职业选择时倾向于选择符合个人志向与利益的部门,而个人的公共服务动机往往是个人在就业选择时的重要衡量标准。不管公共部门还是私人部门,其选择过程都存在着吸引、选择和磨合的动态过程调整,因而吸引—选择—磨合模型也成为公共管理部门的常用模型。

吸引—选择—磨合理论包含以下四点:(1)个体与组织是一个相互选择与磨合的过程。这种选择和磨合的关键影响因素是双方能否感知到的彼此匹配,匹配程度的高低决定了组织对个人的吸引程度。(2)个体进入并留任于一个组织是一个过程,并非仅仅通过招募和甄选环节就可以完成,后期的磨合过程也极其重要,招募和甄选只是吸引和选择的步骤,决定留任的关键因素是能否匹配及磨合过程的顺畅与否。(3)吸引—选择—磨合模型中的每一个过程都分别体现一个关键问题,吸引过程体现了个体对自身与组织匹配度的判断问题,选择过程体现了组织的选择和决策问题,磨合过程则体现了双方的适应度问题。也就是说,吸引过程实质上是匹配度感知和判断过程,选择过程是甄选过程,磨合过程则是适应过程。三过程有机结合,缺一不可,构成个人对组织选择的有机序列,经过初期吸引,中期选择,后期磨合,使个人与组织达到更高的融合程度。(4)通过吸引—选择—磨合过程,与组织匹配的个体留任于组织,组织成员在胜任力上也变得越来越协调。这一理论的出现表明人与组织匹配的研究有了标志性的进展,理论指出个人会受到与本身人格特征相似的组织吸引,通过组织与自我的双重选择进入组织,再经组织社会化历程,产生留在组织或者离开组织的情形。通过这样吸引、选择、磨合的过程留在组织的员工,个人目标与组织目标及价值观逐渐匹配度会越来越高,随着时间的推移而与组织愈加融合,个人与环境产生同质增加,人造就了环境,环境反过来促进个人的成长。总之,吸引—选择—磨合理论特别强调个体与组织特征的匹配、强调个体融入组织的过程性,个人与组织价值观、目标及人格特征的相互一致性。[①]

① 颜士梅:《创业型并购不同阶段的知识员工整合风险及其成因——基于ASA模型的多案例分析》,《管理世界》2012年第7期。

根据这些特点,吸引—选择—磨合理论与公共服务动机理论及人员组织适合性在许多方面表现出了高度契合(Leisink and Stejin,2008)。三种理论的基本论断表明,个人被吸引到组织中,是组织和自身特点的共同契合。此外,组织的目标被认为是吸引—选择—磨合的核心模型,因为个人对特定组织的偏好往往是基于此他们对组织目标(或价值观)和他们自己目标(或价值观)之间的一致性的看法(Schneider,Goldstein,and Smith,1995)。研究表明,部门自我选择(即个人自己进入就业部门)员工倾向于为他们认为最能满足其需求的组织工作是其重要的需求(Georgellis,Iossa,and Tabvuma,2009;Graham and Renwick,1972)。此外,个人的主要价值取向与组织展现的组织特征(例如公平和对他人的关注)更有可能强调个人在这些特定价值的组织中接受一份工作(Judge and Bretz,1992)。在这种情况下,公共部门与私人组织对比时,组织目标的潜在影响可能尤为重要,因为员工奖励方向可能与每个部门服务的总体目标或功能相一致。这说明在吸引—选择—磨合模型中同样渗透着公共服务动机的因素,公共服务动机水平的高低影响个人与组织的选择吸引和磨合。吸引—选择—磨合理论为公共服务动机与个人的就业选择提供了理论解释的新视角,使得公共服务动机的研究能够更加科学化和理论化。

二、计划行为理论

计划行为理论(Theory of Planned Behavior,TPB)属于社会心理学的研究范畴,其源头可以追溯到菲什拜因(Fishbein)的多属性态度理论(Theory of Multiattribute Attitude)。该理论认为行为态度能够决定行为意向,而预期的行为结果及对结果的评估又决定行为态度。随后,菲什拜因和阿耶兹在原理论的基础上提出理性行为理论(Theory of Reasoned Action,TPA)。理性行为理论认为行为意向是决定行为的直接因素,它受行为态度和主观规范的影响。由于理性行为理论存在一定的适用限制,为扩大理论的适用范围。阿耶兹(Ajzen)1985年在理性行为理论的基础上,增加了知觉行为控制变量,初步提出计划行为理论,并于1991年发表了《计划行为理论》,标志着计划行为理论的成熟。

计划行为理论中包含五种要素：（1）态度（Attitude）是指个人对该项行为所保持的积极或消极的主观感受或是对特定行为的态度评价。（2）主观规范（Subjective Norm）是指个人在决定是否采取某项特定行为所感受到的来自某些具有影响力的团体的压力。（3）知觉行为控制（Perceived Behavioral Control）是指个人在采取行动时，所拥有的机会和资源或者面临的阻碍和限制程度，当人们认为自己所掌握的资源与机会愈多、所预期的阻碍和限制愈少，则对行为的知觉行为控制就愈强。其影响的方式有两种，一是对行为意向具有动机上的意向；二是其亦能直接预测行为。（4）行为意向（Behavior Intention）是指个人对于采取某项特定行为的主观概率的判定，它反映了个人对于采取某一项特定行为的意愿。（5）行为（Behavior）是指个人实际采取行动的行为。阿耶兹（Ajzen）指出外界因素能够经由行为意向来间接影响行为，而行为意向受到三项相关因素的影响，即态度、主观规范和知觉行为控制，如图1-4所示。

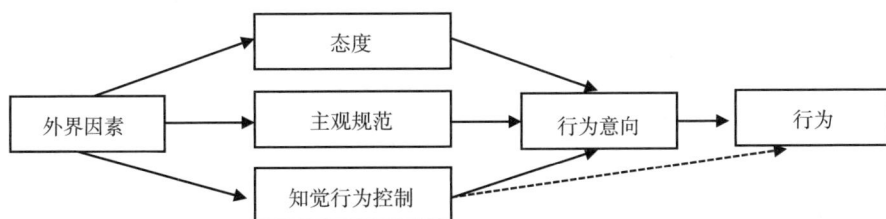

图1-4 计划行为模型

计划行为理论是社会心理学领域中研究人类行为意向方面具有较高认可度的理论，许多实证研究显示，该理论可以有效预测实际环境里的各种行为选择结果。由于个体对于公私部门的选择是作为一种个体理性的行为，不但受到个体主观因素的影响，还与外界的客观环境等条件相关。个人在进行公私部门的选择时，势必要对行为结果制定相应计划，权衡各种计划带来的相应结果，利用计划行为理论可以对个体的行为选择做出相应的预测和分析，对于公共服务动机影响个体就业部门的选择有着重要的预测意义。

三、自我决定理论

自我决定理论(Self Determination Theory,SDT)由美国心理学家德西和瑞安(Deci and Ryan,2000)率先提出,他们关注人类的行为在多大程度上是自愿的和自我决定的。[1][2] 他们认为,人类是一种积极向上、倾向于自我成长、自我实现、自我整合的生物,然而人们往往会受到外界环境的或积极或消极的影响,因此,自我决定理论解释了环境对于个体行为产生影响的作用机制。历经40余年的发展,这个理论涵盖了五个子理论以及若干相应的测量量表,主要的涉及领域包含有教育、体育锻炼、组织管理、心理健康和保健、宗教以及人际关系等,其对于个体成员的行为的激励与改变具有重大的指导意义。

自我决定理论的五个子理论分别从不同角度阐释了个体的发展与环境的条件之间的辩证关系:(1)基本心理需要理论(Basic Psychological Needs Theory)阐述了三种基本心理需要的概念,即自主需要(autonomy)、能力需要(competence)和归属需要(relatedness),并深入研究心理需要与动机、目标定向以及幸福感等之间的关系。德西和瑞安(Deci,Ryan)等人通过总结前人的观点,指出个体的行为是由具有内在性、普遍性和中心性的心理需要推动的。(2)认知评价理论(Cognitive Evaluation Theory)重点揭示了社会环境对内部激励行为的影响,这一理论是由德西(Deci)通过对戴查姆斯(DeCharms,1968)关于个体内在动机的影响研究的基础上发展而来。德西和瑞安(Deci and Ryan,1980)指出,社会环境对于内在动机的影响是通过个体对事件的认知评价而产生影响。首先,外部事件激发人们的成就感时,则使得行为的内在动机得到增强;其次,个体的成就感获得的同时,需要意识到行为是自我决定的,进而才能够真正促进内在动机的增强。即需要同时满足成就感和自我决定两个条

---

[1]　Edward L.Deci,Richard M.Ryan,"The 'What' and 'Why' of Goal Pursuits:Human Needs and the Self-Determination of Behavior", *Psychological Inquiry*, Vol. 11, No. 4 (October 2000), pp. 227–268.

[2]　Richard M.Ryan,Edward L.Deci,"Self-Determination Theory and the Facilitation of Intrinsic Motivation,Social Development and Well-Being", *American Psychologist*, Vol. 55, No. 1 (February 2000), pp.68–78.

件,才能对个体内在动机产生积极作用,而外部环境也进一步被细化为三个不同类型:信息性、控制性以及去动机性。前者通过给予正向的反馈促进个体内在动机水平的提高,后两者则是通过影响个体的自主性或胜任感进而削弱内在动机。(3)有机体整合理论(Organismic Integration Theory)突破以往动机二分法,依据自我决定的程度将外部动机依次划分成为外部调节(external regulation)、内设调节(introjected regulation)、认同调节(regulation through identification)和整合调节(integrated regulation)4种类型,其中整合调节是完全的内化,近似于内在动机,但其驱动力是源自对任务结果的关注而非内在兴趣的推动,因此两者之间仍存在差别。在面对日常工作时,个体通过胜任、归属和自主将外在动机内化成为自身动力。(4)因果定向理论(Causality Orientation Theory)则认为个体会倾向于朝着有利于自我决定的环境进行定向发展,其中存在三种定向类型,分别是自主定向、控制定向和非个人定向。自主定向是个体对于能够激发起内在动机的环境的定向,此类人员具有较高的自主创新能力并且敢于挑战;控制定向是个体易受到报酬、限期、结构、自我卷入和他人指令的控制而形成依赖性,看重物质财富和荣誉等外界因素;非个人定向则是指个体认为事情的结果难以人为控制,取决于运气等因素的影响。① (5)目标内容理论(Goal Contents Theory)是自我决定理论近期发展成果。学者在探究目标内容与心理健康关系过程中,发现内在目标和外在目标对于幸福感的影响截然不同,前者更能够引起个体的心理满足,进而发展成为自我决定理论中的子理论。目标内容理论认为个体有追求不同目标的倾向,并且不同的目标会产生不同的结果。在从事那些满足基本心理需求的活动中,个体对目标的追求,可能会产生积极的行为结果。②

自我决定理论在组织管理领域的应用较为广泛,其中涉及对员工的因果定向、组织环境和领导者的管理风格对员工自主决定、内部动机、工作绩效等方面的影响研究。凡德纳比(Vandenabeele,2007)基于公共服务动机和SDT

---

① 林桦:《自我决定理论研究》,湖南师范大学,2008年硕士学位论文,第18页。
② 张莹、张剑、李精精:《目标内容理论的研究进展与应用展望》,《中国人力资源开发》2017年第3期。

理论(Self-Determination Theory),得出高公共服务动机将会使个体更易被吸引到公共部门(如政府部门)工作的结论。[①] 杰西卡等人(Jessica Breaugh et al.,2018)以瑞士的两个公共机构作为研究对象,通过公共服务动机理论和自我决定理论更深入地对员工在公共部门的动机进行研究,发现两者之间存在概念上的差异:公共服务动机理论侧重于组织和制度价值以及社会结果,而SDT理论则专注于支持或阻碍基本需求满足的工作任务和工作条件。SDT理论更适合解释具体的工作成果,如工作满意度,可以直接与基本需求满意度相关联,并不一定考虑与社会结果相关的需求的具体情况,而公共服务动机理论方面则显示,具备高公共服务动机的员工的工作满意度更稳定。[②] 陈忠安等人(Chung-An Chen et al.,2019)采用我国台湾地区的一系列数据建立了一套基于自我决定理论(SDT)的测量工具。这一工具超越了传统动机二分法,包括了多种外在动机类型,并结合了东亚地区的文化背景,丰富了研究的文化规范内涵,给未来研究提供新的方向。[③]

四、理性选择理论

理性选择理论最早源自英国古典经济学家亚当·斯密的"经济人"假设,他认为在现实生活中,人总是趋利避害的生物,以最小的付出获得最大的满足。随后,这一假设凭借其强大的生命力,在社会学、政治学、经济学、公共行政学等领域运用广泛,被称为理性选择理论。[④] 理性选择理论建立"经济人"假设的基础之上,认为理性行动者趋向于采取最优的策略,以最小的代价取得最大的收益。一般来说,理性选择理论存在以下四个基本范式:个人是自身最

① Wouter Vandenabeele, "Toward a Public Administration Theory of Public Service Motivation", *Public Management Review*, Vol.9, No.4(December 2007), pp.545-556.

② Jessica Breaugh, Adrian Ritz, Kerstin Alfes, "Work Motivation and Public Service Motivation: Disentangling Varieties of Motivation and Job Satisfaction", *Public Management Review*, Vol.20, No.10(October 2018), pp.1423-1443.

③ Chung-An Chen, Don-Yun Chen, Chengwei Xu, "Applying Self-Determination Theory to Understand Public Employee's Motivation for a Public Service Career: An East Asian Case(Taiwan)", *Public Performance & Management Review*, Vol.41, No.2(February 2018), pp.365-389.

④ 卢学晖:《理性选择理论的理论困境与现实出路》,《天津行政学院学报》2015年第3期。

大利益的追求者;在特定情境中有不同的行为策略可供选择;人在理智上相信不同的选择会导致不同的结果;人在主观上对不同的选择结果有不同的偏好排列。①

理性选择理论在公共服务动机领域也存在广泛的运用。以往大部分研究都是将公共服务动机看作是独立影响工作选择的因素,而奥利弗·诺依曼和阿德里安·里茨(Oliver Neumann and Adrian Ritz,2015)却将公共服务动机的维度与理性选择模型相拟合,试图通过理性选择理论来解释人们求职过程中的行为。他们首先将公共服务动机划分成了三个维度:外在动机、享受型内在动机和亲社会型内在动机。外在动机主要是依靠经济上的奖励、安全感或者名誉。内在动机则是为了自身而重视活动,满足自我发展(Osterloh et al.,2001),而内在动机又可以分为享乐型内在动机和亲社会型内在动机。与亲社会型内在动机相比,享乐型内在动机更重视过程导向而非结果导向,更注重现在而非未来。研究也将佩里(Perry,1996)提出来的四个维度的公共服务动机(自我牺牲、同情心、对公共利益的承诺以及对参与政策制定的意愿)与理性选择模型进行拟合,其中自我牺牲、同情心和对公共利益的承诺属于亲社会型内在动机,而参与政策制定意愿维度则归于外在动机和享乐型内在动机,因为它更倾向于权力和地位因素,同时,人们在参与政策制定过程中会感受到享受。随后,他们根据这三个维度建立起一个三维的空间模型,将所有的工作岗位按照各自的特点转化为坐标放入模型中,同时,求职者能够根据自己的性格特点能够在这个空间模型中找到自己的坐标,而距离个人特质的坐标最近的工作则是求职者最适合的工作。因为他们认为个人在选择工作的时候是理性的,会衡量利弊得失,最后选择一个最优化的结果。因此这个理性选择模型有利于更好地理解人们在选择工作时的复杂动机变化。该模型将三个维度视作相互关联而非各自独立存在的,为未来的公共服务动机理论完善提供的新的思路。

---

①　[美]贝尔:《当代西方社会科学》,范岱年等译,社会科学文献出版社1988年版,第2页。

五、个人—组织匹配模型与个人—工作匹配模型

个人—环境匹配理论(Person-Environment Fit)通常作为一个基础理论框架用于解释员工价值观和工作选择之间的联系,即解释在员工价值观和工作选择的特点相匹配时两者之间的相容程度。这一模型包括四个部分,分别是个人—工作匹配模型(Person-Job Fit Model)、个人—组织匹配模型(Person-Organization Fit Model)、个人—小组匹配模型(Person-Group Fit Model)以及员工—主管匹配模型(Person-Supervisor Fit Model),其中在本研究中,主要通过个人—组织匹配模型和个人—工作匹配模型来研究公共服务动机与就业倾向之间的关系。早在20世纪90年代,学界开始关注个人—组织匹配这一模型,他们关注个人与组织之间的匹配程度的提升是否会对员工的行为产生积极的影响,并由此展开了一系列的研究和讨论,分化出不同的研究方向。个人—工作匹配理论就是其中的一个研究内容,个人—工作匹配(Person-Job Fit)是指个人的能力与工作之间的契合程度,或者是个人的需求与某个特定工作的属性相匹配。这两者之间的区别在于,个人—组织匹配关注的是组织的氛围、文化、核心价值观以及组织目标对个人的影响,而个人—工作匹配则是注重工作的需求和属性。[①]

在早期阶段,西方研究普遍认为个人—组织匹配对公共服务动机的影响非常大。施耐德(Schneider,1987)指出,人们在选择工作的时候很可能会寻找与其个人特征或经历相匹配的组织环境,以此最大化个人与环境之间的契合度(Ritz,2011)。查特曼(Chatman,1989)基于施耐德(Schneider)的观点进行延伸,建立起一个个人—组织匹配的模型。例如,在吸引—选择阶段,人们以前的工作和行业经验以及行业、组织偏好将预测他们的下一份工作的选择方向。也就是说,那些具备高公共服务动机的求职者更愿意选择到公共部门任职,因为两者具备相同或相似的理念和特质。

---

① 孙巍、陈忠卫:《个人—组织匹配理论的发展脉络与研究焦点》,《上海市经济管理干部学院学报》2012年第5期。

　　然而,不同于大多数研究侧重于个人—组织匹配来解释公共服务动机对工作选择的影响,克里斯滕森和赖特(Christensen and Wright,2011)运用基于策略捕捉的研究设计,考察公共服务动机在个人—组织匹配与个人—工作匹配之间的独立效应。他们基于公共部门组织的目标与个人的公共服务价值一致,先假设具有较高公共服务动机的个人会更有可能选择去公共部门求职。但在控制了个人—工作匹配后,公共服务动机并没有因为个人—组织匹配的不同而产生相应的变化,既没有增加人们接受公共部门工作的可能性,也没有降低他们接受私人部门工作的可能性。此外,他们的研究还继续探讨公共服务动机对个人—工作匹配的影响,结果表明公共服务动机可能在人与工作的匹配过程中发挥着更大的作用。无论是在公共部门、私人部门、非营利组织,具备较高公共服务动机的员工更可能接受那些为他人服务的工作。他们的研究还表明当员工认为工作提供了满足他们公共服务动机的机会时,公共服务动机对公共服务满意度和组织承诺的影响会更强。因而某些工作特征及其工作组织可能会对那些受亲社会动机或利他动机驱动的个人更具有吸引力。除了对工作薪酬考虑以外,这些人被那些能够直接为他人提供服务和联系的岗位所吸引。因此,研究建议管理者应尽可能设计合适的工作岗位以最大限度发挥其服务潜力,并且注重在招聘员工时强调这一特点。总体而言,该研究反映了个体行为特征与组织工作特征的契合对个体职业选择的吸引,而并非组织本身的特点,这为公共服务动机研究提供了一个新的视野和角度。

第二章　大学生就业政策分析

作为重要的民生问题,党和国家对于高校毕业生就业问题给予了充分的重视。就业服务是公共服务的重要组成部分,主要以公共政策为载体来体现。为满足日益增长的就业需求,我国出台了一系列政策以改善高校毕业生的就业状况。在上述背景下,对我国高校毕业生就业政策进行研究意义重大,其已逐渐成为国内研究热点。

第一节　大学生就业政策的发展演变——基于社会网络分析的视角

高校毕业生就业政策是我国公共政策的重要组成部分,是相关法律法规、方案、条例、指导意见以及采取诸多行政措施的总称。① 自 1950 年至 2018 年 4 月,笔者收集筛选的中央所发布的高等学校毕业生就业政策文件为 127 份,近乎每年都有做好毕业生就业工作的任务报告发布,而随着时代的发展和国情的变化,也诞生了符合时代特点的新兴政策。因此本章旨在梳理我国推进高校毕业生就业政策的阶段演变,佐以发文部门网络关系变化的说明,分析高校毕业生就业政策的焦点变化,丰富毕业生群体的就业观,帮助当代大学生更好地融入社会,实现成功的初就业。

本小节主要尝试回答三个问题:一是自新中国成立以来中央为推进高校

---

① 安锦:《高校毕业生就业促进政策与促进机制研究》,武汉大学,2011 年博士学位论文,第 5 页。

毕业生就业所发布的政策文件有何具体阶段？二是不同阶段的政策聚焦点如何？三是在高校毕业生就业管理网络中，不同的部门和工作组有何关系变化？

一、我国高校毕业生就业政策的演变

综述文献来源于中国知网（CNKI-China National Knowledge Infrastructure）检索得到的 5645 条结果。国内学者在对政策演变的探究上有两大特征：一是对国外研究著作翻译整理本土化；二是围绕我国发布的政策进行回顾解读，分析政策发布的历史演进和阶段特征。众多学者依靠传统文本分析做定性研究，为突出个人的研究价值，或从政策内容和评价入手，或从国家、高校、毕业生、用人单位几方面提出政策建议。近年来，随着计量分析工具的更新，国内学者开始重视政策的量化研究，但这一领域研究力度薄弱，且缺乏对政策变迁动力的深度研究。以黄萃为代表的一代学者致力于用量化分析的方式研究政策变迁，注重政策的维度表现。政策工具分析以政策的结构性为基本立论基础，政策工具反映了决策者的公共政策价值和理念。[①]

我国学者普遍认为新中国成立以来我国高校毕业生就业机制的演变普遍分为三个时期，即计划时期"统包统分、包当干部"、过渡时期"计划指导、双向选择"和市场经济时期"面向市场、自主择业"。时间划分上也基本没有异议，都处在 20 世纪 50 年代至 80 年代初期，20 世纪 80 年代中期至 90 年代初期，20 世纪 90 年代初期至今这三个时间段间，如表 2-1 所示。

李晓靓将建国以来的高校毕业生就业政策演变划分为三个阶段，对政策文本中存在的问题进行了探讨和评价，最后结合我国国情提出了相关问题的建议。[②] 夏仕武在《试论中国高校毕业生就业政策的价值变迁》一文中认为，新中国成立后党和国家对高校毕业生群体的工作安排经历"国家统一分配、在计划指导下双向选择和对接市场经济的自主择业"三个阶段，政策价值追

---

① 黄萃、苏竣、施丽萍、程啸天：《政策工具视角的中国风能政策文本量化研究》，《科学学研究》2011 年第 6 期。

② 李晓靓：《我国高校毕业生就业政策文本分析》，东北大学，2008 年硕士学位论文，第 13 页。

求分别为"公平、公平与效率、效率"。[1]

崔苏菁也将演变过程分为三个阶段,分别以国家统一分配实行政府包办、逐步实现毕业生与用人单位之间"双向选择"、市场主导自主择业为其主要内容,[2]并分析了不同就业阶段的政策特点。计划时期,"统包统分"的就业特点是计划经济体制时期的产物,体现了经济体制对就业政策的决定性作用;过渡时期,就业政策倾向双向甚至双赢,受到了教育体制改革发展过渡的影响;市场时期,就业政策出现市场化特征,国家发布的各项高校毕业生就业政策日渐完善。本节对"特岗教师"计划、"村官"计划、志愿服务西部、参军入伍政策等具体政策也有介绍,注重政策分析的现实意义。

周建民等人从价值选择、合法性和有效性三重维度,探讨了我国高校毕业生就业政策演变的价值基础。[3] 就业政策的价值选择经历了由"国家计划调配"到"学校推荐"再到"市场配置"的转变。

表 2-1 高校毕业生就业政策演变[4]

经济体制 / 时间 / 就业制度	计划经济体制 / 新中国成立初期至20世纪80年代中期	计划经济体制向社会主义市场经济体制过渡 / 20世纪80年代中期至90年代初	社会主义市场经济体制 / 20世纪90年代初至今
毕业生分配模式	统包统分	供需见面,双向选择	市场导向,自主择业
培养费用	国家完全承担	国家承担大部分培养费用,个人承担一小部分	个人承担大部分培养费用,国家承担一小部分

---

① 夏仕武:《试论中国高校毕业生就业政策的价值变迁》,《国家教育行政学院学报》2012年第1期。

② 崔苏菁:《我国高校毕业生就业政策研究》,安徽大学,2010年硕士学位论文,第9页。

③ 周建民、陈令霞:《浅析我国大学生就业政策的历史演变》,《辽宁工学院学报(社会科学版)》2005年第1期。

④ 李晓靓:《我国高校毕业生就业政策文本分析》,东北大学,2008年硕士学位论文,第14页。

经济体制 时间 就业制度	计划经济体制 新中国成立初期至 20世纪80年代中期	计划经济体制向社会 主义市场经济体制 过渡 20世纪80年代中期 至90年代初	社会主义市场经济 体制 20世纪90年代初 至今
自主性	国家完全负责毕业生分配工作,高校、毕业生、用人单位无自主性	国家削减部分权力,高校、毕业生、用人单位初步具有自主性	国家释放更多的权力,高校、毕业生、用人单位拥有极大的自主性
利益分配	个人利益完全服从国家利益,高校、毕业生、用人单位三方利益缺失	保证国家利益的同时赋予高校、毕业生、用人单位部分利益	各方利益趋于平衡

表2-1基本符合我国学者对高校毕业生就业政策演变阶段的划分说明,在政策文本的收集过程中,中国政府网(http://www.gov.cn)特列"双创政策服务专栏",并将之与"中央有关文件"平行,彰显了"双创"不容忽视的地位,结合近几年高校毕业生就业政策中创业所占据的大片江山,单单将20世纪90年代初期至今划分为市场时期稍显笼统,因此笔者更倾向于将我国高校毕业生就业政策演变划分为以下四个阶段:1. 计划经济时期,1950—1985年,政策特征体现为"统包统分、包当干部";2. 过渡时期,1985—1999年,政策特征体现为"计划指导、双向选择";3. 市场经济时期,1999—2014年,政策特征体现为"面向市场、自主择业";4. 双创时期,2014年至今,政策特征体现为"大众创业,万众创新"。

二、样本基础与分析方法

(一)样本基础

高校毕业生包括接受了高等学校教育的专科毕业生、高职毕业生、本科毕业生、硕士研究生毕业生、博士研究生毕业生等。本节所选取的中央推进高校毕业生就业的政策文件均来源于网络,为了保证政策文件的全面性和准确性,在查找筛选和整理过程中,严格把握以下几点:1. 发文部门是国务院等中央机构(包括①国家机构:全国人民代表大会及其常务委员会、国务院、中华人民共和国主席、中华人民共和国最高人民法院、最高人民检察院和中央军事委员会;②中央政府组成部门:中华人民共和国教育部、外交部等二十几个部门;③中共中央等);①二是直接与高校毕业生就业密切相关;三是政策类型主要选取法律法规、规划、意见、办法、通知公告等体现政府政策的文件。最终整理了有效政策样本 127 份,详尽政策集可见附录 1,标志性政策及重点举措见附录 2。

(二)分析方法

1. 词频统计分析

词频分析是基于数据基础上的量化属性分析,是一种常规统计分析方式。方法参考了 20 世纪 80 年代法国国家科学研究中心的卡隆、劳、里普提出的共词分析方法(M.Callon,J.Law,A.Rip,1986),②基于高频词的共现词频统计结果分析不同阶段下的就业政策的重点。使用 TF—IDF 统计方法,TF 指词频(Term Frequency),IDF 指逆文本频率指数(Inverse Document Frequency),若是一类文档中经常出现某一个词条,表示这个词条能够较准确地代表这类文档的特征,这种词条也能得到较高的权重,而某一个词语在该文件中出现的频率称作词频。词频统计及重要性可表示如下:

$$tf_{ij} = \frac{n_{ij}}{\sum_k n_{k,j}}$$

本文词频统计过程主要有二,一则依托 TF—IDF 技术得到具有一定意义(排除标点符号、停用词③等无关紧要的因素)的频次靠前 50 位的高频词;二是进行人工筛选,进一步将意义不明的高频词剔除,例如去掉"应""中"等功能词,而"演变""变迁"这样的同义词则留其一。

---

① "中央机构"词条查阅,见 https://baike.baidu.com/item/中央机构/5148517? fr=aladdin。

② Michel Callon,John Law,Arie Rip,"Mapping the Dynamics of Science and Technology",*Sociology of Science in the Real World*,Vol.14,No.1(January 1986),pp.165–168.

③ 停用词(stop words)是指在信息检索中,为节省存储空间和提高搜索效率,在处理自然语言数据(或文本)之前或之后会自动过滤掉某些字或词,见 https://baike.baidu.com/item/停用词/4531676? fr=aladdin。

2. 社会网络分析

社会网络分析(Social Network Analysis)方法广泛应用在社会学领域,常用于分析繁杂网络,处理的是"关系"数据,从"关系"角度出发研究社会现象和社会结构,社会网络指作为节点的社会行动者及此间关系的集合凝聚。使用社会网络分析方法分析不同阶段发文部门和部门联合发文的变化时,其原理是将各部门作为有节点的行动者,用点和线组成网络,将"部门关系"交互可视化,可观察不同部门工作组(凝聚子群)和中心部门(核心),为达到这一目的,研究使用了 GEPHI 工具。可使数据呈现或动态或分成的可视化,观察节点的大小和颜色、集合的凝聚与分布情况。

三、高校毕业生就业政策演变的实证分析

公共政策是社会成长的一份重要指南,我国中央所发布的推进高校毕业生就业的政策反映着国家在不同历史时期,国家对高校毕业生就业的管理与支持。笔者在前文中将将高校毕业生就业政策的演变划分成了四个阶段,下面则以"计划时期→过渡时期→市场时期→双创时期"作为实证分析的时间轴。

(一)第一阶段:计划时期

新中国成立初期,国家百废待兴,一切工作都以服务国家建设为主,全国高等学校的招生分配工作基本以国家办学管学、统一招生、统一分配的方针政策为指导,[1]学生的培养费用由国家承担,毕业生也只能按照国家的指令性计划接受工作安排,基本去向都是全民所有制单位,以"国家干部"的方式确保每位毕业生公平就业。1950 年,当时的政务院[2]发文确定由国家分配毕业生就业;[3]自新中国成立以来到 1985 年,虽然毕业生分配制度经历了几次变革,

---

①　安锦:《高校毕业生就业促进政策与促进机制研究》,武汉大学,2011 年博士学位论文,第 61 页。

②　政务院指 1949 年 10 月 1 日中华人民共和国成立至 1954 年 9 月 15 日第一届全国人民代表大会召开前中国国家政务的最高执行机构。

③　中央人民政府政务院:《为有计划地合理地分配全国公私立高等学校今年暑期毕业生工作的通令》,1950 年 6 月 22 日。

但归根结底还是计划经济体制下的以国家负责的"统"和"包"。

1. 词频统计分析结果

计划时期高校毕业生就业政策为 10 份,其词频统计结果如表 2-2 所示:

表 2-2　1950—1985 年词频统计表

高频词	频次	高频词	频次	高频词	频次	高频词	频次
毕业生	188	部门	60	调整	39	改革	31
分配	146	计划	56	领导	38	中共中央	29
工作	145	地方	48	教育部	37	负责	27
学校	144	国务院	42	统一	36	培养	27
教育	135	管理	42	单位	36	修业年限	25
高等学校	121	调配	42	自治区	35	生产	24
国家	76	劳动	40	专业	35	艺术院校	22
中央	63	制度	39	地区	32	用人单位	21

据表 2-2 所示,除去"毕业生"这一核心词,"分配"一词几乎居于计划时期高校毕业生就业政策的榜首,可见计划时期高校毕业生就业是"分配"主导。这一时期,"中央""地方""计划""调配""统一""自治区"等高频词反映了基本由国家"统包统分"的分配模式,从中央到地方的调配都由国家负责;"教育""学校""国家""培养""修业年限""艺术院校""用人单位"等高频词反映了培养费用的情况,由国家负责培养、承担费用则由国家安排就业,因此在毕业生和用人单位的自主性上有极大限制。另外"国务院""教育部""中共中央"这三个高频词的出现可以这一时期,国家主要由这三个部门发布就业政策。

2. 社会网络分析结果

通过使用 GEPHI 工具,本书对 1950 年至 1985 年的政策文本进行了社会网络分析(如图 2-1 所示),结果发现:1. 计划经济时期,国务院、教育部和中共中央节点大且突出,可见是就业政策发布部门关系的中心,也是就业政策管理执行的核心部门;2. 观察连线凝聚程度,有国务院—中共中央、国务院—教育部—国家计委—国家发展和改革委员会—国家人事局这 2 个主要子群,可见这一时期高校毕业生就业政策的发布主要由这两个工作组负责;3. 国务院—中共中央间的连线尤其粗壮,形成最强工作组,则说明国务院联合中共中央发文频率高,与教育部的连线最多则说明教育部是在就业管理机构中与各部门合作最为广泛的部门。中央军委的参与,体现了计划时期的国防人才需求;政务院在其改革前单独发文,是直到第一次人民代表大会召开前高校毕业生就业的主要负责部门;文化部的唯一出现只因 20 世纪 80 年代初期文化部曾发文表示艺术院校的部分毕业生试行选择就业。

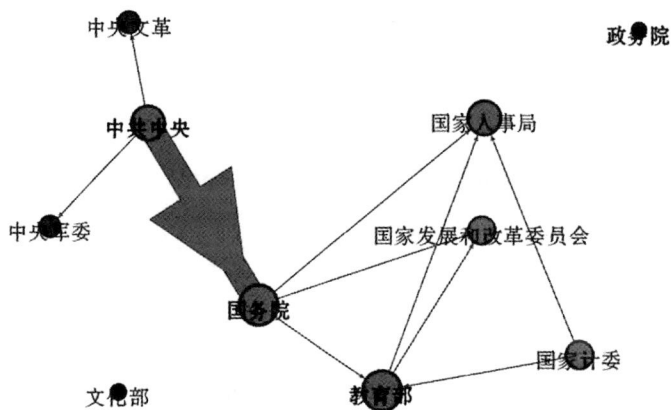

图 2-1　1950—1985 年发文部门网络关系图

基于以上分析,结合对这一时期政策举措的解读,可以发现:计划经济时期高校毕业生就业政策重点在于毕业分配与招生培养方面,学生需根据培养费用接受分配;文化部艺术院校实际上充当了未确定不包分配国情下,选择自行择业的先驱实验者。计划分配的就业模式,与当时我国高度集中的计划经济体制相适应,完全根据国家建设的需要安排毕业生资源,保证国家各项社会主义建设事业的人才需求,这样直接保证了高校毕业生的就业率;同时这些政策也保障了高校毕业生的工作权和相应待遇权,而因此确保了就业,毕业生和用人单位无自主性所言,计划时期的就业政策几乎没有就业引导、保障服务等类别的就业举措。

(二)第二阶段:过渡时期

过渡时期,承担着由面向计划经济转变为对口市场经济的转型和过渡使命。"计划指导、双向选择"指在国家招生计划的指导下,毕业生自主择业,用人单位择优录取的制度。随着改革开放和我国经济体制改革的不断深入,社会主义市场经济日渐发展,劳动人事改革更是直接影响了高校毕业生人才市场。就业分配制度越来越不适应形势的发展,1985 年中共中央颁布的《中共中央关于教育体制改革的决定》是我国高等学校毕业生就业政策改革的重要标志,是"双向选择"的开始,也是"并轨""供需见面"机制形成的重要文件。①1998 年国家规定到 2000 年左右,建立起比较完善的毕业生和用人单位双向选择、自主择业的高校毕业生就业机制。②

1. 词频统计分析结果

过渡时期高校毕业生就业政策为 22 份,其词频统计结果如表 2-3 所示:

表 2-3 1985—1999 年词频统计表

高频词	频次	高频词	频次	高频词	频次	高频词	频次
毕业生	661	学生	174	建设	109	中央	65
教育	549	社会	151	招生	103	指导	64
就业	331	单位	140	办学	97	用人单位	64
学校	305	政府	138	教师	94	服务	62
工作	299	计划	135	建立	94	国家教委	62
发展	261	地区	132	培养	87	毕业	61
国家	237	实行	122	经济	84	保证	60
改革	224	政策	117	管理	84	市场	60
高等学校	218	人才	109	接收	67	负责	57

据表 2-3 所示,过渡时期"教育"一词的频次排行较计划时期明显提升,仅次于第一位的"毕业生",观察"学校""发展""改革""招生""办学""国家教委"等高频词可以发现这一时期的政策注重教育改革,在培养费用方面有

---

① 《中共中央关于教育体制改革的决定》,1985 年 5 月 27 日,见 http://www.moe.gov.cn/jyb_sjzl/moe_177/tnull_2482.html。

② 中华人民共和国教育部:《面向 21 世纪教育振兴行动计划》,1998 年 12 月 24 日,见 http://www.moe.gov.cn/jyb_sjzl/moe_177/tnull_2487.html。

了重大变化,自费入学和招生计划的调整影响了国家分配的决定权。"就业""工作""社会""人才""建设""经济""指导""服务""市场"等高频词整体上体现了一种开放的思想,国家推进高校毕业生就业的政策开始考虑社会主义市场经济的发展和毕业生、用人单位的自主性;同时"单位""政策""教师""毕业"等高频词的出现则说明,过渡时期国家虽然一方面指导学生自主择业,但另一方面着手调控招生计划内毕业生的就业方向,保证教师队伍的成长,鼓励毕业生去偏远地区从教,扎根基层农村,平衡地区发展。

2. 社会网络分析结果

通过使用 GEPHI 工具,本书对 1985 年至 1999 年的政策文本进行了社会网络分析(如图 2-2 所示),结果发现:1. 国务院和人事部的节点最大,是过渡时期高校毕业生就业政策发布的主要部门;2. 观察凝聚子群,形成了国务院—教育部—国家发展改革委员会—中共中央—国家教委,人事部—公安部—国家粮食储备局—中共中央组织部,两大工作组,其中国务院和人事部是各自工作组的核心部门;根据国务院机构改革方案而成立的人事部是国务院组成部门,从 1988 年开始主管人事工作和推行人事制度改革,其前身是劳动人事局,随着国家体制机构的改革和教育体制改革,人事部在国家中央机构中近乎是就业政策方面的中心部门;国家教委①这一名称只存在于 1985 年至1998 年,恰与过渡时期时间走向相符,是自 1985 年国家决定进行教育体制改革,扩大高校自主权后成立的主管教育部门的机构,废止后恢复了教育部的称号,其间国家教委发文后改为教育部发文,因此教育部在发文部门中的地位实则应更高一些。

基于以上分析,结合这一时期政策解读,从 1985 年教育体制改革开始我国高校毕业生就业就进入了"计划指导、双向选择"的"并轨"制,通过供需见面,产生了积极的压力、动力和活力;改革高等学校的招生计划和毕业生分配

---

① 1985 年 6 月 18 日,六届全国人民代表大会常委会第十一次会议决定设立国家教育委员会,国家教委成立后,教育部即撤销。1998 年 3 月 10 日,新一届国务院机构改革方案经九届全国人大一次会议通过国家教育委员会更名为教育部,是国务院政府下属机关,受国务院领导。

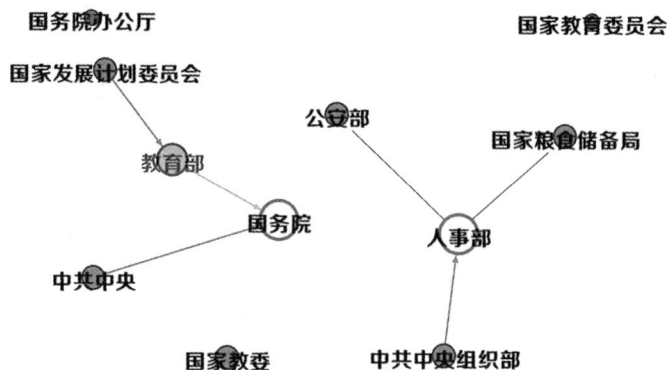

图 2-2　1985—1999 年发文部门网络关系图

制度标志了是我国高等学校扩招的开始,增强了高等学校办学的自主权和自主性,也给予了高校毕业生更多的就业选择,有利于实现毕业生与用人单位的互利和双赢。但是也引发了一些深层次的矛盾,高校毕业生、用人单位以及高校的自主权扩大,削弱了政府的调控权,使得人才流向边远地区人才短缺难以发展。考虑到这些,我国在推行教育体制改革前已进行了国家劳动人事体制改革,配套的人事政策才能尽早出台配合。

（三）第三阶段:市场时期

1999 年教育部正式发文结束了"计划""分配""派遣"的就业机制;2000年,包分配制度全面停止,我国成功转向了以市场为导向的"自主择业"的就业机制。

这一时期,我国政府努力平衡宏观调控和微观调控,在顺应市场规律,给予毕业生自主择业的权利外,鼓励和引导优秀毕业生投身基层,积极建设社会主义。进行积极的就业引导,配合国家幅员辽阔、各地区经济发展不均衡的情况,设立了众多地方就业渠道,"见习"鼓励毕业生入藏锻炼、入企培养等;"村官""教师特岗"鼓励学生基层就业,扎根农村,配套"三支一扶(支农、支教、支医和扶贫工作)"政策,发展农村经济;"企业"则是鼓励毕业生进中小企业就业,发展地方经济。直到 2014 年"创业浪潮"的到来,1999 年至 2014 年是作为建设社会主义市场经济时期下的"面向市场、自主择业"的时代。

1. 词频统计分析结果

市场时期我国中央所发布的高校毕业生就业政策文件达 68 份,其词频统计结果如表 2-4 所示:

表 2-4　1999—2014 年词频统计表

高频词	频次	高频词	频次	高频词	频次	高频词	频次
毕业生	2308	见习	392	教育	267	企业	214
就业	2180	发展	375	大学生	264	市场	205
高校	1879	政策	367	人才	246	鼓励	204
工作	1077	招聘	355	建设	243	管理	197
服务	804	培训	354	机构	235	完善	195
创业	583	部门	348	地区	228	通知	183
信息	441	人力资源	330	社会	228	高等学校	181
活动	439	单位	296	实施	221	网络	166
组织	392	提供	287	全国	219	指导	164

据表 2-4 词频统计结果所示,市场经济体制下,"毕业生""就业"毫无例外是高校毕业生就业政策的主旨。"服务""信息""组织""招聘""网络"等高频词涉及了政府越来越重视就业服务体系的完善,要求高校必须建立并健全毕业生就业指导服务机构,保证毕业生就业信息公开,在办公条件、人员等方面给予充分保证,还主动积极地定期组织招聘活动、面试会帮助毕业生就业。"创业""见习""培训""企业""鼓励""指导"等高频词反映国家推动离校未就业毕业生就业,完善对离校未就业毕业生的就业补贴和帮扶条款。"人力资源"一词首次出现在高频词表内,可见国家和社会在信息时代更加注重"人"的价值。

2. 社会网络分析结果

通过使用 GEPHI 工具,本书对 1999 年至 2014 年的政策文本进行了社会网络分析(如图 2-3 所示),结果发现:1. 中共中央组织部、国务院办公厅和教育部节点范围较大且明显,可见其在市场经济时期是高校毕业生就业政策发布的主要部门。2. 图示可见四个凝聚子群:围绕中共中央组织部为核心的主要合作教育部、共青团中央、财政部和人力资源和社会保障部(2008 年,人事部、劳动和社会保障部合编）的政策工作组,并与中央编办、民政部、公安部等部门相协调;以国务院办公厅和教育部、人事部为核心部门的,协调财政部、劳动保障部、商务部、发展改革委等部门为保障的工作组;以人力资源和社会保障部、财政部、教育部和人事部为主的保障协调工作组;以人力资源和社会保障部办公厅以及教育部办公厅为核心部门的,寻求劳动和社会保障部培训就业司、人事部办公厅和国资委协助的工作组,提升毕业生就业率。3. 部门发文联合时,部门间多为平级,如人力资源和社会保障部联合教育部,人力资源和社会保障部办公厅联合教育部办公厅,这种工作组对与政策的制定和执行有更强的保障力度。4. 围绕中共中央组织部的大范围工作组,表明共青团中央在 21 世纪更积极地参与广大以大学生为主题的青年群体的就业工作,与"人"相对的,重视青年的力量。

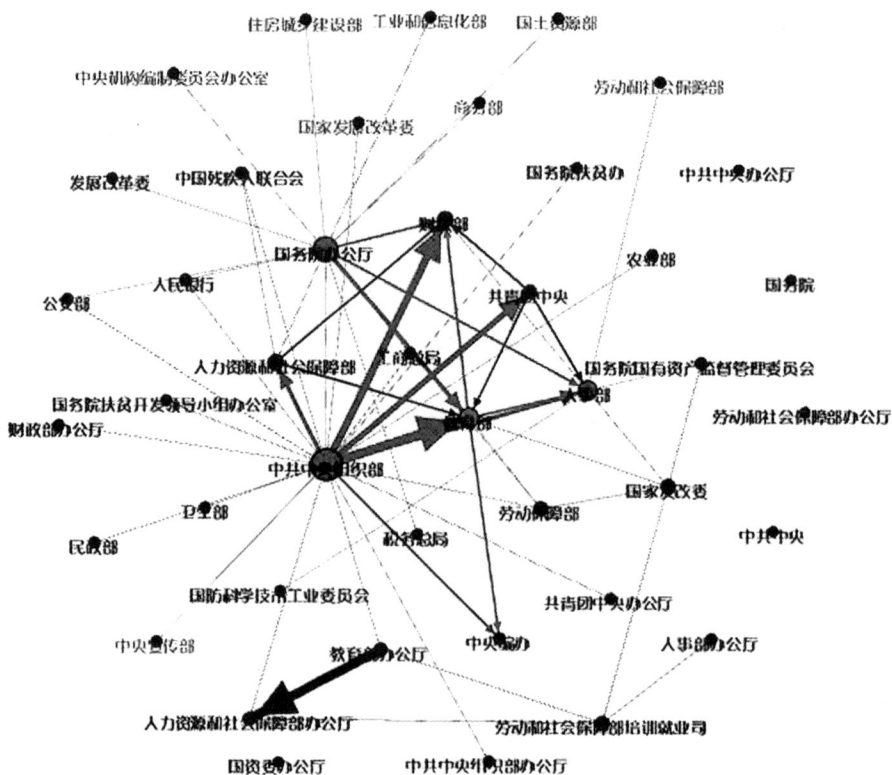

图 2-3　1999—2014 年发文部门网络关系图

基于表 2-4 和图 2-3 的结果解读,在市场经济阶段下,我国就业机制更加科学化,"缴费上学、自主择业"作为一种全新的高等教育体制和毕业生就业机制打破了长期以来计划经济条件下形成的"统包统分"的毕业生分配模式,符合市场经济规律和教育大众化规律。在这个阶段,高校毕业生就业政策支持学生个人价值的自由化实现,主要从就业渠道、就业服务、未就业补贴方面保证其实现个人价值的多样化选择,赋予了毕业生和用人单位更大的自主选择权,使社会主义市场经济环境下,用人单位可以招收合适的人才,毕业生个人也可以根据自身发展有更好的选择。

(四)双创时期"大众创业,万众创新"

早在 2003 年国家发展改革委就有提出鼓励高校毕业生自主创业,作为《关于鼓励中小企业聘用高校毕业生搞好就业工作的通知》(发改企业〔2003〕1209 号)五条举措之一,但直到 2012 年也并没有进入社会的主流。2013 年国家出台了方方面面的大学生优惠政策,在"就业难"的冲击下,2013 年至 2014 年大学生自主创业厚积薄发,2014 年 9 月,李克强总理首次在公开场合提出"大众创业、万众创新"的要求,誓要形成"万众创新""人人创新"的新势态,"双创时期"就此到来。

1. 词频统计分析结果

双创时期的高校毕业生就业政策文件有 27 份,其词频统计结果如表 2-5所示:

表 2-5　2014 年至 2018 年 4 月词频统计表

高频词	频次	高频词	频次	高频词	频次	高频词	频次
就业	1403	完善	349	培训	262	推动	219
创业	1223	企业	349	建立	250	落实	210
高校	903	支持	334	推进	247	管理	208
毕业生	810	建设	334	国家	246	组织	206
教育	722	人力资源	315	鼓励	245	引导	205
服务	714	信息	304	人才	239	提供	188
创新	638	实施	283	制度	229	招聘	187

高频词	频次	高频词	频次	高频词	频次	高频词	频次
发展	590	学校	281	社会	226	基层	184
政策	414	机制	266	活动	225	职业	182

据表 2-5 所示,双创时期,"创业"这一高频词在 2014 年至 2018 年 4 月间的高校毕业生就业政策文件中频数仅次于"就业",和"创新""政策""完善""支持"等高频词联系,可见这一时期创业是国家促进高校毕业生就业的重要渠道和方向。"企业""实施""鼓励""基层"等高频词将我国鼓励高校毕业生"深入基层"的举措一以贯之,鼓励中小企业吸纳人才。"服务""建设""活动""组织""提供""招聘"等高频词围绕就业政策的就业服务和就业保障措施,在"双创"时期,国家既鼓励基层就业、特聘教师、"三支一扶"、参军入伍等众多就业渠道,也指导毕业生创业创新,而无论选择哪种就业方式,在缴费上学背景下,当代大学生可以自主择业,需要的话,从众多的就业保障政策中找寻自己需要的。

2. 社会网络分析结果

通过使用 GEPHI 工具,笔者对 2014—2018 年的政策文本进行了社会网络分析(如图 2-4 所示),结果发现:1. 人力资源和社会保障部是当之无愧的"领队者",是最主要的毕业生就业政策的制定者和维护者。2. 图示清晰可见两个凝聚子群,代表两个主要的政策制定工作组:以人力资源和社会保障部为绝对核心部门的,与教育部、财政部国务院扶贫办、中共中央组织部等部门协调的工作组;以人力资源和社会保障部办公厅、教育部办公厅和国务院办公厅为核心的,与国资委办公厅、中共中央办公厅合作的工作组。3. 人力资源和社会保障部—教育部,人力资源和社会保障部办公厅—教育部办公厅之间的联合频率较高,关系较紧密,是"双创"时期高校毕业生就业政策制定推行的重要环节。

"双创"时期尤为重视网络的使用,注重现场招聘和就业服务活动的开展,为促进高校毕业生就业,例如"招聘会""服务月"等活动的详细安排也成

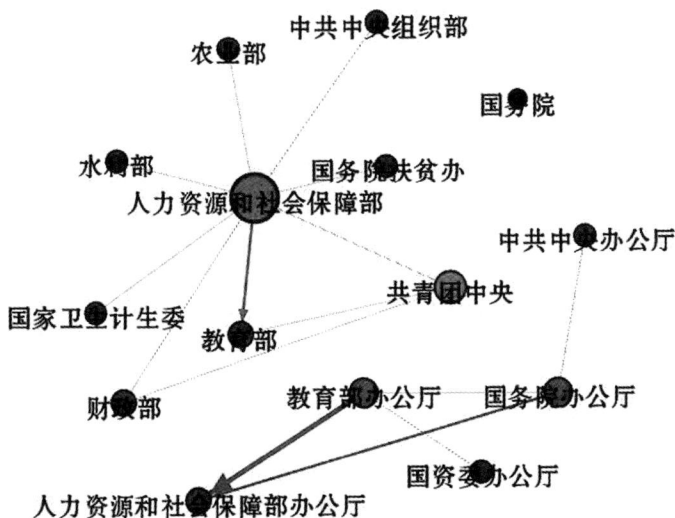

图 2-4　2014 年至 2018 年 4 月发文部门网络关系图

为了中央政策发布的重要内容。这一时期国家着重培养大学生的创业意识并开放和完善创业创新条件,我国高校毕业生创业的门槛不高,且在资金和经验等方面有着政策保证。国家要求高校建立完善创业教学培训机制,力图通过高校、政府、社会三方建立有效机制鼓励和引导大学生创业。开设创业课程,将创业指导纳入学分管理,强调大学生创新创业实践。可以说"双创"时期,"大众创业、万众创新"的理念深刻渗透了当代大学生的大学生涯。

四、政策演变分析与讨论

1. 社会经济发展是就业政策演变的重要动力。自新中国成立以来我国高校毕业生就业政策的演变阶段划分,有很大程度上参照了我国社会经济体制的改革和发展,而国家政治体制和体制的改革直接影响高校毕业生就业政策的制定和发布方的变化。从计划经济时期的"包分配"政策,到改革开放后社会经济改革时期的就业政策"双向并轨",再到市场经济体制下的"自主择业"政策,体现了经济基础决定上层建筑这一理论。

2. 高校毕业生就业政策演变特点:多样化、自主化、市场化、规范化是政策演变的。目前基本形成了从中央到地方的高校毕业生就业促进政策体系,政策内容基本涵盖了高校毕业生就业的整个过程。在国家统筹管理下,就业渠道的增加增强了就业选择的多样性;国家对高校扩招的放权增强了学校、毕业生和用人单位的自主性、对各项服务政策的细化等措施,将高校毕业生充分展示在社会人才供需市场中。

3. 政策演变是一个可持续更新的过程。西方政策研究的学者安德森就认为政策变迁是一个或多个政策取代现有的政策,包括采取新政策和修正或废止现有政策(James E.Anderson,1990);①布鲁尔也提出,政策过程是一个持续不断的循环,后面的政策是在对前期政策调整和修正的基础上做出的。旧作用于新,而没有无用的政策。政策的提出可能因时而异、因地制宜,但政策的出台始终考虑着市场经济发展规律和教育大众化(Brewer,1983)。就业是亘古不变的社会焦点问题,从工厂制对劳动工人的大量需要,到信息时代对科技人员的大量需求,各行各业的工作体制和工作内容或有一定变化,但从业者就业是必需的。计划时期国家强制分配毕业生就业以保证国家建设所需要的人才,现在国家依然在鼓励毕业生投身西部、扎根农村促进偏远地区建设。政策发布的主旨一直是高校毕业生的就业问题,区别在历史的演进中,政策举措的更新完善。

4. 部门合作是保证政策发挥作用的重要因素。为保障政策条款的确实落实,行动部门参与更有利于条令举措的对口化、直面化、规范化,有利于政策的贯彻执行。随着国家和社会的发展,政策工作组也在与时俱进,各部门所辖职能不断调整,将部门合作推向一个更为科学合理高效的形势。

第二节 大学生就业政策的功能定位
——基于政策工具的视角

高校毕业生作为新时代的青年,是新时代的风向标,是推动社会不断进步

---

① James E. Anderson, *Public Policy Making: An Introduction*, Boston: Houghton Miffin, 1990, p.257.

的活力之源。党的十九大报告指出,就业是最大的民生,要提供全方位公共就业服务,促进高校毕业生等青年群体多渠道就业创业。① 作为重要的民生问题,党和国家对于高校毕业生就业问题给予了充分的重视。就业服务是公共服务的重要组成部分,主要以公共政策为载体来体现。为满足日益增长的就业需求,我国出台了一系列政策以改善高校毕业生的就业状况。在上述背景下,对我国高校毕业生就业政策进行研究意义重大,其已逐渐成为国内研究热点。

　　本节以"高校毕业生就业政策"和"大学生就业政策"为主题在知网搜索近十年来国内的学术期刊和硕士博士论文,经筛选共获取 239 篇文献,运用量化研究方法的仅 27 篇,占比 11.3%。其中在政策感知方面,蒋承(2015)使用Logit 模型分析高校毕业生自身特征对就业政策感知及就业意愿的影响,提出应加强就业政策的宣传并聚焦于重点人群;②在政策影响方面,马莉萍(2015)通过对全国高校毕业生数据统计分析,研究不同政策对就业比例的影响,倡导提高就业政策优惠举措的明晰度和力度;③在政策变迁方面,倪宁(2014)通过对 1999 年至 2013 年国务院办公厅下发的高校毕业生就业促进政策条目的类别和数量特征进行考察,研究发现我国高校毕业生就业促进政策的针对性增强,且总体上向宏观调节式干预过渡。④

　　综合已有研究成果发现,我国学者大多从质性研究角度对高校毕业生就业政策进行分析和评价,若要实现就业政策体系的改善与提升,需要创新研究方法,从不同的视角来分析、解决问题。本节采用内容分析法,选取 1950 年至2017 年间中央政府出台的 58 份高校毕业生就业政策作为样本,由政策工具的内容维度和人力资源管理的过程维度构建二维分析框架,进而对每份政策

---

　　① 习近平:《决胜全面建成小康社会　夺取新时代中国特色社会主义伟大胜利——在中国共产党第十九次全国代表大会上的报告》,人民出版社 2017 年版。

　　② 蒋承、李笑秋:《政策感知与大学生基层就业——基于"三元交互理论"的视角》,《北京大学教育评论》2015 年第 2 期。

　　③ 马莉萍、刘彦林:《高校毕业生基层就业:从中央政策到地方政策》,《北京大学教育评论》2015 年第 2 期。

　　④ 倪宁:《大学生就业促进政策的失业治理针对性研究——基于政策文本的内容分析》,《高等教育研究》2014 年第 5 期。

文本进行编码以定义分析单元,将符合条件的分析单元进行频数统计,在量化分析的基础上剖析我国高校毕业生就业政策在政策工具体系、人力资源管理环节体系中所存在的问题,据此提出合理的政策建议。

一、政策样本选择

本节所选用的政策样本均来自公开的数据资料,主要为中央政府相关部委网站和中国就业网等高校毕业生就业政策相关网站,由于所搜集的政策文本较多,为了保证政策样本的准确性和代表性,本节在筛选政策样本时遵循以下原则:一是发文主体为中央层级政府机关;二是文本主题为高校毕业生就业;三是选取法律、规划、意见、办法、通知公告等体现政府政策的文件,最终筛选所得政策样本 58 份,如表 2-6 所示。

表 2-6　我国高校毕业生就业政策列表(部分)

编号	发文机构	文号	发文日期	标题
1	国务院办公厅	国办发〔2002〕19 号	2002/2/8	《国务院办公厅转发教育部等部门关于进一步深化普通高等学校毕业生就业制度改革有关问题意见的通知》
2	教育部	教学〔2002〕18 号	2002/12/30	《教育部关于进一步加强普通高等学校毕业生就业 指导服务机构及队伍建设的几点意见》
3	国家发展和改革委员会	发改企业〔2003〕1209 号	2003/9/15	《国家发展和改革委员会关于鼓励中小企业聘用高校毕业生搞好就业工作的通知》
4	中共中央办公厅、国务院办公厅	中办发〔2005〕18 号	2005/6/25	《中共中央办公厅、国务院办公厅印发〈关于引导和鼓励高校毕业生面向基层就业的意见〉的通知》
5	科技部、教育部、财政部、人力资源和社会保障部、国家自然科学基金委员会	国科发财〔2009〕97 号	2009/9/27	《科技部、教育部、财政部、人力资源社会保障部、国家自然科学基金委员会关于鼓励科研项目单位吸纳和稳定高校毕业生就业的若干意见》

续表

编号	发文机构	文号	发文日期	标题
6	财政部、教育部、总参谋部	财教〔2009〕35号	2009/4/20	《财政部、教育部、总参谋部关于印发〈应征入伍服义务兵役高等学校毕业生学费补偿国家助学贷款代偿暂行办法〉的通知》
7	中共中央组织部办公厅、民政部办公厅、农业部办公厅、中国人民银行办公厅、共青团中央办公厅	组厅字〔2009〕39号	2009/9/1	《中组部办公、民政部办公厅、农业部办公厅、中国人民银行办公厅、共青团中央办公厅关于鼓励和支持大学生"村官"创业富民的通知》
8	国务院	国发〔2011〕16号	2011/5/31	《国务院关于进一步做好普通高等学校毕业生就业工作的通知》
9	人力资源和社会保障部、教育部	人社部发〔2016〕100号	2016/10/26	《人力资源社会保障部、教育部关于实施高校毕业生就业创业促进计划的通知》
10	人力资源和社会保障部、外交部、教育部	人社部发〔2017〕3号	2017/1/6	《人力资源社会保障部、外交部、教育部关于允许优秀外籍高校毕业生在华就业有关事项的通知》

1950年至2017年间,每年高校毕业生就业政策数量整体上较为均衡,而在2009年政策数量激增(如图2-5所示),这可以用间断—均衡模型加以解释。针对长期处于稳定状态的公共政策在短期出现重大变迁的现象,鲍姆加特勒和琼斯提出了间断—均衡模型,认为政策图景的变化导致政策场域的变迁,使得原有的政策垄断面临挑战,政策出现短期的间断,直至新政策出台,形成新的政策图景和政策场域,政策再次进入长期均衡状态(Frank R. Baumgartner and Bryan D.Jones,1993)。[①] 受金融危机的影响,我国高校毕业生就业压力陡增,公众、媒体的注意力集中于高校毕业生就业问题,对相关政策的评价发生转变。由于政策议程设置的开放性,政策场域内部力量发生变化,

---

① 李文钊:《间断—均衡理论:探究政策过程中的稳定与变迁逻辑》,《上海行政学院学报》2018年第2期。

推动政府出台相关政策以形成新的政策场域,改善人们对政策的评价,在2009年后进入新的政策均衡时期。同时,1950年以来我国高校毕业生就业政策整体处于均衡状态,体现出国家一直以来秉承就业是民生之本的理念,长期把高校毕业生就业放在就业工作的首位,积极回应高校毕业生的就业需求。

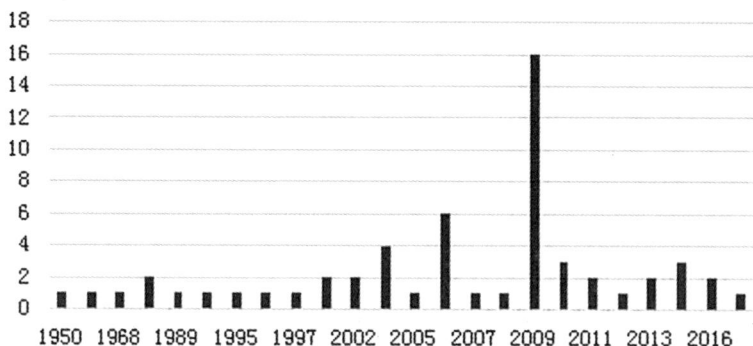

图2-5 政策出台年份统计

为了更清晰地了解政策发文部门之间的关系,本书利用 Ucinet 6.2 软件进行社会网络分析,绘制出部门合作社会网络图,如图2-6所示。其中"网络节点"表示政策发文部门,"节点连线"表示两部门之间有联合发文。政策样本中所涉及的政策制定主体共34个,多部门联合发文数量占62%,可以看出,在解决就业问题方面中央层级部门参与众多,部门间相互协调、联系较为紧密,形成了由教育部、人力资源和社会保障部以及财政部三个部门构成的核心子网络。这表明国家对高校人才培养机制的重视,努力实现人才结构与产业结构相匹配,充分开发人力资源,做好高校毕业生群体就业的后续保障工作,同时国家发挥公共财政作用,为高校毕业生就业政策奠定物质基础,促进社会平稳发展。

二、二维政策分析框架构建

(一)X维度:政策工具维度

政策工具理念自20世纪80年代在西方兴起以来,得到众多学者的关注,使之成为政策研究领域一种新的研究途径。国外学者 K.B.伍德西德将政策

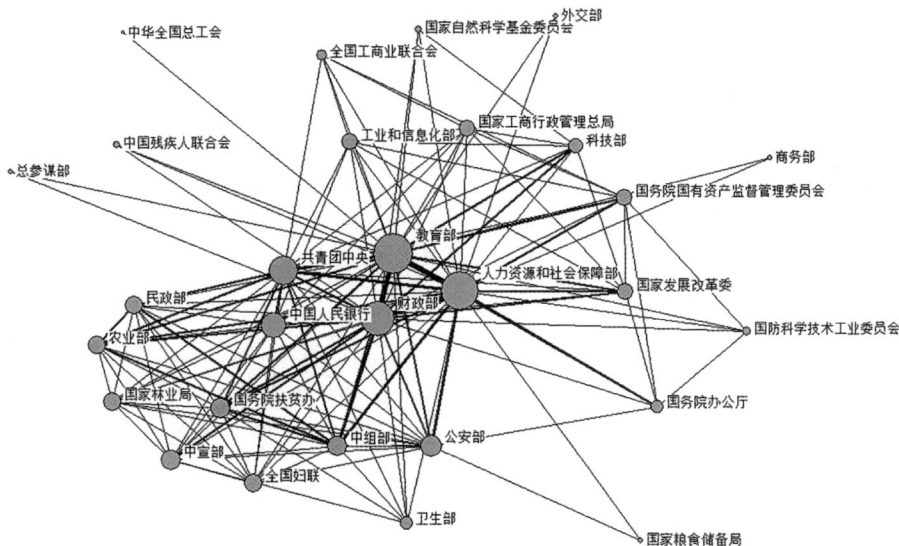

图 2-6　部门合作社会网络图

工具定义为政府可以用来实现某种政治目标的手段(K.B.Woodside,1986)，[①]
国内学者张成福(2007)将政策工具定义为政策实质目标转化为具体行动的
路径和体制，提出政府治理的核心是实现政府目标的必要条件。[②] 若使政策
工具真正得以应用于实际，前提是对政策工具进行清晰、合理的分类，为此众
多学者做了很多努力，表 2-7 为国内外较为常见的政策工具分类方法。

表 2-7　国内外政策工具分类方法

学者	分类标准	政策工具类型
狄龙(Van der Doelen)	作用机理	法律工具、经济工具、交流工具
麦克唐纳(L.M.Mcdonell) 艾莫尔(R.F.Elmmore)	目标	命令性工具、激励性工具、能力建设工具、系统变化工具
英格拉姆(H.M.Ingram) 施耐德(Schneider)	目标	激励性工具、能力建设工具、符号工具、规劝工具、学习工具

①　［美］B.盖伊·彼得斯、弗兰斯·K.M.冯尼斯潘：《公共政策工具：对公共管理工具的评价》，顾建光译，中国人民大学出版社 2017 年版，第 161 页。

②　张成福、党秀云：《公共管理学(修订版)》，中国人民大学出版社 2017 年版，第 61 页。

续表

学者	分类标准	政策工具类型
霍莱特(M.Howlett) 拉梅什(M.Ramesh)①	强制性程度	自愿性工具、强制性工具、混合性工具
罗斯威尔(Rothell) 泽格菲尔德(Zegveld)②	影响层面	供给面工具(人才培养、信息支持、基础设施、资金投入、公共服务)、需求面工具(政府采购、服务外包、贸易管制、海外机构)、环境面工具(财务金融、税收优惠、法规管制、策略性措施)
萨拉蒙(Salamon)③	公共物品的具体类型、交付方式、交付系统、一系列规则	直接管理、社会规制、经济规制、合同、拨款、直接贷款、贷款担保、保险、税收支出、收费、债务法、政府公司、凭单、侵权责任、矫正税
陈振明④	主体	市场化工具、工商管理技术、社会化手段
顾建光⑤	使用方式	管制类工具、激励类工具、信息传递类工具

　　通过对表中分类方法的比较,罗斯威尔和泽格菲尔德将政策工具划分为供给面、需求面、环境面三类(Rothell and Zegveld,1985),凸显了在新公共治理的背景下政府角色由强制型向影响型的转变,而且其次级政策工具更加具体,操作方法更为明确,在国内广泛用于科技创新、教育、就业政策研究领域,进一步证明其适用性,故本书选择将此作为内容维度的分析框架,结合本书研究内容对政策工具进行明确界定并分类,如表2-8所示。

---

　　① 陈振明:《政府工具研究与政府管理方式改进——论作为公共管理学新分支的政府工具研究的兴起、主题和意义》,《中国行政管理》2004 年第 6 期。

　　② Roy Rothwell,Walter Zegveld,*Reindusdalization and Technology*,London:Logman Group Limited,1985,pp.83~104.

　　③ Lester M.Salamon,Odous V.Elliot,*Tools of Government:A Guide to the New Governance*,Boston:Oxford University Press,2002,p.21.

　　④ 陈振明:《政策科学:公共政策分析导论》,中国人民大学出版社 2003 年版,第 172 页。

　　⑤ 顾建光、吴明华:《公共政策工具论视角述论》,《科学学研究》2007 年第 1 期。

表 2-8 政策工具分类及解释

政策工具类型	次级政策工具	解释
供给型	人才培养、资讯服务、资金投入、科技支持	政府在信息、资金、科技、人才等方面提供支持,改善高校毕业生就业相关要素的供给,增强高校毕业生就业意愿与能力,推动高校毕业生就业
需求型	政府采购、服务外包、贸易管制、海外交流	政府在采购、管制、国际交流等方面采取措施,积极开拓并稳定高校毕业生就业的市场,拉动高校毕业生就业
环境型	目标规划、策略性措施、财政援助、法规管制	政府在市场环境、财政、法律法规等方面提供支持,为就业活动提供有利的政策环境,以间接促进高校毕业生就业

（二）Y 维度:人力资源管理维度

"人力资源"（Human Resource）的概念由著名管理学家德鲁克（Peter F. Drucker）在《管理的实践》（1954）一书中首次引入,提出以人力资源管理替代传统的人事管理,其他学者在此基础上对人力资源管理进行了划分:加里·德斯勒将人力资源管理分为员工招募、培训与开发、薪酬管理和员工关系四个环节（Gary Dessler,2002）,雷蒙德·A.诺伊将其分为人力资源环境、人力资源的获取和准备、绩效评估和员工开发四个环节（Raymond A.Noe,2013）,廖泉文（2001）则将其划分为获取、保留、发展和协调四个环节,孙柏瑛（2004）将其分为识才、选才、育才、用才和留才五个环节,彭剑锋（2003）将其分为人员招聘录用和配置、绩效与报酬管理、员工关系和沟通以及培训开发四个环节。在国内人力资源管理学界,逐渐演变形成人力资源管理"选、育、用、留"四个环节的划分方式,这种划分方式得到了广泛的应用,同时考虑到政策分析维度设置的合理性,故将其选作本书政策分析框架的过程维度。结合内容分析过程中对政策内容的把握,进一步对本文情境下人力资源管理各环节的具体含义进行界定,如表 2-9 所示。

表 2-9　人力资源管理环节及解释

环节	具体含义
选拔	政府在对就业市场进行分析预测的基础上,出台引导性政策,促进高校毕业生就业,实现人岗匹配
培育	政府在教育培训、实践平台等方面提供政策支持,使高校毕业生获得完成工作所必需的相关知识、技能、价值观念和行为规范
使用	政府在人才评价、员工管理方面出台相关政策,以指导用人单位发挥高校毕业生的潜力
保留	政府在薪酬福利、社会保障等方面提供政策性指导,满足高校毕业生的需求,以使其坚守岗位、努力工作

（三）二维分析框架的构建

通过梳理形成高校毕业生就业政策模型（如图 2-7 所示）,其中从过程维度的角度来看,人力资源管理的选拔、培育、使用和保留环节之间既相互独立又环环相扣,各环节相应的就业政策逐步推动高校毕业生就业工作向前发展;从内容维度来看,供给型和需求型的政策工具对高校毕业生就业具有直接的推动和拉动作用,环境型政策工具则为发挥间接影响作用。

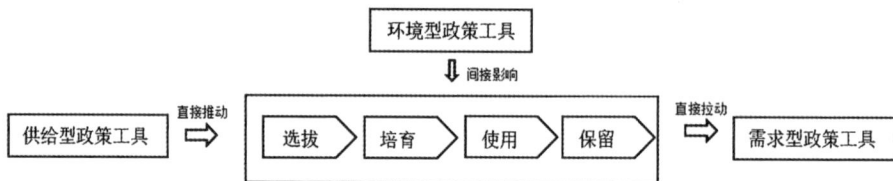

图 2-7　高校毕业生就业政策模型

同时,通过对内容维度和过程维度的梳理,最终形成关于高校毕业生就业政策文本的二维分析框架,如图 2-8 所示。[①]

三、单元编码

本书对总计 58 个政策样本进行分析,将每条政策作为内容分析样本,分

----

① 黄萃、苏竣、施丽萍、程啸天:《政策工具视角的中国风能政策文本量化研究》,《科学学研究》2011 年第 6 期。

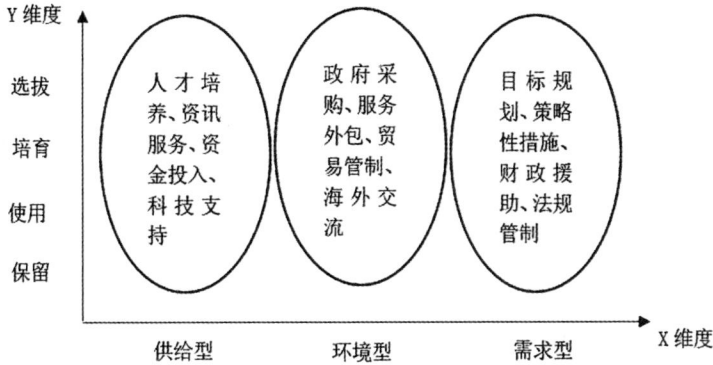

图 2-8 二维分析框架

别从政策工具的内容维度和人力资源管理的过程维度对每份政策文本进行编码以定义分析单元,将符合条件的政策文本进行频数统计。由于篇幅限制,本书只显示部分编码情况,如表 2-10 所示。

表 2-10 部分编码情况

序号	年份	政策名称	内容分析单元	编码
1	1950	《为有计划地合理地分配全国公私立高等学校今年暑期毕业生工作的通令》	对毕业生一般说服争取他们服从政府的分配,为人民服务……	1—0—0
2	1958	《关于高等学校和中等技术学校下放问题的意见》	改变毕业生分配方法,地方管理的院校,由地方分配	2—0—0
3	1968	《关于一九六七年大专院校毕业生分配问题的通知》	一、毕业生毕业工作,必须高举毛泽东思想伟大红旗……	3—1—0
……	……	……	……	……
58	2017	《关于允许优秀外籍高校毕业生在华就业有关事项的通知》	拟允许部分无工作经历的优秀外籍高校毕业生在华就业	58—0—0
			(一)外国人就业证有效期首次为 1 年……	58—4—1
			(二)外籍高校毕业生在华就业实行配额管理……	58—4—2

四、数据分析

（一）对高校毕业生就业政策的 X 维度分析

从政策文本的内容维度进行划分，统计结果如表 2-11 所示，可以看出：1. 供给型政策工具处于弱势地位。供给型政策工具对高校毕业生就业工作的推动作用明显不足，就供给型政策工具内部而言，作为就业工作最有效和最直接的关键阶段——人才培养（55.20%）备受重视。而资金投入（9.60%）比重明显偏低，科技支持缺失。2. 环境型政策工具出现过溢。环境型政策工具超过半数，中央政府更倾向于采取间接影响的策略，通过改善就业市场条件、消除市场障碍，从而促进高校毕业生就业工作。其中策略性措施（39.64%）占比相对较高，财政援助和法规管制作为相对较为简单、直接的政策工具占比适中，目标规划（11.27%）作为宏观抽象的政策工具，占比较低。3. 需求型政策工具存在缺位。政府在拉动就业市场对高校毕业生的需求方面能力相对不足，其中较多被使用的是服务外包，唯一的政府购买政策即 2016 年 11 月 1 日《关于进一步引导和鼓励高校毕业生到基层工作的意见》这一文件中提出的，通过政府购买基层公共管理和社会服务吸纳高校毕业生就业，而海外交流、贸易管制类型政策工具存在空白，这为我国政府相关部门未来针对高校毕业生出台相关政策留下了很大的提升空间。

表 2-11　X 维度分析

工具类型	工具名称	小计（条）	分项占本类百分比（%）	类型百分比（%）
供给型	人才培养	69	55.20	30.12
	资讯服务	44	35.20	
	资金投入	12	9.60	
	科技支持	0	0	

工具类型	工具名称	小计（条）	分项占本类百分比（%）	类型百分比（%）
环境型	目标规划	31	11.27	66.27
	策略性措施	109	39.64	
	财政援助	62	22.55	
	法规管制	73	26.55	
需求型	政府采购	1	6.67	3.61
	服务外包	14	93.33	
	贸易管制	0	0	
	海外交流	0	0	
合计	N/A	415	100	100

（二）对高校毕业生就业政策的 Y 维度分析

通过从政策文本的过程维度进行划分,统计结果如表 2-12 所示,从表中可以看出使用环节占比偏低,与选拔、培育和保留环节占比差距较大。其中以选拔、培育比重较高,而这两个环节又密切相关。选拔环节需确定高校毕业生就业具体政策的目标群体,减少其就业道路上的障碍,而培育则在于提升目标群体素质,更为积极地适应工作岗位的需求,两者相辅相成,共同保障毕业生就业的数量和质量。使用环节政策力度不足,反映出我国高校毕业生就业政策的碎片化,然而人力资源管理环节作为有机的整体,使用环节"短板"的出现,不利于人力资源管理整体效益的发挥。

表 2-12 Y 维度分析

人力资源管理环节	小计	百分比（%）
选拔	130	32.91
培育	118	29.87
使用	41	10.38
保留	106	26.84
总计	395	100

（三）对高校毕业生就业政策的 X、Y 维度相互关系分析

在对政策文本进行二维划分的基础上,本文统计了每份政策在这两种维度上的匹配情况,并绘制出了政策工具与人力资源管理环节相对比例关系的统计图(如图 2-9、图 2-10 所示)。① 图 2-9 展示了供给型、环境型、需求型政策工具对人力资源管理四个环节的推动作用,图 2-10 描绘了人力资源管理环节被不同类型政策工具推动的情况。

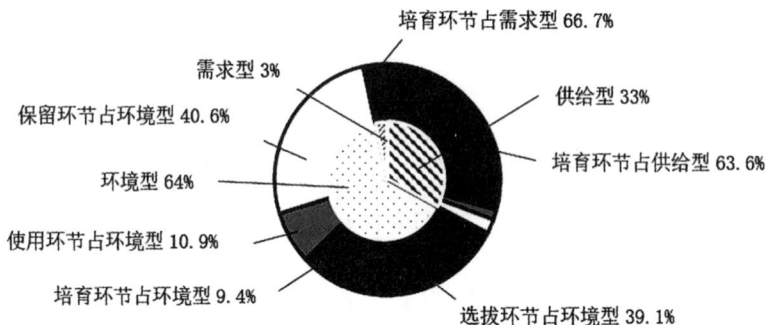

图 2-9　政策工具对人力资源管理环节的推动

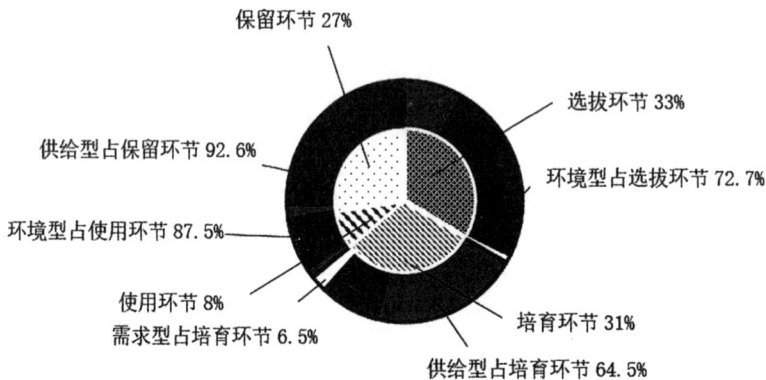

图 2-10　人力资源管理环节被政策工具推动

综合两图来看,政策工具与人力资源管理环节的互动关系呈现出以下四

① 谢青、田志龙:《创新政策如何推动我国新能源汽车产业的发展——基于政策工具与创新价值链的政策文本分析》,《科学学与科学技术管理》2015 年第 6 期。

点特征:1. 供给型政策工具与培育环节的关系密切。培育环节政策在供给型、需求型和环境型政策中各占 63.6%、66.7% 和 9.4%,同时培育环节政策中供给型政策占比达 64.5%,说明三类政策工具都对培育环节有一定的推动作用,但供给型政策工具与培育环节的关系更为密切。2. 环境型政策工具与选拔、保留环节之间联系紧密。环境型政策中选拔、保留环节政策占比分别为 39.1% 和 40.6%,而选拔、保留环节政策中环境型政策占比均超过 70%,据此可以推断出环境型政策工具在选拔和保留环节的作用量最大,且选拔和保留环节也主要受环境型政策工具的推动。3. 环境型政策工具对使用环节有较强的推动作用。由于使用环节政策数量较少,导致其在环境型政策中占比相对较低,表明环境型政策工具并未主要作用于使用环节,但人力资源管理的使用环节政策中环境型政策占比高达 87.5%,可以判断环境型政策工具对于使用环节仍有较强的推动作用。4. 需求型政策工具主要作用于培育环节,但推动力相对较弱。需求型政策中培育环节政策占比高达 66.7%,说明需求型政策工具主要作用于人力资源管理的培育环节,但由于需求型政策工具的缺位培育环节政策中需求型政策占比仅为 6.5%,导致其对培育环节推动作用相较于其他类型政策工具较弱。

五、研究结论

通过运用就业政策工具模型,对高校毕业生就业政策进行 X、Y 维度的二维分析发现,目前我国高校毕业生就业政策呈现出以下三方面的问题。

(一)政策工具体系有待完善

供给型政策工具中资金投入力度不够,科技支持缺失。首先,资金投入作为推动高校毕业生就业的物质基础,对于其他政策的持续进行与进一步发展至关重要。近年来我国经济实力逐年增强,而从 2012 年开始,我国就业补助占 GDP 比重呈现下降的趋势,由 0.6% 降至 2015 年的 0.4%。同时,我国社会保障和就业支出占 GDP 比重保持在 10% 左右,[1]与绝大多数经合组织国家占

---

① 中国国家统计局年度数据,见 http://data.stats.gov.cn/easyquery.htm? cn=C01。

比 16% 的平均水平相比,还存在很大差距。① 其次,高校毕业生就业政策领域科技支持的缺失导致毕业生从事科研工作的意愿和能力下降,以主要从事科研工作的高校毕业生群体——博士毕业生为例,自 2014 年以来,我国博士毕业生进入高等院校和科研院所的比例持续下降。受此影响,我国各领域普遍存在科技人才的匮乏现象。据 OECD 数据库统计,2016 年我国每千名职工中研究人员数仅为 2.181,与经合组织国家 8.29 的平均水平相距甚远,②这已成为制约我国科学研究的瓶颈,不符合当今社会发展的需求和趋势。

环境型政策工具中策略性措施使用过于频繁。这体现出党和国家一直以来对于就业工作的重视,处于不断探索的过程之中,也反映出政策存在连续性较差或实施效果不理想的情况,需要不断制定新的策略予以优化和完善。

需求型政策工具中服务外包、政府采购政策过少,贸易管制和海外交流政策出现空白。一方面,我国目前尚未充分利用市场和社会的力量实现就业问题的治理,这增加了政府工作的压力;另一方面,相较于市场和社会中的组织,政府在了解人才需求方面的能力有所不足。海外交流政策的缺乏会局限高校毕业生的就业渠道,不利于推动我国人才的国际化交流与互动。

(二)人力资源管理各环节政策不均衡

中央政策对高校毕业生就业工作的促进主要关注选拔、培育以及保留这三个环节,特别是选拔和培育环节,而在使用环节的政策力度不足。这体现出政府对于高校毕业生"人岗匹配"以及进行知识、技能培训的重视,同时也反映了现实中人才培育结构与产业结构错位、脱节和失衡的个别问题。基于国家统计局 2013 年至 2016 年的数据计算发现,③④我国自 2013 年以来产业人才结构总偏离度由 2.58% 升至 19.66%,这表明我国人才结构与产业结构的不协调程度逐渐加深,形成人才市场供过于求的局面。造成这一现象的原因

---

① OECD Data,见 https://data.oecd.org/gga/general-government-spending.htm。
② OECD Data,见 https://data.oecd.org/rd/researchers.htm。
③ 中国国家统计局年度数据,见 http://data.stats.gov.cn/easyquery.htm? cn=C01。
④ 杨益民:《人才结构与经济发展协调性分析的指标及应用》,《安徽大学学报(哲学社会科学版)》2007 年第 1 期。

在于政府和高校在专业设置、培养理念等方面存在不足,导致高校毕业生质量未能满足社会产业发展的需求。

使用环节的政策力度不足还反映出政府因外部环境、内部管理机制以及产出特质等客观因素造成对人才评价和反馈的阻碍,同时表明政府政策有待进一步细化。

(三)政策工具与人力资源管理环节两维度间匹配性有待加强

在政策工具和人力资源管理环节间的相互关系中,使用环节的财政援助和资金投入力度较小,使用和保留环节缺乏目标规划。由于缺乏充足的资金支持,人才分类评价体系改革难以落实,导致评价和反馈机制整体效益得不到充分发挥,同时单靠强制性命令推动构建人才分类评价指标体系缺乏长效性和动态性,在一定程度上阻碍了我国专业人才队伍的建设。同时,就业政策宏观战略规划的缺乏,使得人力资源管理的使用和保留环节不能对现实情况做出及时的反应和对未来动态进行有效的预测,政策体系及其内在逻辑不够清晰,容易导致个别政策的滞后、失衡、冲突等现象的发生。

六、政策建议

(一)健全政策工具体系

一方面,合理改善环境型政策工具,特别是那些具有模糊性、缺乏现实可行性的政策;另一方面,重视供给型、需求型工具的运用,健全高校毕业生就业政策工具体系,增强对高校毕业生就业的直接促进。

供给型政策工具中,可加大资金投入力度,填补科技支持空缺。在资金投入力度上,应出台相应政策加大高校毕业生就业资金投入力度,在拓宽资金渠道的同时,更加注重资金的合理分配,特别是向人力资源管理的使用环节倾斜。在科技支持方面,应进一步在科研条件、信息资料和科研经费等方面给予支持,充分发挥科技创新的辐射带动效应。

环境型政策工具中,减少策略性措施,增加使用、保留环节的目标规划。策略性措施的宏观性与模糊性可能导致现实可行性不足,政府相关部门要明确相关规定的详细要求,增加细化的操作性内容。同时,应抓紧制定出台人才评价、员工管理、薪酬福利和社会保障等方面的目标规划,明确各项工作的方向,引导用人单位做好各项目标达成情况统计,保证信息公开透明。

需求型政策工具中,填补贸易管制和海外交流的政策空白,增加政府采购、服务外包政策。合理选择产业进行贸易管制,既要保证就业岗位的增加,又要保证产业发展符合经济发展需求。通过推动毕业生到国际组织实习、加强与国外政策经验交流以及吸引海外学子回国就业等方式,加强海外交流。继续加强高校毕业生就业政策宣传、就业服务信息化建设、就业培训和校园招聘会等项目的政府采购、服务外包方式运用,提升全方位就业服务水平。

(二)全面综合发挥人力资源管理各环节作用

人力资源管理是一个完整的管理流程,只有对其中每个环节都予以重视,进一步提高政策的精准度,全面综合发挥各环节作用,才能真正高效地发挥其整体效益,最大限度地实现组织目标。

进一步提高选拔、培育环节政策的精准度,实现人才培育结构与产业结构的动态适配。高校应建立产业发展需求的预测机制,及时根据市场需要对专业设置和人才培养层次进行调整,同时应该根据自身实力和所在地区经济发展的具体需求合理定位,提升人才培养的质量以及和产业结构的匹配度。

要加大使用环节的政策投入力度。使用环节作为人力资源管理中必不可少的一环,用人环境决定着高校毕业生能否顺利就业的问题。首先,政府相关部门应加深对人才评价重要性的认识,重视人才队伍的建设。其次,政府相关部门应进一步推进人才评价机制改革,在对人才进行精细化分层分类的基础上,有针对性地探索科学合理、有所侧重的评价标准,运用现代化人才评价技术构建社会化的人才评价指标体系。再次,优化用人制度,解决人员流动的传统机制障碍,以能力与岗位需求相匹配为第一要件,落实单位用人自主权。这样就可以为高校毕业生打造良好的事业前景,同时给留住人提供良好的条件,真正发挥人力资源管理的效用,从而实现高校毕业生就业工作的目标。

(三)构建基于大数据的高校毕业生动态就业政策体系

在信息化的新时代背景下,伴随着人工智能技术、大数据分析的兴起,数字治理是未来我国政府治理的重要发展方向之一。面对日趋严峻的就业形势,我国政府应充分发挥政策工具的作用,强化政策工具与人力资源管理环节的匹配性,提高政策的精准度和科学性,抓紧提升高校毕业生就业领域的治理能力和公共服务水平。未来,我国国家可以利用大数据的技术手段,探索构建基于大数据的高校毕业生动态就业政策体系。第一,构建高校毕业生就业信息和政策数据库,对全国高校毕业生就业数据进行挖掘与分析。第二,搭建高校毕业生就业平台,同时接入"学生"和"用人单位"两端,通过对大量数据的分析,为双方提供精准的分析与咨询服务,实现"供给"和"需求"的平衡。第三,在采用量化方法的同时,重视府际沟通与协作,在原有的合作基础上,加强中央与地方、部委与部委之间的联系与协调,形成就业政策合作网络,据此对就业政策的效果进行追踪和反馈,不断改进、调整和完善政策体系,形成政策的动态平衡机制。

第三章　北京市大学生公共服务动机与就业倾向调查研究

第一节　大学生就业现状

在对大学生公共服务动机与就业倾向开展问卷调查之前,本书首先通过教育部官方统计数据、各高校就业数据进行了搜集、整理和分析,以了解和掌握目前我国大学生就业的现状和整体情况。

一、全国大学生就业现状

根据 2015 年至 2018 年教育部统计数据显示,2015 年全国高校应届毕业生人数达 749 万人,[1]从 2015 年至 2018 年每年毕业生人数都呈现上升趋势,到 2018 年全国高校应届毕业生人数则达 820 万人,比 2015 年毕业生人数增加了约 71 万人,2018 年也因此成为新一年"最难毕业季",如图 3-1 所示。[2]

据麦可思研究院发布的《中国大学生就业报告》显示,2015 届大学生毕业半年后的就业率为 91.7%,与 2014 届的 92.1% 和 2013 届的 91.4% 基本持平。其中,本科院校 2015 届毕业生半年后的就业率为 92.2%,高职高专院校 2015 届毕业生半年后的就业率为 91.2%。[3] 2016 届大学生毕业半年后的就业率

①　中国教育在线:《2015 高校毕业生人数 中国高校毕业生就业形势分析》,2015 年,见 http://www.eol.cn/html/c/2015gxbys/。

②　中华人民共和国教育部:《2018 年高校毕业生将达 820 万》,2018 年 2 月 27 日,见 http://www.moe.gov.cn/jyb_xwfb/s5147/201802/t20180227_327862.html。

③　中国社会科学网:《[报告精读]就业蓝皮书:2016 年中国大学生就业报告》,2016 年 6 月 23 日,见 http://ex.cssn.cn/dybg/gqdy_sh/201606/t20160623_3081988.shtml。

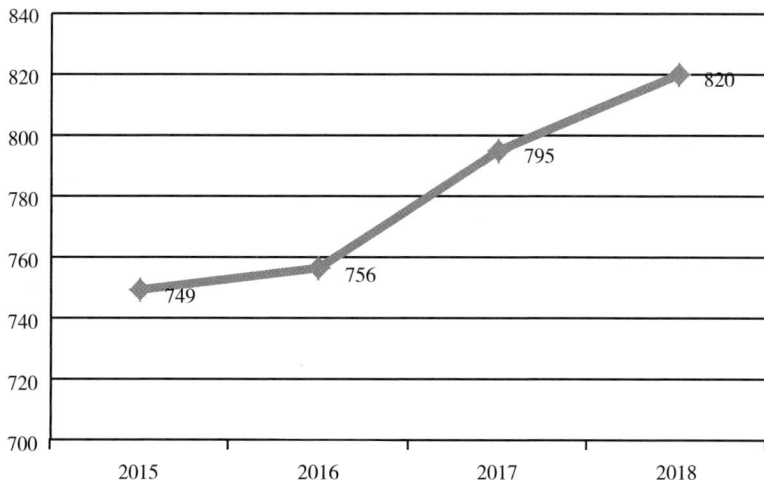

图 3-1　2015—2018 年全国高校应届毕业生人数

为 91.6%,与 2015 届的 91.7% 和 2014 届的 92.1% 基本持平。其中,本科院校 2016 届毕业生半年后的就业率为 91.8%,高职高专院校 2016 届毕业生半年后的就业率为 91.5%。[①] 2017 届大学生毕业半年后的就业率为 91.9%,与 2016 届、2015 届基本持平。其中,本科院校 2017 届毕业生半年后的就业率为 91.6%,与 2016 届基本持平;高职高专院校 2017 届毕业生半年后的就业率为 92.1%,比 2016 届略高,2017 届高职高专就业率首次超过本科。2018 届大学生毕业半年后的就业率为 91.5%,与 2017 届的 91.9% 基本持平。其中,本科院校 2018 届毕业生半年后的就业率为 91.0%,较 2017 届的 91.6% 下降 0.6 个百分点;高职高专院校 2018 届毕业生半年后的就业率为 92.0%,与 2017 届基本持平,2018 届高职高专就业率再次超过本科。[②] 总体上看,近四年大学毕业生就业率较为稳定,全国大学生毕业半年后就业率如图 3-2 所示。

---

① 光明日报:《二〇一七年中国大学生就业报告发布》,2017 年 6 月 14 日,见 http://news. eastday.com/eastday/13news/auto/news/china/20170614/u7ai6849136. html。

② 新华社:《就业蓝皮书:2018 届大学毕业生就业率为 91.5%》,2019 年 6 月 11 日,见 http://www.xinhuanet.com/2019-06/11/c_1210156279. htm。

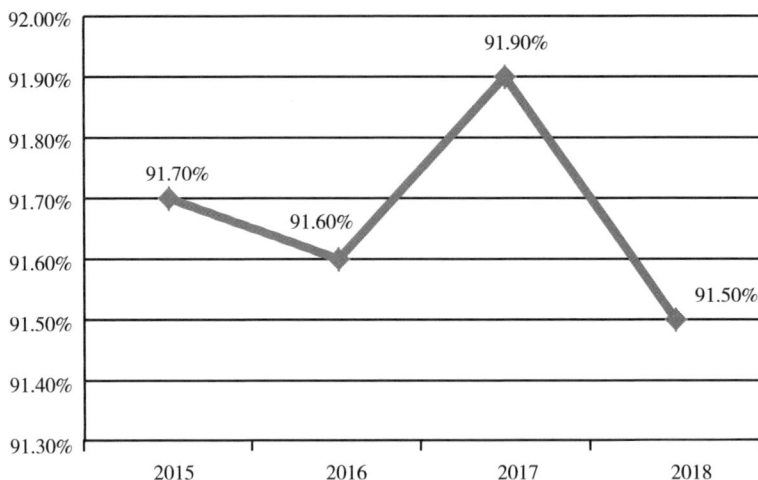

图3-2　2015—2018年全国大学生毕业半年后就业率

二、2016—2018年北京市大学生就业形势

本书总结了2016年至2018年三年来北京大学生的总体就业形势,包括各学历层次毕业生毕业去向与就业单位性质情况,并选取了具有代表性的北京市高校,包括北京大学、清华大学、中国人民大学以及特色院校代表北京外国语大学和北京理工大学,总结其2017年、2018年毕业生就业形势。

(一)2016年北京市大学生就业形势

1. 毕业生毕业去向

2016年北京地区高校应届毕业生人数达229002人。其中,专科(含高职)毕业生36032人(15.7%),本科毕业生118147人(51.6%),硕士毕业生61599人(26.9%),博士毕业生13224人(5.8%),总体就业率为97.39%。具体而言,已就业人数为169983人,已就业率74.23%;选择继续深造的共53031人,深造率23.16%。各学历层次毕业生的就业率均保持较高水平,如表3-1所示。其中,985、211高校与普通高校的就业率差距较小。但从选择深造的人数比例来看,985、211高校的毕业生比例高于普通高校的毕业生;从已落实就业的毕业生方面来看,985、211高校的毕业生在落实工作的满意度、落实工作与期望相符合情况、获得相关社会保障情况方面,普遍高于普通高校的毕业生。

表3-1　2016年北京地区高校各学历层次毕业生毕业去向

学历层次	深造		已就业		未落实		合计		就业率
	人数	%	人数	%	人数	%	人数	%	
专科	3225	8.95	32059	88.97	748	2.08	36032	100.00	97.92%
本科	42938	36.34	71736	60.72	3473	2.94	118147	100.00	97.06%
硕士	4401	7.15	55785	90.56	1413	2.29	61599	100.00	97.71%
博士	2467	18.65	10403	78.67	354	2.68	13224	100.00	97.32%
总体	53031	23.16	169983	74.23	5988	2.61	229002	100.00	97.39%

2. 就业单位类型分布

2016届北京地区高校毕业生就业以企业、机关和事业单位为主。2016届北京地区高校毕业生去各类型企业就业的人数为108368人,占毕业生总人数的比例为63.8%;毕业生去机关就业的人数为11284人,比例为6.6%;毕业生去事业单位就业的人数为25277人,比例为14.9%,如图3-3所示。①

(二)2017年北京市大学生就业形势

1. 北京总体情况

(1)毕业生毕业去向

从2016年至2017年北京高校毕业生人数呈现上升趋势,到2017年北京高校应届毕业生人数则达230290人,比2016年毕业生人数增加了1288人。其中,专科(含高职)毕业生34055人(14.79%),本科毕业生119087人(51.71%),硕士毕业生63268人(27.47%),博士毕业生13880人(6.03%),总体就业率为97.46%,与2016年的97.39%基本持平。具体而言,已就业167055人,已就业率72.54%;深造57384人,深造率24.92%,如表3-2所示。

① 北京市教育委员会:《2016年北京地区高校毕业生就业质量年度报告》,2017年1月12日,见http://www.chinakaoyan.com/info/article/id/151181.shtml。

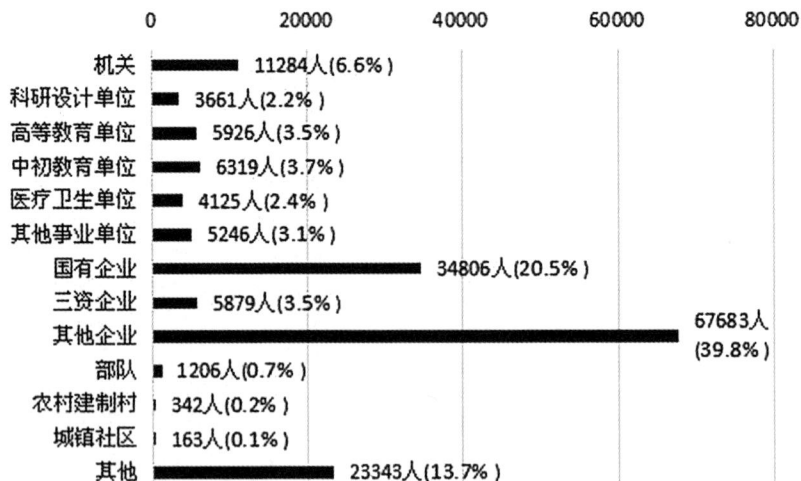

图 3-3　2016 年北京地区高校毕业生落实就业单位类型分布

北京地区部分普通高校毕业生毕业去向如表 3-3 所示。其中,985、211 高校与普通高校的就业率差距仍然较小。但从选择深造的人数比例来看,985、211高校的毕业生比例仍高于普通高校的毕业生;从已落实就业的毕业生方面来看,985、211 高校的毕业生在落实工作的满意度、落实工作与期望相符合情况、获得相关社会保障情况方面,虽仍然普遍高于普通高校的毕业生,但较2016 年有所缩小。

表 3-2　2017 年北京地区高校各学历层次毕业生毕业去向

学历层次	毕业生总数	深造		已就业		未落实		就业率
		人数	%	人数	%	人数	%	%
专科	34055	3182	9.34	30289	88.94	584	1.72	98.28%
本科	119087	46422	38.98	69065	58.00	3600	3.02	96.98%
硕士	63268	4919	7.77	57015	90.12	1334	2.11	97.89%
博士	13880	2861	20.61	10686	76.99	333	2.40	97.60%
总体	230290	57384	24.92	167055	72.54	5851	2.54	97.46%

表 3-3　2017 年北京地区部分普通高校毕业生毕业去向

（截至 2017 年 10 月 31 日毕业生就业信息库数据）

学校名称	毕业生人数	深造	已就业	未落实	就业率
	（人）	（人）	（人）	（人）	%
北京大学	9492	3462	5882	148	98.44%
清华大学	7062	3106	3816	140	98.02%
中国人民大学	7227	2456	4652	119	98.35%
北京外国语大学	1996	600	1294	102	94.89%
北京理工大学	7542	2738	4674	130	98.28%
国际关系学院	756	265	433	58	92.33%
外交学院	610	197	398	15	97.54%

（2）就业单位类型分布

92 所普通高校毕业生就业仍然以企业、机关和事业单位为主。2017 届北京地区高校毕业生去各类型企业就业的人数为 102166 人，占毕业生总人数的比例为 61.16%，较 2016 届的 63.8% 略有下降；毕业生去机关就业的人数为 11145 人，比例为 6.67%，较 2016 届的 6.6% 略有上升；毕业生去事业单位就业的人数为 25933 人，比例为 15.52%，较 2016 届的 14.9% 略有上升，如图 3-4 所示。[1]

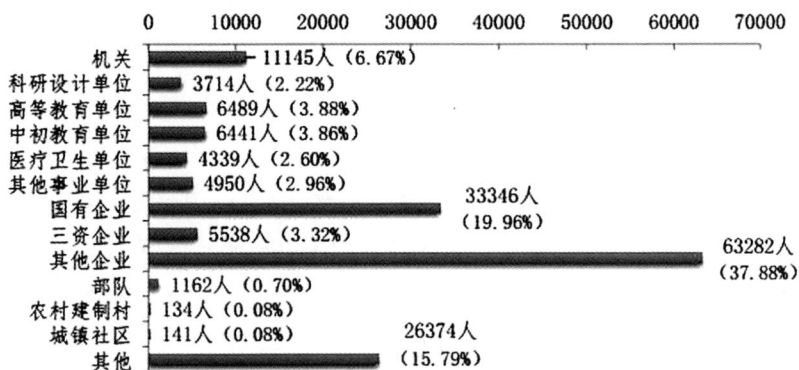

图 3-4　2017 年北京地区高校毕业生落实就业单位类型分布

---

① 北京市教育委员会：《2017 年北京地区高校毕业生就业质量年度报告》，2018 年 1 月 8 日，见 http://www.zizzs.com/c/201801/21296.html。

2. 部分高校具体情况

（1）北京大学

北京大学校本部 2017 届毕业生人数为 7462 人，较 2016 届的 7590 人略有下降，其中本科生为 2645 人，硕士生为 3604 人，博士生为 1213 人。北京大学校本部 2017 届就业率为 98.85%，较 2016 届的 97.97% 略有上升，其中国内升学比例为 20.37%，出国（境）留学比例为 15.64%，毕业后就业比例为 62.84%。具体而言，2017 年北京大学校本部各学历层次毕业生毕业去向情况与 2016 届基本一致，本科毕业生依然是以升学为主，选择在国内升学和出国留学深造的本科生合计为 75.2%，实际签约就业协议的本科毕业生仅为 14%，而北大校本部的就业主体大多数都是硕士研究生和博士研究生，如表 3-4 所示。

表 3-4　2017 年北京大学各学历层次毕业生毕业去向

毕业生类别	升学		就业		未就业		毕业生总数	就业率
	出国深造	国内升学	签约就业	灵活就业	拟深造	待就业		
本科	816	1172	370	236	40	11	2645	98.07%
硕士	197	126	2981	275	14	11	3604	99.31%
博士	154	222	734	93	6	4	1213	99.18%
合计	1167	1520	4085	604	60	26	7462	98.85%
比例	15.64%	20.37%	54.74%	8.09%	0.80%	0.35%		

2017 年，北京大学校本部共有 2421 名毕业生与用人单位签订三方协议，较 2016 届的 2761 名略有下降。从签约就业单位性质来看，到各类企业就业的毕业生比例达到 52.34%（其中以国有企业为主，占 30.44%，民营企业占 11.90%，三资企业占 8.84%），较 2016 届的 56.79% 略有下降；到机关和其他事业单位工作的毕业生占签约人数的 25.40%，较 2016 届的 24.27% 略有上升，如表 3-5 所示。①②

①　北京大学学生就业指导服务中心：《北京大学 2016 年毕业生就业质量年度报告》，2016 年 12 月 31 日，见 https://scc.pku.edu.cn/news_ff808081593fe07701596e358a19129c_1.html。

②　北京大学学生就业指导服务中心：《北京大学 2017 年毕业生就业质量年度报告》，2017 年 12 月 31 日，见 https://scc.pku.edu.cn/news_ff8080815fec2bed0160ab3ad97c7cb0_1.html。

表 3-5　2017 年北京大学毕业生就业单位性质

单位性质		总计		本科		硕士		博士	
		人数	比例	人数	比例	人数	比例	人数	比例
公共部门	国有企业	737	30.44%	30	22.90%	628	35.93%	79	14.58%
	高等教育单位	276	11.40%	0	0%	67	3.83%	209	38.56%
	其他事业单位	210	8.67%	2	1.53%	177	10.13%	31	5.72%
	机关	405	16.73%	32	24.43%	317	18.14%	56	10.33%
非公共部门	三资企业	214	8.84%	16	12.21%	176	10.07%	22	4.06%
	民营企业	288	11.90%	34	25.95%	230	18.14%	24	4.43%
	其他企业	28	1.16%	3	2.29%	22	1.26%	3	0.55%

调查发现受访用人单位在招聘过程中,对毕业生基本条件有不同程度的侧重。用人单位对毕业生的个人能力、所学专业、性格特点、道德修养等因素均较为重视。这体现出用人单位重视对于学生综合素质的考量,除了个人能力和学业表现之外,也更加关注学生的道德素质和品质修养等。德才兼备成为用人单位招聘人才的重要标准。

(2)清华大学

清华大学 2017 届毕业生共 7058 人,较 2016 届的 7184 人略有下降,其中本科生为 3119 人,硕士生为 2554 人,博士生为 1385 人。清华大学 2017 届毕业生就业率为 98.4%,与 2016 届的 98.5%基本持平,其中国内升学比例为 28.5%,出国(境)深造比例为 17.0%,签三方就业比例为 39.3%,灵活就业比例为 13.6%。本科、硕士和博士毕业生就业率分别为 98.3%、98.6%和 98.0%,与 2016 届情况基本一致,如表 3-6 所示。

表 3-6　2017 年清华大学各学历层次毕业生毕业去向

毕业去向		本科生		硕士生		博士生		总体	
		人数	比例	人数	比例	人数	比例	人数	比例
深造	国内	1552	53.7%	63	2.6%	274	21.1%	1889	28.5%
	出国(境)	813	28.2%	153	6.3%	157	12.1%	1123	17.0%
就业	签三方就业	147	5.1%	1699	69.7%	756	58.3%	2602	39.3%
	灵活就业	328	11.4%	488	20.0%	83	6.4%	899	13.6%
未就业	拟继续深造	34	1.2%	8	0.3%	6	0.5%	48	0.7%
	待就业	12	0.4%	11	0.5%	9	0.7%	32	0.5%
	去向未定	2	0.1%	14	0.6%	11	0.8%	27	0.4%
合计		2888	100.0%	2436	100.0%	1296	100.0%	6620	100.0%
就业率		98.3%		98.6%		98.0%		98.4%	

注:上表统计分析不包含定向和委培毕业生。

清华大学 2017 届毕业生签三方就业的单位依然以企业为主,达签三方就业人数的 66.8%,较 2016 届的 64.6% 略有上升,其中国有企业占 32.3%,较 2016 届的 35.6% 略有下降。高校和科研及其他事业单位占比为 22.6%,较 2016 届的 25.2% 略有下降;党政机关比例为 10.4%,与 2016 届的 10.1% 基本持平,如表 3-7 所示。①②

---

①　清华大学学生职业发展指导中心:《清华大学 2016 年毕业生就业质量报告》,2016 年 12 月 28 日,见 http://career. tsinghua. edu. cn/publish/career/8155/2016/20161228170644172747343/20161228170644172747343_.html。

②　清华大学学生职业发展指导中心:《清华大学 2017 年毕业生就业质量报告》,2017 年 12 月 28 日,见 http://career. tsinghua. edu. cn/publish/career/8155/2017/20171228092955391739747/20171228092955391739747_.html。

表 3-7　2017 年清华大学毕业生就业单位性质

单位性质		本科生		硕士生		博士生		总计	
		人数	比例	人数	比例	人数	比例	人数	比例
公共部门	国有企业	44	29.9%	636	37.4%	161	21.3%	841	32.3%
	党政机关	17	11.6%	180	10.6%	74	9.8%	271	10.4%
	高等院校	0	0.0%	33	1.9%	168	22.2%	201	7.7%
	科研单位	2	1.4%	110	6.5%	132	17.5%	244	9.4%
	其他事业单位	3	2.0%	98	5.8%	43	5.7%	144	5.5%
非公共部门	民营企业	78	53.1%	541	31.8%	147	19.4%	766	29.4%
	外资企业	3	2.0%	98	5.8%	29	3.8%	130	5.0%
	部队	0	0.0%	3	0.2%	2	0.3%	5	0.2%
合计		147	100%	1699	100%	756	100%	2602	100%

（3）中国人民大学

中国人民大学 2017 届毕业生共计 7203 人，较 2016 届的 6673 人有所上升，其中本科及第二学士学位毕业生为 3045 人，硕士毕业生为 3400 人，博士毕业生为 758 人。中国人民大学 2017 届毕业生总体就业率为 98.56%，与 2016 届的 98.55% 基本持平，其中国内升学比例为 18.83%，出国（境）深造比例为 15.27%，直接工作的比例为 64.46%。本科及第二学士学位毕业生、硕士毕业生、博士毕业生的就业率分别为 97.14%、99.56%、99.74%，与 2016 届情况基本一致，如表 3-8 所示。

表 3-8　2017 年中国人民大学各学历层次毕业生毕业去向

学历	就业			未就业			就业率
	工作	升学	出国	拟出国	拟升学	待就业	
本科	31.79%	33.43%	31.92%	0.10%	2.13%	0.62%	97.14%
硕士	88.68%	7.35%	3.53%	0.09%	0.09%	0.26%	99.56%
博士	87.07%	11.61%	1.06%	0.00%	0.00%	0.26%	99.74%

续表

学历	就业			未就业			就业率
	工作	升学	出国	拟出国	拟升学	待就业	
总计	64.46%	18.83%	15.27%	0.08%	0.94%	0.42%	98.56%

中国人民大学 2017 届毕业生进入党政机关(19.17%)、事业单位(20.10%)和国有企业(27.37%)就业的比例合计为 66.64%,占所有就业学生的三分之二,较 2016 届的 70.54% 略有下降。博士毕业生进入高校比例最高,为 46.52%;硕士毕业生进入国有企业比例最高,为 32.90%;本科毕业生进入民营企业比例最高,为 32.02%,与 2016 届情况基本一致,如表 3-9 所示。①②

表 3-9　2017 年中国人民大学毕业生就业单位性质

单位性质		本科	硕士	博士	总计
公共部门	党政机关	11.78%	21.76%	18.18%	19.17%
	高校	0.52%	3.15%	46.52%	8.77%
	科研单位	0.62%	1.96%	5.00%	2.11%
	其他事业单位	3.00%	11.41%	8.33%	9.22%
	国有企业	19.32%	32.90%	13.94%	27.37%
非公共部门	三资企业	7.13%	5.70%	0.91%	5.32%
	民营企业	32.02%	20.60%	6.36%	20.96%
	部队	9.92%	0.00%	0.00%	2.07%
	自由职业	14.98%	2.02%	0.15%	4.46%
	自主创业	0.72%	0.50%	0.61%	0.56%

①　中国人民大学学生就业创业指导中心:《中国人民大学 2016 届毕业生就业质量报告》,2016 年 12 月,见 http://wk.yingjiesheng.com/v-000-020-612.html。

②　中国人民大学学生就业创业指导中心:《中国人民大学 2017 届毕业生就业质量报告》,2017 年 12 月,见 http://www.chinakaoyan.com/info/article/id/247631.shtml。

（4）北京外国语大学

北京外国语大学 2017 届毕业生总数为 1996 人，较 2016 届的 1897 人有所上升，其中本科毕业生 1154 人，硕士毕业生 765 人，博士毕业生 77 人。北京外国语大学 2017 届毕业生总体就业率为 94.89%，较 2016 届的 95.99% 略有下降，具体而言，本科毕业生、硕士毕业生、博士毕业生的就业率分别为 94.71%、95.04%、96.11%，与 2016 届情况基本一致；2017 届北京外国语大学各学历层次毕业生毕业去向情况也与 2016 届基本一致，本科毕业生毕业去向仍以升学和就业为主，分别占 47.31%、47.4%，硕士生和博士生以就业为主，分别占 88.24%、93.51%，如表 3-10 所示。

表 3-10　2017 年北京外国语大学各学历层次毕业生毕业去向

毕业生类别	升学		就业		未就业		毕业生总数	就业率
	国内升学	出国深造	签署三方协议	灵活就业	求职中	拟深造		
本科	217	329	218	329	27	34	1154	94.71%
硕士	14	38	333	342	36	2	765	95.03%
博士	2	0	69	3	3	0	77	96.10%
合计	233	367	620	674	66	36	1996	94.89%

从签约单位性质分布来看，北京外国语大学 2017 届毕业生落实就业比例较高的单位性质依次为：其他企业（民营/私营企业等）、国有企业、机关。其中，2017 届毕业生进入其他企业（民营/私营企业等）占 24.27%，较 2016 届的 23.2% 略有上升；国有企业占 20.63%，较 2016 届的 23.3% 有所下降；机关占 13.37%，较 2016 届的 15.8% 有所下降，如表 3-11 所示。①②

---

① 北京外国语大学就业创业中心：《北京外国语大学 2016 年毕业生就业质量报告》，2016 年 12 月 31 日，见 https://jyzd.bfsu.edu.cn/front/showContent.jspa? channelId = 830&contentId = 113614&parentId = 974。

② 北京外国语大学就业创业中心：《北京外国语大学 2017 年毕业生就业质量报告》，2017 年 12 月 31 日，见 https://jyzd.bfsu.edu.cn/front/showContent.jspa? channelId = 830&contentId = 113714。

表 3-11 2017 年北京外国语大学毕业生就业单位性质

单位性质		总体	本科生	硕士生	博士生
公共部门	国有企业	20.63%	19.01%	24.00%	1.39%
	机关	13.37%	12.80%	14.81%	4.17%
	高等教育单位	9.35%	1.65%	7.11%	88.89%
	其他事业单位	5.10%	3.66%	6.67%	1.39%
	中初教育单位	4.48%	0.91%	7.85%	—
	科研设计单位	0.62%	—	1.04%	1.39%
非公共部门	其他企业（民营/私营企业等）	24.27%	30.90%	21.33%	1.39%
	三资企业	9.20%	13.71%	6.52%	—
	其他	12.91%	17.18%	10.67%	1.39%

（5）北京理工大学

北京理工大学 2017 届共有各类毕业生 7542 人,较 2016 届的 7445 人略有上升,其中,本科生毕业生 3761 人,硕士毕业生 2818 人,博士毕业生 553 人,高职生 410 人。北京理工大学 2017 届毕业生总体就业率为 98.28%,与 2016 届的 98.08% 基本持平。具体而言,本科毕业生、硕士毕业生、博士毕业生、高职毕业生的就业率分别为 97.90%、98.86%、97.83%、98.29%,与 2016 届情况基本一致;2017 届北京理工大学各学历层次毕业生毕业去向情况也与 2016 届基本一致,本科毕业生毕业去向仍以升学为主,占 65.01%,硕士生和博士生以就业为主,共占 90.77%,如表 3-12 所示。

表 3-12 2017 年北京理工大学各学历层次毕业生毕业去向

	总人数	国内升学	出国	签就业协议	签劳动合同	参军入伍	自主创业	灵活就业	就业率
本科	3761	1623	822	364	366	6	26	475	97.90%
硕士	2818	105	57	1623	923	0	16	62	98.86%
博士	553	70	18	388	44	0	1	20	97.83%

续表

	总人数	国内升学	出国	签就业协议	签劳动合同	参军入伍	自主创业	灵活就业	就业率
高职	410	42	1	356	0	0	0	4	98.29%

北京理工大学 2017 届毕业生就业单位以国有企业和其他企业为主,与 2016 届的情况基本一致。其中,本科生到国有企业就业的人数最多,占 32.37%,较 2016 届的 33.65% 略有下降;硕士和博士研究生就业单位为国有企业的人数依然最多,显著多于本科生,占 40.13%,较 2016 届的 31.20% 上升较多,如表 3-13 所示。①②

表 3-13　2017 年北京理工大学毕业生就业单位性质

单位性质		本科生	研究生
公共部门	国有企业	32.37%	40.13%
	医疗卫生单位	0.08%	0.03%
	科研设计单位	1.32%	5.88%
	中初教育单位	3.06%	1.18%
	高等教育单位	3.30%	6.44%
	机关	3.47%	4.05%
	其他事业单位	4.05%	1.60%
非公共部门	三资企业	6.19%	4.18%
	其他企业	30.64%	35.13%
	部队	6.94%	1.28%
	其他	8.58%	0.10%

---

① 北京理工大学招生就业工作处:《关于发布〈北京理工大学 2016 年毕业生就业质量年度报告〉的通知》,2016 年 12 月 30 日,见 http://www.bit.edu.cn/tzgg17/ggxx/135954.htm。

② 北京理工大学招生就业工作处:《关于发布〈北京理工大学 2017 年毕业生就业质量年度报告〉的通知》,2017 年 12 月 31 日,见 http://www.bit.edu.cn/tzgg17/ggxx/149967.htm。

（三）2018 年北京市大学生就业形势

1. 北京总体情况

（1）毕业生毕业去向

2017 年至 2018 年北京高校毕业生人数持续上升，2018 年北京地区高校应届毕业生人数达到 226271 人，其中专科（含高职）毕业生 29525 人（13.05%），本科生毕业生 118287 人（52.28%），硕士毕业生 64207 人（28.37%），博士生毕业生 14252 人（6.3%），总体就业率为 96.64%。具体而言，已就业 161255 人，已就业率 71.27%；深造 57409 人，深造率 25.37%，如表 3-14 所示。其中，专科、本科、硕士与博士的就业率差距较小。但从选择深造的人数比例来看，本科、博士毕业生比例高于专科、硕士毕业生；从已落实就业的毕业生方面来看，博士毕业生在落实工作的满意度、专业与岗位相关度、对工作发展空间的评分、获得相关社会保障情况方面，普遍高于其他学历的毕业生。且除获得相关社会保障情况随学历的提升而增加之外，专科、本科、硕士毕业生在其他三方面差距较小。从总体上看，2018 届北京地区高校毕业生就业率与 2017 届（97.46%）、2016 届（97.39%）基本持平，北京地区高校毕业生就业率较为稳定，高于全国大学生毕业半年后就业率，就业水平较高。

表 3-14   2018 年北京地区高校各学历层次毕业生毕业去向

学历层次	毕业生总数	深造		已就业		未落实		就业率
		人数	%	人数	%	人数	%	
专科	29525	2992	10.14	25534	86.48	999	3.38	96.62%
本科	118287	45862	38.77	67660	57.20	4765	4.03	95.97%
硕士	64207	5398	8.41	57347	89.31	1462	2.28	97.72%
博士	14252	3157	22.15	10714	75.18	381	2.67	97.33%
总体	226271	57409	25.37	161255	71.27	7607	3.36	96.64%

（2）就业单位类型分布

2018 届毕业生就业仍然以企业、机关和事业单位为主。2018 届北京地区高校毕业生去各类型企业就业的人数为 100901 人,占毕业生总人数的比例为 62.58%,较 2017 届的 61.16% 略有上升;毕业生去机关就业的人数为 9770 人,比例为 6.06%,较 2017 届的 6.67% 略有下降;毕业生去事业单位就业的人数为 25160 人,比例为 15.6%,较 2017 届的 15.52% 略有上升,如图 3-5 所示。①

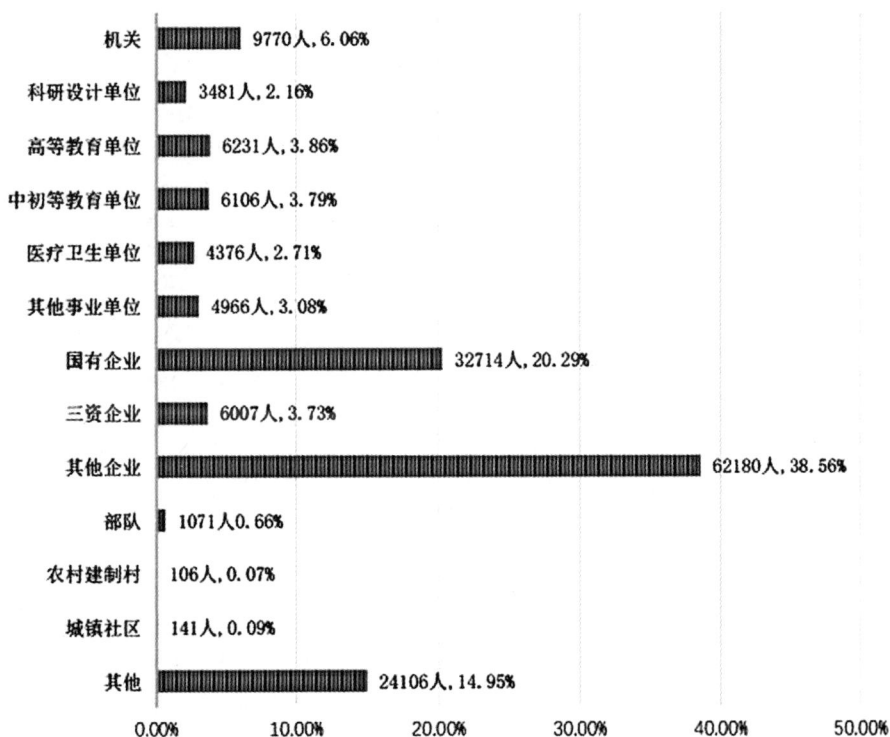

图 3-5　2018 年北京地区高校毕业生落实就业单位类型分布

2. 部分高校具体情况

(1)北京大学

北京大学校本部 2018 届毕业生人数为 7548 人,较 2017 届的 7462 人略有上升,其中本科生为 2693 人,硕士生为 3614 人,博士生为 1241 人。北京大

―――――――――

① 北京市教育委员会:《2018 年北京地区高校毕业生就业质量年度报告》,2019 年 1 月 9 日,见 http://jw.beijing.gov.cn/xxgk/zxxxgk/201812/t20181229_66964.html。

学校本部 2018 届就业率为 98.81%,与 2017 届的 98.85% 基本持平,其中国内升学比例为 20.11%,出国(境)留学比例为 15.21%,毕业后就业比例为 63.48%。具体而言,2018 年北京大学校本部各学历层次毕业生毕业去向情况与 2017 届基本一致,本科毕业生依然是以升学为主,选择在国内升学和出国留学深造的本科生合计为 74.49%,实际签约就业协议的本科毕业生仅为 5.24%,较 2017 届的 14% 下降幅度较大,就业依然以硕士研究生和博士研究生为主体,如表 3-15 所示。

表 3-15　2018 年北京大学各学历层次毕业生毕业去向

毕业生类别	升学		就业		未就业		毕业生总数	就业率
	出国深造	国内升学	签约就业	灵活就业	拟深造	待就业		
本科	817	1189	141	493	52	1	2693	98.03%
硕士	197	108	1893	1389	11	16	3614	99.25%
博士	134	221	596	280	5	5	1241	99.19%
合计	1148	1518	2630	2162	68	22	7548	98.81%
比例	15.21%	20.11%	34.84%	28.64%	0.90%	0.30%		

2018 年,北京大学校本部共有 2630 名毕业生与用人单位签订三方协议,较 2017 届的 2421 名略有上升。从签约就业单位性质来看,到各类企业就业的毕业生比例达到 54.11%(其中以国有企业为主,占 28.78%,民营企业占 11.49%,三资企业占 13.84%),较 2017 届的 52.34% 略有上升;到机关和其他事业单位工作的毕业生占签约人数的 43.58%,较 2017 届的 25.40% 上升幅度较大,如表 3-16 所示。①②

---

① 北京大学学生就业指导服务中心:《北京大学 2017 年毕业生就业质量年度报告》,2017 年 12 月 31 日,见 https://scc.pku.edu.cn/news_ff8080815fec2bed0160ab3ad97c7cb0_1.html。

② 北京大学学生就业指导服务中心:《北京大学 2018 年毕业生就业质量年度报告》,2018 年 12 月 31 日,见 https://scc.pku.edu.cn/news_ff80808167aa80d6016804fb2abc2ce2_1.html。

表 3-16 2018 年北京大学毕业生就业单位性质

单位性质		总计		本科		硕士		博士	
		人数	比例	人数	比例	人数	比例	人数	比例
公共部门	国有企业	757	28.78%	21	14.89%	646	34.13%	90	15.10%
	高等教育单位	265	10.08%	1	0.71%	64	3.38%	200	33.56%
	其他事业单位	150	5.70%	6	4.26%	126	6.66%	18	3.02%
	机关	541	20.57%	35	24.82%	425	22.45%	81	13.59%
非公共部门	三资企业	364	13.84%	31	21.99%	285	15.06%	48	8.05%
	民营企业	302	11.49%	30	21.28%	225	11.89%	47	7.89%

（2）清华大学

清华大学 2018 届毕业生共 7243 人,较 2017 届的 7058 人略有上升,其中本科生为 3239 人,硕士生为 2518 人,博士生为 1486 人。清华大学 2018 届毕业生就业率为 99.0%,与 2017 届的 98.4%基本持平,其中国内升学比例为 28.5%,出国(境)深造比例为 16.5%,签三方就业比例为 39.4%,灵活就业比例为 14.7%。本科、硕士和博士毕业生就业率分别为 98.8%、99.3%和 98.9%,与 2017 届情况基本一致,如表 3-17 所示。

表 3-17 2018 年清华大学各学历层次毕业生毕业去向

毕业去向		本科生		硕士生		博士生		总体	
		人数	比例	人数	比例	人数	比例	人数	比例
深造	国内	1574	52.0%	87	3.5%	324	22.2%	1985	28.5%
	出国(境)	796	26.3%	166	6.7%	184	12.6%	1146	16.5%
就业	签三方就业	202	6.7%	1698	68.6%	839	57.5%	2739	39.4%
	灵活就业	417	13.8%	507	20.5%	96	6.6%	1020	14.7%
未就业	拟继续深造	25	0.8%	6	0.2%	4	0.3%	35	0.5%
	待就业	10	0.3%	2	0.1%	3	0.2%	15	0.2%
	去向未定	1	0.0%	10	0.4%	9	0.6%	20	0.3%

续表

毕业去向	本科生		硕士生		博士生		总体	
	人数	比例	人数	比例	人数	比例	人数	比例
合计	3025	100.0%	2476	100.0%	1459	100.0%	6960	100.0%
就业率	98.8%		99.3%		98.9%		99.0%	

＊注：上表统计分析不包含定向和委培毕业生。

清华大学 2018 届毕业生签三方就业的单位仍以企业为主，达到签三方就业人数的 67.1%，与 2017 届的 66.8% 基本持平，其中民营企业占 31.8%，较 2017 届的 29.4% 略有上升。高校和科研及其他事业单位占比为 21.0%，较 2017 届的 22.6% 略有下降；党政机关的比例为 11.5%，较 2017 届的 10.4% 略有上升，如表 3-18 所示。①②

表 3-18　2018 年清华大学毕业生就业单位性质

单位性质		本科生		硕士生		博士生		总计	
		人数	比例	人数	比例	人数	比例	人数	比例
公共部门	国有企业	44	29.9%	636	37.4%	161	21.3%	841	32.3%
	党政机关	12	5.9%	221	13.0%	83	9.9%	316	11.5%
	高等院校	9	4.5%	28	1.6%	192	22.9%	229	8.4%
	科研单位	0	0.0%	67	3.9%	116	13.8%	183	6.7%
	其他事业单位	16	7.9%	111	6.5%	37	4.4%	164	6.0%

---

① 清华大学学生职业发展指导中心：《清华大学 2017 年毕业生就业质量报告》，2017 年 12 月 28 日，见 http://career. tsinghua. edu. cn/publish/career/8155/2017/20171228092955391739747/20171228092955391739747_.html。

② 清华大学学生职业发展指导中心：《清华大学 2018 年毕业生就业质量报告》，2018 年 12 月 29 日，见 http://career. tsinghua. edu. cn/publish/career/8155/2018/20181229152930661582729/20181229152930661582729_.html。

续表

单位性质		本科生		硕士生		博士生		总计	
		人数	比例	人数	比例	人数	比例	人数	比例
非公共部门	民营企业	93	46.0%	617	36.3%	161	19.2%	871	31.8%
	外资企业	18	8.9%	92	5.4%	37	4.4%	147	5.4%
	国际组织	0	0.0%	1	0.1%	1	0.1%	2	0.1%
	部队	0	0.0%	4	0.2%	4	0.5%	8	0.3%
合计		202	100%	1698	100%	839	100%	2739	100%

（3）中国人民大学

中国人民大学 2018 届毕业生共计 6799 人，较 2017 届的 7203 人有所下降，其中本科及毕业生为 2415 人，硕士毕业生为 3601 人，博士毕业生为 783 人。中国人民大学 2018 届毕业生总体就业率为 98.62%，与 2017 届的 98.56% 基本持平，其中国内升学比例为 18.12%，出国（境）深造比例为 12.25%，直接工作的比例为 68.25%。本科毕业生、硕士毕业生、博士毕业生的就业率分别为 97.02%、99.42%、99.87%，与 2017 届情况基本一致，如表 3-19 所示。

表 3-19　2018 年中国人民大学各学历层次毕业生毕业去向

学历	就业			未就业			就业率
	工作	升学	出国	拟出国	拟升学	待就业	
本科	32.67%	34.53%	29.81%	0.54%	2.24%	0.21%	97.02%
硕士	88.11%	8.41%	2.89%	0.06%	0.28%	0.25%	99.42%
博士	86.59%	12.13%	1.15%	0.00%	0.00%	0.13%	99.87%
总计	68.25%	18.12%	12.25%	0.22%	0.94%	0.22%	98.62%

中国人民大学 2018 届毕业生进入党政机关（17.20%）、事业单位（含高校、科研单位和其他事业单位，共计 21.08%）和国有企业（27.67%）就业的比例合计为 65.95%，占所有就业学生的三分之二，与 2017 届的 66.64% 基本持

平。其中,博士毕业生进入高校比例最高,为48.67%;硕士毕业生进入国有企业比例最高,为33.91%;本科毕业生进入民营企业比例最高,为34.98%,与2017届情况基本一致,如表3-20所示。[1][2]

表3-20 2018年中国人民大学毕业生就业单位性质

单位性质		本科	硕士	博士
公共部门	党政机关	7.73%	20.04%	14.90%
	高校	3.55%	3.15%	48.67%
	科研单位	1.14%	1.67%	7.82%
	其他事业单位	2.53%	10.27%	8.70%
	国有企业	15.08%	33.91%	13.13%
非公共部门	三资企业	7.73%	6.71%	1.18%
	民营企业	34.98%	21.94%	4.28%
	部队	7.48%	0.25%	0.44%
	自由职业	18.88%	1.54%	0.59%
	自主创业	0.89%	0.50%	0.29%

(4)北京外国语大学

北京外国语大学2018届毕业生共有2095人,较2017届的1996人有所上升,其中本科毕业生1219人,硕士毕业生795人,博士毕业生81人。北京外国语大学2018届毕业生总体就业率为96.85%,较2017届的94.89%有所上升。具体而言,本科毕业生、硕士毕业生、博士毕业生的就业率分别为96.55%、97.23%、97.53%,与2017届情况基本一致;2018届北京外国语大学各学历层次毕业生毕业去向情况也与2017届基本一致,本科毕业生毕业去向仍以升学和就业为主,分别占48.73%、47.82%,硕士生和博士生以就业为主,

---

[1] 中国人民大学学生就业创业指导中心:《中国人民大学2017届毕业生就业质量报告》,2017年12月,见http://www.chinakaoyan.com/info/article/id/247631.shtml。

[2] 中国人民大学学生就业创业指导中心:《中国人民大学2018届毕业生就业质量报告》,2018年12月,见https://gaokao.eol.cn/bei_jing/dongtai/201901/t20190102_1639850.shtml。

分别占 90.44%、92.60%,如表 3-21 所示。

表 3-21 **2018 年北京外国语大学各学历层次毕业生毕业去向**

		本科(1219 人)落实率 96.55%		硕士(795 人)落实率 97.23%		博士(81 人)落实率 97.53%	
		人数	%	人数	%	人数	%
就业	签就业协议	187	15.34	371	46.67	74	91.36
	签劳动合同	87	7.14	80	10.06	0	0
	单位用人证明	180	14.77	231	29.06	0	0
	自由职业	116	9.52	35	4.4	1	1.23
	自主创业	13	1.07	2	0.25	0	0
深造	国内升学	241	19.77	25	3.14	3	3.7
	出国(境)留学	353	28.96	29	3.65	1	1.23
未就业	求职中	13	1.07	20	2.52	2	2.47
	拟留学	7	0.57	0	0	0	0
	拟升学	22	1.8	2	0.25	0	0

从签约单位性质分布来看,北京外国语大学 2018 届毕业生落实就业比例较高的单位性质依次为:民营与私企、事业单位、国有企业。其中,2017 届毕业生进入民营、私企占 29.27%,较 2017 届的 24.27% 有所上升;事业单位占 23.82%,较 2017 届的 19.55% 有所上升,超过机关跻身签约单位性质前三位;国有企业占 19.46%,较 2017 届的 20.63% 略有下降,如表 3-22 所示。①②

---

① 北京外国语大学就业创业中心:《北京外国语大学 2017 年毕业生就业质量报告》,2017 年 12 月 31 日,见 https://jyzd.bfsu.edu.cn/front/showContent.jspa? channelId = 830&contentId = 113714。

② 北京外国语大学就业创业中心:《北京外国语大学 2018 年毕业生就业质量报告》,2018 年 12 月 31 日,见 https://jyzd.bfsu.edu.cn/front/showContent.jspa? channelId = 830&contentId = 114043。

表3-22　2018年北京外国语大学毕业生就业单位性质

单位性质		总体	本科生	硕士生	博士生
公共部门	国有企业	19.46%	17.36%	19.46%	1.35%
	机关	15.66%	16.37%	15.66%	4.06%
	事业单位	23.82%	8.57%	23.82%	94.59%
非公共部门	民企、私企	29.27%	41.10%	24.56%	—
	三资企业	8.33%	8.33%	7.46%	—
	其他	3.46%	3.46%	2.49%	—

（5）北京理工大学

北京理工大学2018届共有各类毕业生7167人，较2017届的7542人有所下降，其中，本科生毕业生3553人，硕士毕业生3017人，博士毕业生597人。北京理工大学2018届毕业生总体就业率为98.38%，与2017届的98.28%基本持具体而言，本科毕业生、硕士毕业生、博士毕业生的就业率分别为98.00%、98.74%、98.83%，与2017届情况基本一致；2018届北京理工大学各学历层次毕业生毕业去向情况也与2017届基本一致，本科毕业生毕业去向仍以升学为主，占65.21%，硕士生和博士生以就业为主，共占89.54%，如表3-23所示。

表3-23　2018年北京理工大学各学历层次毕业生毕业去向

	总人数	国内升学	出国（境）	签就业协议	签劳动合同	参军入伍	自主创业	灵活就业	就业率
本科	3553	1568	749	335	333	3	26	473	98.00%
硕士	3017	124	76	1683	930	0	27	139	98.74%
博士	597	82	22	421	51	0	2	12	98.83%

北京理工大学2018届毕业生就业单位以国有企业和其他企业为主，较2017届的情况基本一致。其中，本科生到国有企业就业的人数最多，占27.88%，较2017届的32.37%有所下降；硕士和博士研究生就业单位为国有

企业的人数依然最多,显著多于本科生,占 30.78%,较 2017 届的 40.13%下降较多,如表 3-24 所示。①②

表 3-24　2018 年北京理工大学毕业生就业单位性质

单位性质		本科生	研究生
公共部门	国有企业	27.88%	30.78%
	医疗卫生单位	0.52%	0.31%
	科研设计单位	1.05%	12.76%
	中初教育单位	9.70%	1.45%
	高等教育单位	1.84%	7.60%
	机关	4.02%	4.05%
非公共部门	三资企业	7.78%	9.46%
	其他企业	26.75%	29.02%
	部队	6.56%	1.70%
	其他	11.54%	0.89%

总体而言,2017 年和 2018 年北京大学、清华大学、中国人民大学、北京外国语大学和北京理工大学的毕业生去往公共部门的就业情况差距较小,基本保持在一定的水平。就 5 所高校中选择公共部门的毕业生而言,本科生、硕士研究生更倾向于去往机关、事业单位就业,博士毕业生更倾向于去往高等教育单位、科研设计单位就业。

第二节　北京市大学生公共服务动机和就业倾向现状

在整理和分析了北京市大学生整体就业情况的数据后,本节尝试通过问

---

① 北京理工大学招生就业工作处:《关于发布〈北京理工大学 2017 年毕业生就业质量年度报告〉的通知》,2017 年 12 月 31 日,见 http://www.bit.edu.cn/tzgg17/ggxx/149967.htm。

② 北京理工大学招生就业工作处:《关于发布〈北京理工大学 2018 年毕业生就业质量年度报告〉的通知》,2019 年 1 月 2 日,见 http://job.bit.edu.cn/portal/home/bulletin-info-detail.html? baseBulletinInfoVo.menuId=1&level2MenuId=1001&id=43962。

卷调查的方法来发现北京市大学生公共服务动机和就业倾向现状。本节采用SPSS 19.0软件对调查数据进行深入分析,挖掘数据之间的内在联系,进而掌握目前北京市大学生公共服务动机和就业倾向现状。

一、研究方法

（一）研究对象

为控制和减少不同地理区域对研究结果产生的影响,本节选取北京市高校大学生作为我国大学生的代表,探究大学生公共服务动机对其就业倾向的影响。本节选取各个大学作为问卷发放地点,由教师和志愿者强调问卷注意事项,采取问卷对象现场独立填答、现场回收的方式确保问卷数据的有效性。问卷调查分5次发放,共发放问卷750份,剔除无效问卷44份后,回收有效问卷706份,问卷有效率为94.1%。问卷对象的基本信息统计结果如表3-25所示。

表3-25 描述性统计分析

背景	组别	频率	百分比
性别	男	348	49.3
	女	358	50.7
	总计	706	100
年龄	18岁以下	20	2.8
	18—25岁	641	90.8
	26—30岁	39	5.5
	30岁以上	6	0.8
	总计	706	100
文化程度	本科及以下	528	74.8
	硕士	162	22.9
	博士	16	2.3
	总计	706	100

续表

背景	组别	频率	百分比
本科院校	985 院校	100	14.2%
	211 院校	299	42.3%
	普通高校	307	43.5%
	总计	706	100
是否有亲属在公共部门工作	是	317	44.9
	否	389	55.1
	总计	706	100
是否参与过志愿者服务	是	651	92.2
	否	55	7.8
	总计	706	100
是否为党员	是	159	22.5
	否	547	77.5
	总计	706	100
是否在公共部门实习过	是	217	30.7
	否	489	69.3
	总计	706	100
父亲的教育程度	专科及以下	433	61.3
	本科	231	32.7
	硕士	31	4.4
	博士	11	1.6
	总计	706	100
母亲的教育程度	专科及以下	479	67.8
	本科	192	27.2
	硕士	26	3.7
	博士	9	1.3
	总计	706	100

背景	组别	频率	百分比
家庭年收入	10万元及以下	353	50
	11万—50万元	316	44.8
	51万—100万元	21	3
	100万元以上	16	2.3
	总计	706	100

经过对问卷对象的基本信息统计发现,问卷对象的文化程度以本科及以下居多,本科及以下学生占74.8%,硕士生占22.9%,博士生占2.3%,其中来自985院校的学生占14.2%,211院校的学生占42.3%,普通高校的学生占43.5%。性别方面,男性348人,占比49.3%,女性358人,占比50.7%。问卷对象的年龄以18—25岁为主,18岁以下占2.8%,18—25岁占90.8%,26—30岁占5.5%,30岁以上占0.8%。政治面貌方面,学生党员159人,占比22.5%。志愿服务方面,绝大多数研究对象参与过志愿服务,占比92.2%。工作实习方面,有公共部门实习经历的研究对象217人,占比30.7%。亲属工作方面,有亲属在公共部门工作的研究对象317人,占比44.9%。父亲的教育程度方面,专科及以下占61.3%,本科占32.7%,硕士占4.4%,博士占1.6%;母亲的教育程度方面,专科及以下占67.8%,本科占27.2%,硕士占3.7%,博士占1.3%。家庭年收入方面,10万元及以下占50%,11万—50万元占44.8%,51万—100万元占3%,100万元以上占2.3%。

(二)测量工具

1. 公共服务动机(Public Service Motivation,PSM)

本节对"公共服务动机"变量的测量基于经检验相对较为成熟的量表,以获得更好的信度和效度。佩里设计的公共服务动机问卷得到了学者们的普遍认可和支持(Perry,1990)。因此,本节中对于公共服务动机变量的测量基于佩里的问卷。为提高量表的内容效度,在此问卷的基础上,与公共管理领域的专家、教授进行讨论,针对大学生的阅读和表述的实际习惯对问卷题目和语言表述进行了修改。本次研究对于公共服务动机的测量共包括三个维度:对公共利益的承诺(CPI)、自我牺牲(SS)、同情心(COM)。共包括"有意义的公共服务对我来说非常重要""我认为公共事务是我的公民责任""我乐意看到政府部门做出对整个社会有益的事,即使这会损害我的个人利益""即便没有任何报酬,为公众服务还是会让我感觉很好""即使是冒着损失个人利益的风险,我也会尽力去帮助他人""为了社会更加美好,我时刻准备着为之做出巨大牺牲""当我看到人们的不幸时,我很难控制自己的感情""日常生活中的事情常常让我感到,人与人之间非常需要相互依赖""对我而言,爱国主义包含了对他人福利的关注"等9个题目。研究采用李克特5点计分量表,从"1"至"5"代表"非常不同意"至"非常同意"的不同程度,由于题目均为正向表述,分数越高则表明问卷对象的公共服务动机越强。

2. 就业倾向(Job Choice,JOB)

本节对"就业倾向"变量的测量基于刘帮成等学者(2015)设计的量表,其中在本章节,就业倾向是指大学生愿意进入公共部门工作的意愿。本次研究对于"就业倾向"的测量共包括三个题目:"在接下来的三到五年中,我会参加公务员招聘考试""在公共部门获得一个职位,是我职业生涯的目标""我从未打算参加过公务员招聘考试"。研究采用李克特5点计分量表,从"1"至"5"代表"非常不同意"至"非常同意"的不同程度。前2题为正向表述,分数越高则表明问卷对象选择公共部门就业的倾向越强;最后1题为反向表述,分数越高则表明问卷对象选择公共部门就业的倾向越弱。

3. 对金钱的喜好(Love of Money,LOM)

本节对"对金钱的喜好"变量的测量基于汤立平等学者设计的量表(Thomas Li-Ping Tang,1995)。该量表被杜林致、刘帮成等学者证实,在中国本土化环境下具有良好的信度和效度,得到了学者们的普遍支持。本次研究对于这一变量的测量共包括三个题目:"金钱推动我去努力工作""金钱加强了我去努力工作的信念""金钱是我的主要原动力"。研究采用李克特5点计分量表,从"1"至"5"代表"非常不同意"至"非常同意"的不同程度,由于题目均为正向表述,分数越高则表明问卷对象对金钱的喜好程度越强。

4. 儒家文化（Confucianism，CON）

本文对"儒家文化"变量的测量基于潘垚天（2012）的"中国传统文化的结构（SCCT）"量表。本次研究对于儒家文化的测量共包括三个题目："重亲情，礼尚往来""保持和谐的人际关系""上下有别，尊卑有序"。研究采用李克特5点计分量表，从"1"至"5"代表"非常不同意"至"非常同意"的不同程度，由于题目均为正向表述，分数越高则表明问卷对象受儒家文化的影响越强。如表3-26所示。

表3-26　测量工具的描述统计表

变量名称	均值	标准差	方差	样本数量
对公共利益的承诺（CPI）	3.7285	.79940	.639	706
自我牺牲（SS）	3.3423	.82785	.685	706
同情心（COM）	3.8428	.75699	.573	706
公共服务动机（PSM）	3.6379	.63325	.401	706
就业倾向（JOB）	3.1402	1.20454	1.451	706
对金钱的喜好（LOM）	3.5585	.90969	.828	706
儒家文化（CON）	3.9830	.71922	.517	706

对于参与本次调查的706名大学生而言，他们在对公共利益的承诺（CPI）、自我牺牲（SS）、有同情心（COM）、对金钱的喜好（LOM）、儒家文化（CON）、就业倾向（JOB）和公共服务动机（PSM）七个维度上都给出积极的回应（如表3-26所示），均值均在3以上。同时可以发现在就业倾向（JOB）维度上，其离散程度最大（标准差1.20454），说明对于本次调研的大学生群体来说，他们对职业的选择可能存在差异，面对是否选择到公共部门中就业，大学生群体可能持有不同的意见。

二、北京市大学生公共服务动机现状研究结果

（一）不同性别公共服务动机和就业倾向的差异分析

根据数据分析结果可以发现（如表3-27所示），在整体上，男性和女性群

体在对公共利益的承诺(CPI)、自我牺牲(SS)、对金钱的喜好(LOM)、儒家文化(CON)、就业倾向(JOB)和公共服务动机(PSM)六个维度上均无显著差异,仅有同情心(COM)维度存在差异:女性比男性的同情心更高。因为通常来讲,女性会比男性具有更高的同情心体验,她们天然拥有较高的移情能力,可以很好地感受并理解他人的行为和语言并作出适当的反馈。同时,同情心作为公共服务动机的一部分,女性在这一方面的突出表现也有助于其公共服务动机水平的提升。

表 3-27 不同性别公共服务动机和就业倾向的差异分析

		列文方差相等性检验		平均值相等性的 t 检验						
		F	显著性	t	自由度	显著性(双尾)	平均差	标准误差差值	差值的 95% 置信区间	
									下限	上限
CPI	已假设方差齐性	4.990	0.026	−0.520	704.000	0.603	−0.031	0.060	−0.150	0.087
	未假设方差齐性			−0.519	684.727	0.604	−0.031	0.060	−0.150	0.087
SS	已假设方差齐性	10.670	0.001	0.383	704.000	0.702	0.024	0.062	−0.099	0.146
	未假设方差齐性			0.382	676.825	0.703	0.024	0.063	−0.099	0.147
COM	已假设方差齐性	18.152	0.000	−1.988	704.000	0.047	−0.113	0.057	−0.225	−0.001
	未假设方差齐性			−1.983	667.485	0.048	−0.113	0.057	−0.225	−0.001
LOM	已假设方差齐性	3.385	0.066	−0.196	704.000	0.844	−0.013	0.069	−0.148	0.121
	未假设方差齐性			−0.196	692.088	0.845	−0.013	0.069	−0.148	0.121
CON	已假设方差齐性	5.795	0.016	−0.253	704.000	0.800	−0.014	0.054	−0.120	0.093
	未假设方差齐性			−0.253	688.591	0.801	−0.014	0.054	−0.120	0.093
JOB	已假设方差齐性	21.086	0.000	−0.591	704.000	0.555	−0.054	0.091	−0.232	0.124
	未假设方差齐性			−0.590	671.848	0.556	−0.054	0.091	−0.232	0.125

续表

		列文方差相等性检验		平均值相等性的 t 检验						
		F	显著性	t	自由度	显著性（双尾）	平均差	标准误差差值	差值的 95% 置信区间	
									下限	上限
PSM	已假设方差齐性	13.277	0.000	−0.842	704.000	0.400	−0.040	0.048	−0.134	0.053
	未假设方差齐性			−0.840	665.317	0.401	−0.040	0.048	−0.134	0.054

具体而言,对公共利益的承诺(CPI):男性和女性对公共利益的承诺的方差齐性检验(F检验概率0.026<0.05),T统计量的双侧概率P值为0.604>0.05,男性和女性的对公共利益的承诺总体均值无显著差异。

自我牺牲(SS):男性和女性自我牺牲维度的方差齐性检验(F检验概率0.001<0.05),T统计量的双侧概率P值为0.703>0.05,男性和女性的自我牺牲维度总体均值无显著差异。

同情心(COM):男性和女性的同情心变量的方差齐性检验(F检验概率0.000<0.05),T统计量的双侧概率P值为0.048<0.05,男性和女性的同情心总体均值有显著差异,男性群体同情心总体均值显著低于女性。

对金钱的喜好(LOM):男性和女性对金钱的喜好的总体方差不存在显著差异(F检验概率0.066>0.05)T统计量的双侧概率P值为0.844>0.05,男性和女性的对金钱的喜好总体均值没有显著差异。

儒家文化(CON):男性和女性的儒家文化的方差齐性检验(F检验概率0.016<0.05),T统计量的双侧概率P值为0.801>0.05,男性和女性的儒家文化总体均值没有显著差异。

就业倾向(JOB):男性和女性的就业倾向的方差齐性检验(F检验概率0.000<0.05),T统计量的双侧概率P值为0.556>0.05,男性和女性的就业倾向总体均值没有显著差异。

公共服务动机(PSM):男性和女性的公共服务动机的方差齐性检验(F检

验概率 0.000<0.05)，T 统计量的双侧概率 P 值为 0.401>0.05，男性和女性的公共服务动机总体均值没有显著差异。

（二）是否有亲属在公共部门工作公共服务动机和就业倾向的差异分析

根据数据分析结果可以发现（如表 3-28 所示），在整体上，研究显示"是否有亲属在公共部门工作"的两个群体在对公共利益的承诺（CPI）、自我牺牲（SS）、对金钱的喜好（LOM）、儒家文化（CON）、同情心（COM）和公共服务动机（PSM）六个维度上均无显著差异，仅就业倾向（JOB）维度上存在显著的差异：有亲属在公共部门工作的群体的就业倾向总体均值显著大于没有亲属在公共部门工作的群体。事实上，在中国传统文化的影响下，社会关系作为我国公共服务动机研究范围内必须考虑的因素在就业选择中起到了较大影响。有学者认为，基于晋升机会和就业前景考虑，大学生若在公共部门中存在亲属关系网络，那么他们往往会更加青睐于进入公共部门任职（刘帮成，2011）。还有学者提出这样的观点：大学生发现在公共部门工作的亲属能够支撑起整个家庭，并且在其退休后国家还能够提供生活上的保障，出于从日常生活中了解到选择公共部门就业将有利于他们未来的生活，大学生会更倾向于到公共部门就业（Barsoum and Ghada，2016）。因此，在方差分析中显示，是否有亲属在公共部门工作会对影响就业倾向产生影响。

表 3-28　是否有亲属在公共部门工作公共服务动机和就业倾向的差异分析

		列文方差相等性检验		平均值相等性的 t 检验						
		F	显著性	t	自由度	显著性（双尾）	平均差	标准误差差值	差值的 95% 置信区间	
									下限	上限
CPI	已假设方差齐性	1.732	0.189	-0.278	704.000	0.781	-0.017	0.061	-0.136	0.102
	未假设方差齐性			-0.276	649.957	0.783	-0.017	0.061	-0.137	0.103
SS	已假设方差齐性	1.901	0.168	0.623	704.000	0.533	0.039	0.063	-0.084	0.162
	未假设方差齐性			0.620	659.417	0.536	0.039	0.063	-0.085	0.163

续表

		列文方差相等性检验		平均值相等性的 t 检验						
		F	显著性	t	自由度	显著性（双尾）	平均差	标准误差差值	差值的 95% 置信区间	
									下限	上限
COM	已假设方差齐性	0.262	0.609	-0.083	704.000	0.934	-0.005	0.057	-0.117	0.108
	未假设方差齐性			-0.082	661.299	0.935	-0.005	0.058	-0.118	0.108
LOM	已假设方差齐性	1.669	0.197	-0.171	704.000	0.864	-0.012	0.069	-0.147	0.123
	未假设方差齐性			-0.170	663.866	0.865	-0.012	0.069	-0.148	0.124
CON	已假设方差齐性	0.208	0.649	0.988	704.000	0.324	0.054	0.054	-0.053	0.161
	未假设方差齐性			0.989	678.031	0.323	0.054	0.054	-0.053	0.160
JOB	已假设方差齐性	5.559	0.019	3.603	704.000	0.000	0.326	0.090	0.148	0.503
	未假设方差齐性			3.570	647.311	0.000	0.326	0.091	0.147	0.505
PSM	已假设方差齐性	1.894	0.169	0.122	704.000	0.903	0.006	0.048	-0.088	0.100
	未假设方差齐性			0.121	652.241	0.904	0.006	0.048	-0.089	0.101

具体而言,对公共利益的承诺(CPI):有亲属在公共部门工作与否的两个群体的对公共利益的承诺的总体方差不存在显著差异(F 检验概率 0.189>0.05),T 统计量的双侧概率 P 值为 0.781>0.05,有亲属在公共部门工作与否的两个群体对公共利益的承诺的总体均值无显著差异。

自我牺牲(SS):有亲属在公共部门工作与否的两个群体的自我牺牲的总体方差不存在显著差异(F 检验概率 0.168>0.05),T 统计量的双侧概率 P 值为 0.533>0.05,有亲属在公共部门工作与否的两个群体自我牺牲的总体均值无显著差异。

同情心(COM):有亲属在公共部门工作与否的两个群体的同情心变量的总体方差不存在显著差异(F 检验概率 0.609>0.05),T 统计量的双侧概率 P

值为 0.934>0.05,有亲属在公共部门工作与否的两个群体的同情心变量总体均值无显著差异。

对金钱的喜好(LOM):有亲属在公共部门工作与否的两个群体对金钱的喜好的总体方差不存在显著差异(F 检验概率 0.197>0.05),T 统计量的双侧概率 P 值为 0.864>0.05,有亲属在公共部门工作与否的两个群体对金钱的喜好的总体均值无显著差异。

儒家文化(CON):有亲属在公共部门工作与否的两个群体的儒家文化的总体方差不存在显著差异(F 检验概率 0.649>0.05),T 统计量的双侧概率 P 值为 0.324>0.05,有亲属在公共部门工作与否的两个群体的儒家文化的总体均值无显著差异。

就业倾向(JOB):有亲属在公共部门工作与否的两个群体的就业倾向的方差齐性检验(F 检验概率 0.019<0.05),T 统计量的双侧概率 P 值为 0.000<0.05,有亲属在公共部门工作与否的两个群体的就业倾向的总体均值有显著差异,有亲属在公共部门工作的群体的就业倾向的总体均值显著大于没有亲属在公共部门工作的群体。

公共服务动机(PSM):有亲属在公共部门工作与否的两个群体的公共服务动机的总体方差不存在显著差异(F 检验概率 0.169>0.05),T 统计量的双侧概率 P 值为 0.903>0.05,有亲属在公共部门工作与否的两个群体的公共服务动机的总体均值无显著差异。

(三)是否参与过志愿服务公共服务动机和就业倾向的差异分析

根据数据分析结果可以发现(如表 3-29 所示),在整体上,"有无志愿者经历"的两个群体在对公共利益的承诺(CPI)、自我牺牲(SS)、同情心(COM)、对金钱的喜好(LOM)、儒家文化(CON)、就业倾向(JOB)和公共服务动机(PSM)七个维度上均无显著差异。根据描述统计分析发现,参与调查的大学生中有过志愿者经历的大学生占到 600 人以上,说明绝大部分参与调查的大学生都有过志愿者经历,因此志愿者经历在他们职业选择过程中并不能产生多大的影响。

表 3-29　是否参与过志愿服务公共服务动机和就业倾向的差异分析

		列文方差相等性检验		平均值相等性的 t 检验						
		F	显著性	t	自由度	显著性（双尾）	平均差	标准误差差值	差值的 95% 置信区间	
									下限	上限
CPI	已假设方差齐性	.598	.439	1.536	704.000	.125	.172	.112	-.048	.392
	未假设方差齐性			1.454	62.279	.151	.172	.118	-.065	.409
SS	已假设方差齐性	.565	.452	.027	704.000	.978	.003	.116	-.225	.232
	未假设方差齐性			.026	62.667	.979	.003	.121	-.238	.244
COM	已假设方差齐性	.187	.666	1.800	704.000	.072	.191	.106	-.017	.399
	未假设方差齐性			1.804	63.534	.076	.191	.106	-.020	.402
LOM	已假设方差齐性	.004	.952	.420	704.000	.675	.054	.128	-.197	.305
	未假设方差齐性			.407	62.805	.685	.054	.132	-.210	.317
CON	已假设方差齐性	.385	.535	.989	704.000	.323	.100	.101	-.098	.298
	未假设方差齐性			1.026	64.359	.309	.100	.097	-.095	.294
JOB	已假设方差齐性	.751	.386	-.383	704.000	.702	-.065	.169	-.397	.267
	未假设方差齐性			-.394	64.126	.695	-.065	.165	-.394	.264
PSM	已假设方差齐性	.443	.506	1.374	704.000	.170	.122	.089	-.052	.297
	未假设方差齐性			1.339	62.883	.185	.122	.091	-.060	.304

具体而言,对公共利益的承诺(CPI):有志愿者经历与否的两个群体的对公共利益的承诺的总体方差不存在显著差异(F 检验概率 0.439>0.05),T 统

计量的双侧概率 P 值为 0.125>0.05,有志愿者经历与否的两个群体的对公共利益的承诺总体均值无显著差异。

自我牺牲(SS):有志愿者经历与否的两个群体的自我牺牲的总体方差不存在显著差异(F 检验概率 0.452>0.05),T 统计量的双侧概率 P 值为 0.978>0.05,有志愿者经历与否的两个群体的自我牺牲总体均值无显著差异。

同情心(COM):有志愿者经历与否的两个群体的同情心的总体方差不存在显著差异(F 检验概率 0.666>0.05),T 统计量的双侧概率 P 值为 0.072>0.05,有志愿者经历与否的两个群体的同情心总体均值无显著差异。

对金钱的喜好(LOM):有志愿者经历与否的两个群体的对金钱的喜好的总体方差不存在显著差异(F 检验概率 0.952>0.05),T 统计量的双侧概率 P 值为 0.675>0.05,有志愿者经历与否的两个群体的对金钱的喜好总体均值无显著差异。

儒家文化(CON):有志愿者经历与否的两个群体的儒家文化的总体方差不存在显著差异(F 检验概率 0.535>0.05),T 统计量的双侧概率 P 值为 0.323>0.05,有志愿者经历与否的两个群体的儒家文化总体均值无显著差异。

就业倾向(JOB):有志愿者经历与否的两个群体的就业倾向的总体方差不存在显著差异(F 检验概率 0.386>0.05),T 统计量的双侧概率 P 值为 0.702>0.05,有志愿者经历与否的两个群体的就业倾向总体均值无显著差异。

公共服务动机(PSM):有志愿者经历与否的两个群体的公共服务动机的总体方差不存在显著差异(F 检验概率 0.506>0.05),T 统计量的双侧概率 P 值为 0.170>0.05,有志愿者经历与否的两个群体的公共服务动机总体均值无显著差异。

(四)政治面貌是否为党员公共服务动机和就业倾向的差异分析

根据数据分析结果可以发现(如表 3-30 所示),在整体上,"政治面貌是党员与否"的两个群体在对公共利益的承诺(CPI)、自我牺牲(SS)、同情心(COM)、儒家文化(CON)、就业倾向(JOB)和公共服务动机(PSM)六个维度上均有显著差异,且党员群体各项总体均值均高于非党员群体,而在对金钱的喜好(LOM)维度上没有显著差异。实际上,这一结果可以从中国共产党党员的特殊性出发来理解:中国共产党党员是中国工人阶级的先锋队,具有崇高的理想信念和思想觉悟,他们坚持"吃苦在前,享受在后"的理念,甘于奉献。他们尽管也有对金钱等物质方面的需求,但他们更立志于为人民服务,一方面继承中华民族的优秀传统文化,另一方面积极关心时政和天下大事,始终将党、国家和人民的利益放到最高位置。同时,党组织定期开展的党员学习和教育培训,也会由内而外地强化党员群体的公共服务动机。因此,党员群体会更倾向于到公共部门工作,他们具备更强的公共服务动机,受到的传统文化影响更深,对于公共利益的承诺、自我牺牲以及同情心方面会比非党员群体做得更好。

表 3-30　政治面貌是否为党员公共服务动机和就业倾向的差异分析

		列文方差相等性检验		平均值相等性的 t 检验						
		F	显著性	t	自由度	显著性(双尾)	平均差	标准误差差值	差值的 95%置信区间	
									下限	上限
CPI	已假设方差齐性	.620	.431	2.393	704.000	.017	.172	.072	.031	.313
	未假设方差齐性			2.504	275.492	.013	.172	.069	.037	.307
SS	已假设方差齐性	.590	.443	2.392	704.000	.017	.178	.074	.032	.324
	未假设方差齐性			2.372	253.813	.018	.178	.075	.030	.325
COM	已假设方差齐性	1.140	.286	2.308	704.000	.021	.157	.068	.023	.290
	未假设方差齐性			2.378	268.918	.018	.157	.066	.027	.287
LOM	已假设方差齐性	.270	.604	.580	704.000	.562	.048	.082	−.113	.209
	未假设方差齐性			.593	265.766	.554	.048	.080	−.110	.205

续表

		列文方差相等性检验		平均值相等性的 t 检验						
		F	显著性	t	自由度	显著性（双尾）	平均差	标准误差差值	差值的 95% 置信区间	
									下限	上限
CON	已假设方差齐性	.013	.909	3.114	704.000	.002	.201	.064	.074	.327
	未假设方差齐性			3.110	256.558	.002	.201	.064	.074	.327
JOB	已假设方差齐性	.170	.680	3.037	704.000	.002	.328	.108	.116	.540
	未假设方差齐性			3.030	255.993	.003	.328	.108	.115	.541
PSM	已假设方差齐性	.098	.754	2.976	704.000	.003	.169	.057	.057	.280
	未假设方差齐性			3.030	263.946	.003	.169	.056	.059	.279

具体而言,对公共利益的承诺(CPI):政治面貌是党员与否的两个群体的对公共利益的承诺的总体方差不存在显著差异(F检验概率0.431>0.05),T统计量的双侧概率P值为0.017<0.05,政治面貌是党员与否的两个群体的对公共利益的承诺总体均值有显著差异,党员群体的对公共利益的承诺总体均值显著高于非党员群体。

自我牺牲(SS):政治面貌是党员与否的两个群体的自我牺牲的总体方差不存在显著差异(F检验概率0.443>0.05),T统计量的双侧概率P值为0.017<0.05,政治面貌是党员与否的两个群体的自我牺牲总体均值有显著差异,党员群体的自我牺牲总体均值显著高于非党员群体。

同情心(COM):政治面貌是党员与否的两个群体的同情心的总体方差不存在显著差异(F检验概率0.286>0.05),T统计量的双侧概率P值为0.021<0.05,政治面貌是党员与否的两个群体的同情心总体均值有显著差异,党员群体的同情心总体均值显著高于非党员群体。

对金钱的喜好(LOM):政治面貌是党员与否的两个群体的对金钱的喜好的总体方差不存在显著差异(F检验概率0.604>0.05),T统计量的双侧概率P值为0.562>0.05,政治面貌是党员与否的两个群体的对公共利益的承诺总体均值没有显著差异。

儒家文化(CON):政治面貌是党员与否的两个群体的儒家文化的总体方差不存在显著差异(F检验概率0.909>0.05),T统计量的双侧概率P值为0.002<0.05,政治面貌是党员与否的两个群体的儒家文化总体均值有显著差异,党员群体的儒家文化总体均值显著高于非党员群体。

就业倾向(JOB):政治面貌是党员与否的两个群体的就业倾向的总体方差不存在显著差异(F检验概率0.680>0.05),T统计量的双侧概率P值为0.002<0.05,政治面貌是党员与否的两个群体的就业倾向总体均值有显著差异,党员群体的就业倾向总体均值显著高于非党员群体。

公共服务动机(PSM):政治面貌是党员与否的两个群体的公共服务动机的总体方差不存在显著差异(F检验概率0.754>0.05),T统计量的双侧概率P值为0.003<0.05,政治面貌是党员与否的两个群体的公共服务动机总体均值有显著差异,党员群体的公共服务动机总体均值显著高于非党员群体。

(五)是否有公共部门实习公共服务动机和就业倾向的差异分析

根据数据分析结果可以发现(如表3-31所示),在整体上,与无公共部门实习经历的群体相比,有公共部门实习经历的群体在对公共利益的承诺(CPI)、自我牺牲(SS)、儒家文化(CON)、就业倾向(JOB)、公共服务动机(PSM)五个维度上存在显著差异,而在同情心(COM)和对金钱的喜好(LOM)两个维度上,两者没有显著差异。实习是指学习者到事业、企业单位或者其他现场,运用所学知识理论,从事相关的实际操作活动,以获得实际知识和技能的一种实践活动。曾在公共部门实习过的群体,亲身经历过公共部门的相关工作,能够更加直观地感受到公共部门的工作氛围和文化,能够在公共部门的工作中真实感受到服务社会、帮助他人所产生的责任感、使命感和荣誉感;同时,在这一过程中其公共服务动机也会得以强化和提升。

表 3-31　是否有公共部门实习经历公共服务动机和就业倾向的差异分析

		列文方差相等性检验		平均值相等性的 t 检验						
		F	显著性	t	自由度	显著性（双尾）	平均差	标准误差差值	差值的 95%置信区间	
									下限	上限
CPI	已假设方差齐性	3.475	0.063	2.552	704.000	0.011	0.166	0.065	0.038	0.293
	未假设方差齐性			2.489	390.935	0.013	0.166	0.067	0.035	0.297
SS	已假设方差齐性	10.063	0.002	3.920	704.000	0.000	0.262	0.067	0.131	0.393
	未假设方差齐性			3.714	366.710	0.000	0.262	0.071	0.123	0.401
COM	已假设方差齐性	3.616	0.058	0.910	704.000	0.363	0.056	0.062	-0.065	0.177
	未假设方差齐性			0.875	377.901	0.382	0.056	0.064	-0.070	0.183
LOM	已假设方差齐性	2.696	0.101	0.280	704.000	0.779	0.021	0.074	-0.125	0.167
	未假设方差齐性			0.270	380.989	0.787	0.021	0.077	-0.131	0.172
CON	已假设方差齐性	0.702	0.402	3.741	704.000	0.000	0.217	0.058	0.103	0.332
	未假设方差齐性			3.689	400.762	0.000	0.217	0.059	0.102	0.333
JOB	已假设方差齐性	3.547	0.060	4.807	704.000	0.000	0.465	0.097	0.275	0.655
	未假设方差齐性			4.682	389.650	0.000	0.465	0.099	0.270	0.660
PSM	已假设方差齐性	7.158	0.008	3.143	704.000	0.002	0.161	0.051	0.061	0.262
	未假设方差齐性			2.998	372.125	0.003	0.161	0.054	0.056	0.267

　　具体而言,对公共利益的承诺(CPI):有公共部门实习经历与否的两个群体的对公共利益的承诺的总体方差不存在显著差异(F 检验概率 0.063 >

0.05),T 统计量的双侧概率 P 值为 0.011<0.05,有公共部门实习经历与否的两个群体的对公共利益的承诺总体均值有显著差异,有公共部门实习经历的群体的对公共利益的承诺总体均值显著高于没有公共部门实习经历的群体。

自我牺牲(SS):有公共部门实习经历与否的两个群体的自我牺牲的方差齐性检验(F 检验概率 0.002<0.05),T 统计量的双侧概率 P 值为 0.000<0.05,有公共部门实习经历与否的两个群体的自我牺牲总体均值有显著差异,有公共部门实习经历的群体的自我牺牲总体均值显著高于没有公共部门实习经历的群体。

同情心(COM):有公共部门实习经历与否的两个群体的同情心的总体方差不存在显著差异(F 检验概率 0.058>0.05),T 统计量的双侧概率 P 值为0.363>0.05,有公共部门实习经历与否的两个群体的同情心总体均值没有显著差异。

对金钱的喜好(LOM):有公共部门实习经历与否的两个群体的对金钱的喜好的总体方差不存在显著差异(F 检验概率 0.101>0.05),T 统计量的双侧概率 P 值为 0.779>0.05,有公共部门实习经历与否的两个群体的对金钱的喜好总体均值没有显著差异。

儒家文化(CON):有公共部门实习经历与否的两个群体的儒家文化的总体方差不存在显著差异(F 检验概率 0.402>0.05),T 统计量的双侧概率 P 值为 0.000<0.05,有公共部门实习经历与否的两个群体的儒家文化总体均值有显著差异,有公共部门实习经历的群体的儒家文化总体均值显著高于没有公共部门实习经历的群体。

就业倾向(JOB):有公共部门实习经历与否的两个群体的就业倾向的总体方差不存在显著差异(F 检验概率 0.060>0.05),T 统计量的双侧概率 P 值为 0.000<0.05,有公共部门实习经历与否的两个群体的就业倾向总体均值有显著差异,有公共部门实习经历的群体的就业倾向总体均值显著高于没有公共部门实习经历的群体。

公共服务动机(PSM):有公共部门实习经历与否的两个群体的公共服务动机的方差齐性检验(F 检验概率 0.008<0.05),T 统计量的双侧概率 P 值为

0.003<0.05,有公共部门实习经历与否的两个群体的公共服务动机总体均值有显著差异,有公共部门实习经历的群体的公共服务动机总体均值显著高于没有公共部门实习经历的群体。

(六)不同文化程度公共服务动机和就业倾向的差异分析

根据数据分析结果可以发现(如表3-32所示),在整体上,不同文化程度的群体在对公共利益的承诺(CPI)、自我牺牲(SS)、同情心(COM)、对金钱的喜好(LOM)、儒家文化(CON)、就业倾向(JOB)和公共服务动机(PSM)七个维度上均没有显著差异。这说明文化程度这一变量对中国大学生在公共服务动机与就业倾向之间关系的作用机制影响不大。考虑到参与调查的大学生群体的文化程度相对比较集中,本科及以下学历的群体占到总人数的74.8%,而研究生群体和博士生群体仅分别为22.9%和2.3%,在一定程度上可能影响了实验结果,在今后的研究中将对此加以完善。

表3-32 不同文化程度公共服务动机和就业倾向的差异分析

		平方和	df	均方	F	显著性
CPI	组之间	.813	2	.406	.635	.530
	组内	449.709	703	.640		
	总计	450.521	705			
SS	组之间	1.481	2	.741	1.081	.340
	组内	481.684	703	.685		
	总计	483.165	705			
COM	组之间	2.645	2	1.322	2.316	.099
	组内	401.348	703	.571		
	总计	403.993	705			
LOM	组之间	1.823	2	.912	1.102	.333
	组内	581.590	703	.827		
	总计	583.413	705			

续表

		平方和	df	均方	F	显著性
CON	组之间	1.647	2	.824	1.595	.204
	组内	363.038	703	.516		
	总计	364.685	705			
JOB	组之间	.351	2	.176	.121	.886
	组内	1022.544	703	1.455		
	总计	1022.895	705			
PSM	组之间	1.490	2	.745	1.862	.156
	组内	281.221	703	.400		
	总计	282.711	705			

具体而言,对公共利益的承诺(CPI):F 统计量的观测值为 0.635,对应的概率 P 值为 0.530>0.05,表明不同文化程度水平对公共利益的承诺没有显著影响。

自我牺牲(SS):F 统计量的观测值为 1.081,对应的概率 P 值为 0.340>0.05,表明不同文化程度水平对自我牺牲没有显著影响。

同情心(COM):F 统计量的观测值为 2.316,对应的概率 P 值为 0.099>0.05,表明不同文化程度水平对同情心没有显著影响。

对金钱的喜好(LOM):F 统计量的观测值为 1.102,对应的概率 P 值为 0.333>0.05,表明不同文化程度水平对金钱的喜好没有显著影响。

儒家文化(CON):F 统计量的观测值为 1.595,对应的概率 P 值为 0.204>0.05,表明不同文化程度水平对儒家文化没有显著影响。

就业倾向(JOB):F 统计量的观测值为 0.121,对应的概率 P 值为 0.886>0.05,表明不同文化程度水平对就业倾向没有显著影响。

公共服务动机(PSM):F 统计量的观测值为 1.862,对应的概率 P 值为 0.156>0.05,表明不同文化程度水平对就业倾向没有显著影响。

(七)不同年龄公共服务动机和就业倾向的差异分析

根据数据分析结果可以发现(如表 3-33 所示),对公共利益的承诺

（CPI）：F统计量的观测值为0.221，对应的概率P值为0.882>0.05，表明不同年龄水平对公共利益的承诺没有显著影响。

自我牺牲（SS）：F统计量的观测值为0.513，对应的概率P值为0.674>0.05，表明不同年龄水平对自我牺牲没有显著影响。

同情心（COM）：F统计量的观测值为0.979，对应的概率P值为0.402>0.05，表明不同年龄水平对同情心没有显著影响。

对金钱的喜好（LOM）：F统计量的观测值为3.190，对应的概率P值为0.023<0.05，表明不同年龄水平对金钱的喜好有显著影响，要看多重比较检验。

儒家文化（CON）：F统计量的观测值为3.510，对应的概率P值为0.015<0.05，表明不同年龄水平对儒家文化有显著影响，要看多重比较检验。

就业倾向（JOB）：F统计量的观测值为1.660，对应的概率P值为0.174>0.05，表明不同年龄水平对就业倾向没有显著影响。

公共服务动机（PSM）：F统计量的观测值为0.413，对应的概率P值为0.744>0.05，表明不同年龄水平对就业倾向没有显著影响。

表 3-33　不同年龄公共服务动机和就业倾向的差异分析

		平方和	df	均方	F	显著性
CPI	组之间	.424	3	.141	.221	.882
	组内	450.097	702	.641		
	总计	450.521	705			
SS	组之间	1.056	3	.352	.513	.674
	组内	482.109	702	.687		
	总计	483.165	705			
COM	组之间	1.683	3	.561	.979	.402
	组内	402.309	702	.573		
	总计	403.993	705			

		平方和	df	均方	F	显著性
LOM	组之间	7.847	3	2.616	3.190	.023
	组内	575.567	702	.820		
	总计	583.413	705			
CON	组之间	5.390	3	1.797	3.510	.015
	组内	359.295	702	.512		
	总计	364.685	705			
JOB	组之间	7.206	3	2.402	1.660	.174
	组内	1015.689	702	1.447		
	总计	1022.895	705			
PSM	组之间	.498	3	.166	.413	.744
	组内	282.213	702	.402		
	总计	282.711	705			

本书对各变量进一步进行了多重比较检验(如表 3-34 所示),结果发现:不同年龄的群体在对公共利益的承诺(CPI)、自我牺牲(SS)、同情心(COM)、就业倾向(JOB)和公共服务动机(PSM)五个维度上均没有显著差异,而在对金钱的喜好(LOM)和儒家文化(CON)维度上存在显著影响:

对金钱的喜好(LOM):18—25 岁组显著高于 30 岁以上组;26—30 岁组显著高于 30 岁以上组。说明青年群体对于金钱重视程度高于中青年群体,这可能因为在 18—30 岁群体刚刚踏入社会,对于未来的生活有着物质上的想象和憧憬,对于金钱的渴求也会高于其他 30 岁以上的群体。

儒家文化(CON):26—30 岁组显著高于 18—25 岁组,30 岁以上组显著高于 18 岁以下组与 18—25 岁组。说明年轻的新生代大学生受传统文化思想的影响较小,这可能与网络技术的迅速发展有关,新生代大学生成长过程中所接收的信息更为丰富和多元,说明在当前新媒体时代应采用更加多元、新颖、有力的方式加强对新生代大学生群体进行传统文化的宣传和培育。

表 3-34 多重比较检验（LSD 方法）

因变量	（I）age	（J）age	平均差（I-J）	标准错误	显著性	95%置信区间	
						下限	上限
LOM	18 岁以下	18—25	−.372	.206	.071	−.776	.032
		26—30	−.458	.249	.066	−.947	.031
		30 岁以上	.533	.421	.206	−.294	1.361
	18—25 岁	18 岁以下	.372	.206	.071	−.032	.776
		26—30	−.086	.149	.564	−.379	.207
		30 岁以上	.905 ∗	.371	.015	.176	1.635
	26—30 岁	18 岁以下	.458	.249	.066	−.031	.947
		18—25 岁	.086	.149	.564	−.207	.379
		30 岁以上	.991 ∗	.397	.013	.212	1.771
	30 岁以上	18 岁以下	−.533	.421	.206	−1.361	.294
		18—25	−.905 ∗	.371	.015	−1.635	−.176
		26—30	−.991 ∗	.397	.013	−1.771	−.212
CON	18 岁以下	18—25	−.065	.162	.691	−.384	.254
		26—30	−.322	.197	.102	−.709	.064
		30 岁以上	−.767 ∗	.333	.022	−1.420	−.113
	18—25 岁	18 岁以下	.065	.162	.691	−.254	.384
		26—30	−.258 ∗	.118	.029	−.489	−.026
		30 岁以上	−.702 ∗	.293	.017	−1.278	−.126
	26—30 岁	18 岁以下	.322	.197	.102	−.064	.709
		18—25	.258 ∗	.118	.029	.026	.489
		30 岁以上	−.444	.314	.157	−1.060	.172
	30 岁以上	18 岁以下	.767 ∗	.333	.022	.113	1.420
		18—25	.702 ∗	.293	.017	.126	1.278
		26—30	.444	.314	.157	−.172	1.060

（八）不同家庭年收入公共服务动机和就业倾向的差异分析

根据数据分析结果可以发现（如表 3-35 所示），对公共利益的承诺（CPI）：F 统计量的观测值为 2.597，对应的概率 P 值为 0.051>0.05，表明家庭年收入对公共利益的承诺没有显著影响。

自我牺牲（SS）：F 统计量的观测值为 0.790，对应的概率 P 值为 0.499>0.05，表明家庭年收入对自我牺牲没有显著影响。

同情心（COM）：F 统计量的观测值为 2.920，对应的概率 P 值为 0.033<0.05，表明家庭年收入对同情心有显著影响。

对金钱的喜好（LOM）：F 统计量的观测值为 0.940，对应的概率 P 值为 0.421>0.05，表明家庭年收入对金钱的喜好没有显著影响。

儒家文化（CON）：F 统计量的观测值为 1.436，对应的概率 P 值为 0.231>0.05，表明家庭年收入对儒家文化没有显著影响。

就业倾向（JOB）：F 统计量的观测值为 0.597，对应的概率 P 值为 0.617>0.05，表明家庭年收入对就业倾向没有显著影响。

公共服务动机（PSM）：F 统计量的观测值为 1.399，对应的概率 P 值为 0.242>0.05，表明家庭年收入对就业倾向没有显著影响。

表 3-35　不同家庭年收入公共服务动机和就业倾向的差异分析

		平方和	df	均方	F	显著性
CPI	组之间	4.944	3	1.648	2.597	.051
	组内	445.577	702	.635		
	总计	450.521	705			
SS	组之间	1.627	3	.542	.790	.499
	组内	481.539	702	.686		
	总计	483.165	705			
COM	组之间	4.980	3	1.660	2.920	.033
	组内	399.013	702	.568		
	总计	403.993	705			

		平方和	df	均方	F	显著性
LOM	组之间	2.333	3	.778	.940	.421
	组内	581.080	702	.828		
	总计	583.413	705			
CON	组之间	2.224	3	.741	1.436	.231
	组内	362.461	702	.516		
	总计	364.685	705			
JOB	组之间	2.603	3	.868	.597	.617
	组内	1020.292	702	1.453		
	总计	1022.895	705			
PSM	组之间	1.680	3	.560	1.399	.242
	组内	281.031	702	.400		
	总计	282.711	705			

本书对各变量进一步进行了多重比较检验(如表3-36所示),结果发现:家庭年收入在对公共利益的承诺(CPI)、自我牺牲(SS)、对金钱的喜好(LOM)、儒家文化(CON)、就业倾向(JOB)和公共服务动机(PSM)六个维度上均没有显著差异,而家庭年收入高低在同情心(COM)维度上存在显著影响:家庭年收入10万元以下组显著高于家庭年收入51万—100万元组;家庭年收入100万元以上组显著高于51万—100万元组,由此呈现出一个U形曲线。这可能是因为年收入较少的家庭由于常年为生计奔波,推己及人,他们更能够体会和理解其他群体的不容易;而年收入较高的家庭群体则因为拥有较好的社会资源,对自身素质要求较高,具有崇高的理想志向和对构建美好生活的不懈追求,也由此拥有较高的同情心。

表 3-36 多重比较检验（LSD 方法）

因变量	（I）income	（J）income	平均差（I-J）	标准错误	显著性	95%置信区间 下限	95%置信区间 上限
COM	10 万元及以下	11 万—50 万元	.095	.058	.105	−.020	.209
		51 万—100 万元	.418 *	.169	.014	.086	.751
		100 万元以上	−.147	.193	.445	−.526	.231
	11 万—50 万元	10 万元及以下	−.095	.058	.105	−.209	.020
		51 万—100 万元	.323	.170	.057	−.010	.657
		100 万元以上	−.242	.193	.211	−.621	.137
	51 万—100 万元	10 万元及以下	−.418 *	.169	.014	−.751	−.086
		11 万—50 万元	−.323	.170	.057	−.657	.010
		100 万元以上	−.565 *	.250	.024	−1.057	−.074
	100 万元以上	10 万元及以下	.147	.193	.445	−.231	.526
		11 万—50 万元	.242	.193	.211	−.137	.621
		51 万—100 万元	.565 *	.250	.024	.074	1.057

三、北京市大学生就业倾向现状调查研究结果

（一）北京市大学生选择职业的考虑因素统计分析

根据问卷中的"请对您选择职业的考虑因素进行排序"题目进行数据处理，将参与调查的大学生在"工作稳定""薪酬福利""发展前景""社会地位""地理位置"和"有挑战性"六大对象的第一选择进行统计，按照数量由大到小依次进行排序，结果如图 3-6 所示。研究发现，参与调查的北京市大学生群

体在选择职业的考虑因素中,最先考虑到的是薪酬福利,其次是发展前景、工作稳定、社会地位、地理位置以及有挑战性。出于对大学生本身的特质来考虑,可以从以下几点来解释这一结果:首先,即将毕业的大学生作为刚刚迈入社会的群体,缺乏必要的资金积累,在实现经济独立的目标下,就业过程中会需要重点关注薪酬与福利;其次,在面临租房、水电费等生活压力的时候,大学生对于经济收入或许会有较高的要求;再者,大学生初涉社会,比较有闯劲,会着重关注那些具有长远发展前景的职业,其次才是对于工作稳定和社会地位有所关注;最后,在地理位置和有挑战性两个方面,基于所调查的大学生是北京市高校大学生,常年在北京生活,对于地理位置上没有较强的敏感性,在工作挑战性上可能更加缺乏兴趣。

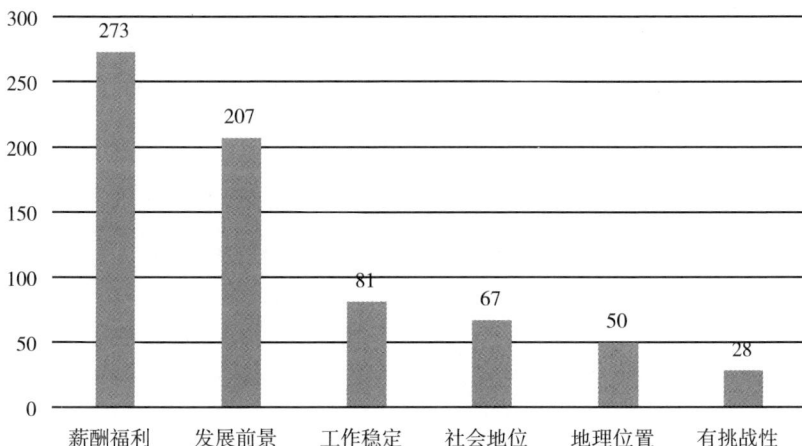

图 3-6　北京市大学生选择职业的考虑因素统计分析图

(二)北京市大学生职业选择统计分析

根据问卷中的"请您对下列就业选择进行排序"题目进行数据处理,将参与调查的大学生在"公务员""事业单位""国企""私企""创业"和"其他"六大对象的第一选择进行统计,按照数量由大到小依次进行排序,结果如图 3-7所示:参与调查的北京市大学生在职业选择中,更青睐于私企,其次是公务员、国企、事业单位、创业以及其他。出现这一现象可能存在以下几个原因:首先,本研究中的私企包含有外企和民营企业,这些企业的工资较高、晋升机会较多并且工作氛围活跃,对刚步入社会想要施展拳脚和才华的大学生而言具有较大吸引力,另外私企和公务员之间在一定程度上分别代表了"工资薪酬"和"工作稳定",根据上图所示,相较于公务员,大学生群体更加倾向于去私企工作,说明大学生更加注重工资薪酬这一方面,这一点也符合北京市大学生选择职业的考虑因素的次序。目前伴随着每年毕业的大学生数量越来越多,就业压力越来越大,就业形势不容乐观,大学生倾向于寻找一个薪酬福利较高、工作稳定、工作节奏舒适的岗位;而国企作为人们眼中的"金饭碗",薪酬水平较高,福利待遇好,社会保障高,这也就导致国企成为当今大学生的热门选择。其次,我国的经济发展日新月异,可在文化观念上,仍然出于一个在缓慢转变的过程,在过去,长辈们以在国企和事业单位工作为荣,这一观念也日渐影响着大学生群体,在他们选择就业过程中,对于国企、事业单位等有编制的企业的青睐会高于创业和其他职业。最后,虽然国家大力支持大学生毕业后自主创业,并为此提供了相对较好的福利政策,但是真正能够通过自主创业而实现自身梦想的人是少数,大多数的创业在半途中就被现实击垮,难以支撑起大学生的生活。因此,在这样一个大环境下,对于参与调查的大学生而言,创业这一选择就远逊于前几项职业选择。

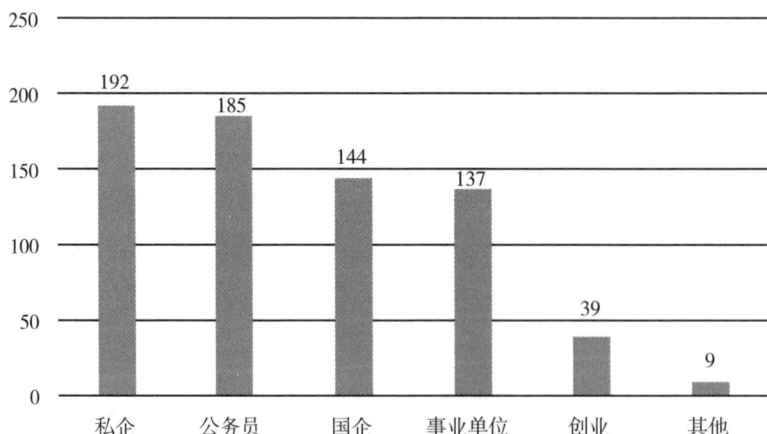

图3-7　北京市大学生职业选择统计分析图

对问卷中的"请您对下列就业选择进行排序"题目数据再次进行处理,将706名参与调查的人对于这道排序题的第一选择进行统计,其中将"公务员"

"事业单位"和"国企"归为"公共部门",并将其与"私企""创业"和"其他"进行比较,结果如图 3-8 所示:公共部门是大学生就业的首要选择(66%),远高于私企(27%)、创业(6%)和其他(1%),这一现象可以从这四个选择本身的特性来考虑:首先公共部门由于其本身工作稳定的性质而饱受人们青睐,该行业的薪资报酬属于整个城市的中上水平,能够满足其成员日常生活和养家糊口的物质需求。在社会上的政治地位相对高,能够充分满足部分成员的精神需求。但公共部门的工作一般来说较为枯燥乏味,具有高度重复性,并且规章制度较为严格刻板,存在科层制所带来的繁文缛节、办事效率低下等问题。另外,对于那些有激情有闯劲的年轻人来说,公共部门无法很好地满足其需求;私企作为市场经济中最为活跃的成分,在薪资水平上能够远超公共部门。同时,私企员工的发展空间大,在升职加薪上具有较大优势,然而由于其内部竞争激烈,其成员需要不断更新升级自己的能力,否则在经济萧条或者技术落后的时候,可能会面临公司辞退的风险;创业则是具有高风险和高回报的工作选择,因为在目前的社会现实中来看,创业成功者往往百里存一,失败的风险非常大,但倘若成功,就能够带来较为丰厚的回报,同时,创业团队中的氛围较好,没有太多的条条框框,其成员能够充分发挥个性,施展个人能力,实现自己的梦想和抱负。因此,在当前的中国社会大环境下,大学生们在面临较大的就业压力和生活压力的时候,会更加倾向于寻找一个工作稳定、薪酬相对较好的工作,对于容易失败或被淘汰的工作往往敬而远之。

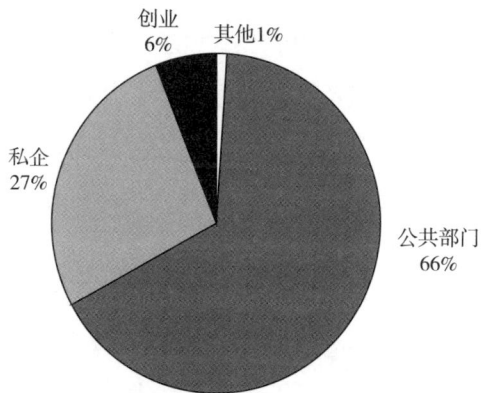

图 3-8　北京市大学生职业选择统计饼图

第三节　北京市大学生公共服务动机与 就业倾向问卷调查

在对北京市大学生公共服务动机与就业倾向现状和整体情况进行调查和数据分析后,本书尝试在公共服务动机理论的指导下,进一步通过实证研究的方法检验和验证大学生公共服务动机与就业倾向间的关系,以构建大学生公共服务动机与就业倾向模型。

一、研究背景

公共服务动机以动机理论为基础,是公共管理领域探究个体关注公共政策、关心公共利益、强调自我牺牲和同情心的一种内在的亲社会动机,是公共管理领域中个体微观层面研究的重要理论突破。党的十九大报告指出,在中国特色社会主义新时代必须坚持以人民为中心的发展思想,为中国人民谋幸福、为中华民族谋复兴,这与公共服务动机理论中"服务社会、造福他人"的核心理念具有很强的内在一致性。文化是一个国家、一个民族的灵魂。文化兴国运兴,文化强民族强。文化是一个国家的根,是一个国家力量的来源。中国只有不断通过本国文化充分汲取营养,才能够让中华民族永远屹立于世界民族之林。中华优秀传统文化包含了中华上下五千多年来的智慧,儒学的"内圣外王"、道家的"道法自然"以及佛门的"众生平等"等思想为中华儿女所世世代代流传。尤其是儒家思想,它曾在古代的中国扮演了重要的角色,在政治方面,儒家与古代科举制度相结合,成为了士人"为天地立心,为生民立命,为往圣继绝学,为万世开太平"的重要渠道;在生活方面,"仁、义、礼、智、信"成为古人为人处世所恪守的原则。现代中国社会主义核心价值观就脱胎于儒家思想,根植于中华民族的血脉,延续着中华民族的精神。因此,在面对研究中国语境下的公共服务动机,就一定离不开结合儒家学派等中华优秀传统文化对公共服务动机的深入剖析和解读。

大部分关于公共服务动机的研究都涉及公共部门和公务员,以公共组织或者公务员作为研究对象,考察其公共服务动机。但是西方学者已经不满足公共服务动机最初的研究范围,而将研究的对象和范围进行扩展,试图找出宏观和微观的各种因素对于公共服务动机的潜在影响,包括公共服务动机对个体最初就业倾向和就业选择的关系,以及就业选择决定之后的工作表现和绩效呈现相关维度的复杂因素。在扩展研究范围的同时,也将研究的对象扩展到社会的各类群体中。我国基于公共服务动机的相关研究相比西方略显滞后,我国学者大多将研究范围停留在政府和公务员以及志愿者身上。随着公共服务动机相关理论不断发展,公共服务动机的研究不但适用于公共部门,也同样适用于私营部门。此外,关于公共服务动机的研究亦可有助于对职员的就业倾向做出相应预判,以提高公私部门人员绩效。这样的研究一方面可以使西方的公共服务动机研究本土化,另一方面也可以充实我国公共服务动机的研究对象,服务更多的公私部门人员。

关于公共服务动机的相关思考,国内学者多引用西方学者的相关研究结论,研究的主体和范围局限于非营利组织与公共部门的活动,而没有放在我国宏观就业背景下,研究公共服务动机对就业倾向和就业选择的特殊意义。早期阶段的研究较多关注非营利组织志愿者的活动,当然最多的相关文献是关于政府公务员、基层公务员的公共服务动机现状以及结果变量的产出,如激励机制、绩效研究、投入状态等。张廷君(2012)的"公务员公共服务动机维度差异的本土化分析——基于福建的调查"将西方公共服务动机的理论和测量方法本土化,对中国情境下的公务员公共服务动机进行测量,测量结果证明,公务员公共服务动机中渴望参与政策制定、公共利益承诺、自我牺牲精神与民主治理意识的四个维度与西方相关研究一致,而西方普遍证实的同情心维度却未能得证。

随着基于公共服务动机的相关研究不断深入,我国学者对于公共服务动机的关注也越来越多,研究方向和调查对象也在不断丰盈和扩展,对于公共服务动机的微观因素调查越来越仔细。这些研究成果一方面支持了西方相关研究的观点,另一方面也融入中国本土特色,使之具备更强的适应性和融合力,可以预见,在接下来的研究中,会有更多学者从更多维度对这些研究做进一步的补充完善,涌现更多的研究成果。但同时,由于相关的研究中国起步较晚,绝大多数观点从西方译制而成,中西文化以及价值观的差异不可忽视,这些观点在本土化方面需要更多数据和适应性测试支撑。多数学者直接将公共服务动机套用到我国的公务员背景下,集中对公务员群体的公共服务动机进行细致研究,而基于非政府组织以及其他社会团体的数据则有很大欠缺。更为重要的是,缺少公共服务动机对就业倾向影响的研究,缺乏实证研究的证明。

本节采用实证研究的方法,选取北京市高校大学生作为研究对象,探究大学生公共服务动机对其就业倾向的影响,以期为解决我国大学生就业问题提供理论支撑和实践价值。

二、理论基础与研究假设

(一)儒家文化与就业倾向

弗雷德里克森认为,儒家文化是东亚道德价值体系的重要组成部分(Frederickson,2002)。近年来,公共管理研究领域的学者逐渐关注"儒家文化"这一概念,研究儒家文化与公共部门人员的工作态度、动机、价值观等变量之间的联系。许多学者研究发现,儒家文化对于东亚人群的影响是显著的。范德瓦尔研究发现,在儒家文化的影响下,东亚人更恭敬顺从,更以人为本,西方人则更自主,更个人主义,更守法(Vander Wal,2015)。杨等学者研究了各种儒家文化价值观(如:仁、义、礼)如何与现代公共价值观念相联系,以及这些价值观在东西方之间是否存在跨文化的差异。儒家文化强调公务员的道德行为要起到模范作用,使其把国家、人民放在重要位置(L.Yang,2014)。总的来说,东亚国家的行政文化植根于儒家文化。在传统儒家文化的道德和价值观念的影响下,公共部门的工作享有极高的社会声望,公职人员的社会地位较高。由此可见,东西方国家在公共价值观念(包括行政文化等)上存在跨文化的差异。我国大学生也深受儒家文化中"学而优则仕"的影响,每年有大量高校毕业生报考国家及地方公务员。基于此,笔者提出:

H1:儒家文化对就业倾向有显著正向影响。

(二)儒家文化与公共服务动机

佩里等学者在20世纪90年代提出了公共服务动机(Public Service Motivation,简称 PSM)的概念,公共服务动机是个体对主要或仅仅根植于公共机构和组织的动机做出反应的一种倾向(Perry,1990)。凡德纳比认为公共服务动机是超越自我利益和组织利益的一种信念、价值观和态度,这种信念、价值观和态度关心更高政治层面上的利益,能够激发个体无论什么时候都可以表现出恰当的行为表现。该理论的基本假设之一是人们可以通过社会化过程习得偏好(Vandenabeele,2007)。寸晓刚(2013)的研究发现,新一代大学生群体的公共服务动机与家庭结构、社团管理经历等变量相关,说明公共服务动机是一个随个体社会化进程而发展的多因动机。即公共服务动机是一个动态的社会化过程,可以通过环境影响来强化学习和提升。

杨的研究探讨了儒家文化与公共服务动机之间的联系,研究发现儒家文化下的行政伦理道德与公共服务动机的各维度之间存在高度相关(Yung,2014)。韩国的学者金的研究进一步证实了这一观点(Kim,2015)。基于此,笔者提出:

H2:儒家文化对公共服务动机有显著正向影响。

(三)公共服务动机与就业倾向

从对国外的文献梳理来看,公共服务动机(Public Service Motivation,简称 PSM)理论在大学生就业倾向这一问题上的影响很大。在一些探索性的研究中,例如卡尔研究发现公共服务专业的本科生比商科专业的本科生有更高的利他动机(Karl,2004)。对于研究生阶段的学生,切特科维奇发现以贡献社会为动机的学生更倾向于选择公共部门而非私人部门(Chetkovich,2003)。一些文献证实,公共服务动机对于选择公共部门工作产生了积极的影响。布鲁尔的研究证实了公共服务动机与公共部门就业选择之间的关联(Brewer,2000)。凡德纳比基于公共服务动机和自我决定理论(Self-Determination Theory),得出高公共服务动机将会使个体更易被吸引到公共部门(如政府部门)工作的结论(Vandenabeele,2007)。休斯顿基于不同福利国家的研究发现,在欠发达的福利国家,公共服务动机对就业倾向有显著影响(Houston,2011)。赖特认为公共服务动机是预测大学生就业选择的一个重要因素,并且需要培养以发挥公共服务动机的作用(Wright,2015)。基于此,笔者提出:

H3:公共服务动机对就业倾向有显著正向影响。

基于以上假设,本节的研究框架可通过图 3-9 来表示:

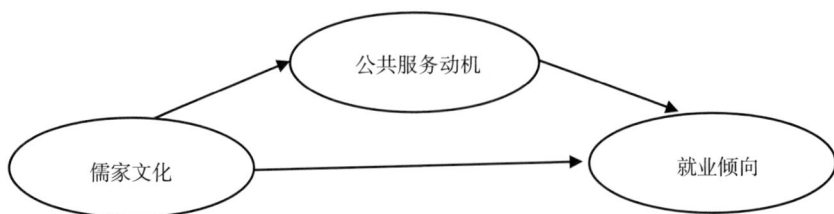

图 3-9　整体研究模型

三、数据分析

(一)信度与聚合效度分析

信度是对各潜变量内在一致性的检验,在信度分析中主要采用 Cronbach's α 系数和组合信度 CR 值进行检验。对于聚合效度的检验,一般采用各测量题目因子载荷量和平均方差萃取量(Average Variance Extracted, AVE)作为代表。本研究利用 AMOS 24.0 软件,对结构方程模型中的测量模型进行一阶验证性因子分析(CFA)以检验信度和效度的各项指标,结果如表 3-37 所示。

表 3-37　信度和聚合效度检验

潜变量	测量题目	因子载荷	Cronbach's α 系数	组合信度 CR	聚合效度 AVE
CPI	CPI1	0.687	0.745	0.767	0.534
	CPI2	0.910			
	CPI3	0.549			
SS	SS1	0.641	0.773	0.777	0.540
	SS2	0.797			
	SS3	0.757			

续表

潜变量	测量题目	因子载荷	Cronbach's α系数	组合信度 CR	聚合效度 AVE
COM	COM1	0.643	0.666	0.670	0.404
	COM2	0.678			
	COM3	0.583			
CON	CON1	0.829	0.687	0.715	0.464
	CON2	0.644			
	CON3	0.538			
JOB	JOB1	0.954	0.797	0.812	0.599
	JOB2	0.689			
	JOB3	0.641			

根据海尔的建议,Cronbach's α 系数应大于 0.7,组合信度 CR 值应大于 0.6(Hair,1998)。从表3-37 中可以看出,所有潜变量的组合信度 CR 值均符合建议标准、绝大多数潜变量的 Cronbach's α 系数符合建议标准,表明各潜变量均有内在一致性,具有良好的信度。根据福内尔和拉克尔的建议,平均方差萃取量 AVE 应大于 0.5,同时测量题目的因子载荷量应大于 0.5(Fornell and Larcker,1981)。从表3-37 中可以看出,绝大多数潜变量的 AVE 均大于 0.5,所有测量题目的因子载荷量均大于 0.5,符合建议的标准,表明各潜变量均具有良好的聚合效度。

(二)区分效度分析

本书采用潜变量的平均方差萃取量 AVE 指标检验潜变量的区分效度(如表3-38 所示)。根据福内尔和拉克尔的建议,潜变量的 AVE 平方根应大于与其相关的潜变量的相关系数(Fornell and Larcker,1981)。

表 3-38　区分效度检验①

	AVE	JOB	CON	COM	SS	CPI
JOB	0.599	0.774				
CON	0.464	0.137	0.681			
COM	0.404	0.142	0.586	0.636		
SS	0.540	0.216	0.400	0.548	0.735	
CPI	0.534	0.279	0.390	0.580	0.650	0.731

从表 3-38 可以看出,各潜变量 AVE 的平方根均大于与其相关潜变量的相关系数,因此本研究各个潜变量之间具有良好的区分效度。

(三)模型拟合度分析

在进行路径分析前,本节将整体理论模型与样本数据进行拟合,以检验假设模型的可接受程度。根据学者的普遍建议,本节采用 CMIN/DF、GFI、AGFI、CFI、TLI、RMESA 共 6 项指标衡量整体模型的拟合度,如表 3-39 所示。

表 3-39　整体模型拟合度

卡方/自由度	GFI	AGFI	CFI	TLI	RMESA
1.232	0.970	0.948	0.994	0.993	0.018

由表 3-39 可知,卡方/自由度 = 1.232 < 3,GFI、AGFI、CFI、TLI 均大于 0.9,RMSEA = 0.018 < 0.08,各项模型拟合度指标均符合学者建议的标准,证明整体模型拟合度良好。

(四)路径分析

为检验上文提出的研究假设,本节利用 AMOS 24.0 软件进行结构方程模型建模。研究首先检验在不考虑公共服务动机的影响时,儒家文化对就业倾向的影响。如表 3-40 所示,儒家文化对就业倾向有显著的正向影响(路径系数为 0.127,P = 0.005 < 0.01),假设 H1 得证。

---

① 对角线粗体字为 AVE 的平方根,下三角为潜变量间相关系数。

表 3-40　CON 对 JOB 的影响

DV		IV	Unstd.	S.E.	C.R.	P	Std.	Label
JOB	<---	CON	0.225	0.081	2.791	0.005	0.127	c

在将公共服务动机变量纳入模型后,构建完整的结构方程模型。如图 3-10 所示,按照中介效应的检验流程,设置儒家文化至公共服务动机的路径系数为 a,公共服务动机至就业倾向的路径系数为 b;考虑中介效应时,儒家文化至就业倾向的路径系数为 c′。

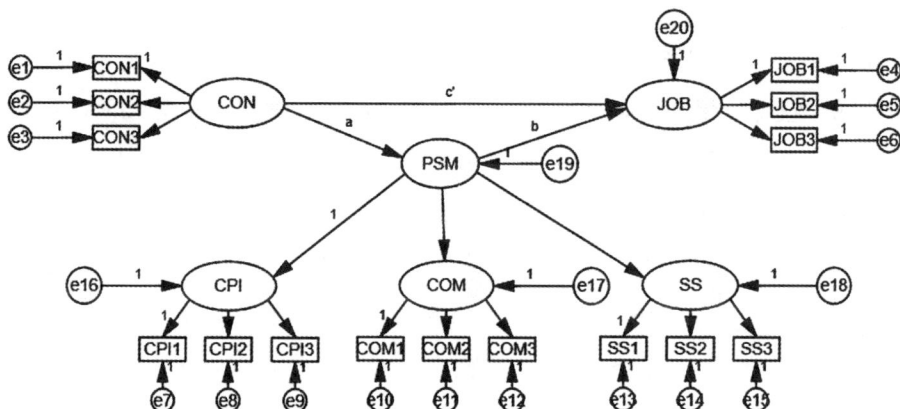

图 3-10　整体结构模型图

完整模型的路径系数如表 3-41 所示。由表 3-41 中各模型各项路径系数可以看出,儒家文化对公共服务动机具有显著的正向影响(路径系数 a 为 0.569,p<0.001,路径系数显著),假设 H2 得证;公共服务动机对就业倾向具有显著的正向影响(路径系数 b 为 0.306,p<0.001,路径系数显著),假设 H3 得证。考虑公共服务动机的中介效应时,儒家文化对就业倾向的间接效应为 0.174,p<0.001,路径系数显著;儒家文化对就业倾向的直接效应 c′ 为 -0.038,p=0.543>0.05,直接路径系数不显著。这表明公共服务动机在儒家文化与就业倾向之间发挥完全中介作用。

表 3-41　模型路径系数

DV		IV	Unstd.	S.E.	C.R.	P	Std.	Label
PSM	<---	CON	0.452	0.05	8.974	＊＊＊	0.569	a
JOB	<---	PSM	0.738	0.16	4.616	＊＊＊	0.306	b
	<---	CON	−0.073	0.12	−0.608	0.543	−0.038	c′

四、研究结论

本书以北京市高校大学生为研究对象,对儒家文化、公共服务动机、就业倾向三者之间的关系进行了系统的研究。研究结果表明,儒家文化对公共服务动机有显著的正向影响,这说明我国高校大学生受传统儒家文化的影响,能够显著提升自身的公共服务动机。同时,公共服务动机对就业倾向有显著的正向影响,从中国情境的视角检验并验证了佩里等学者的观点,说明高公共服务动机的大学生会更倾向于选择公共部门就业(Perry,1990)。在此基础上,本研究从公共服务动机理论出发,为理解儒家文化与大学生就业倾向之间的作用机制提供了新的视角。研究发现,公共服务动机在儒家文化与就业倾向之间发挥完全中介作用,这表明儒家文化能通过公共服务动机对大学生的就业倾向产生显著的正向影响。因此,在对我国高校大学生进行研究的过程中,应该对传统文化、公共服务动机和就业倾向给予更多的关注。

党的十九大报告中指出,文化自信是一个国家、一个民族发展中更基本、更深沉、更持久的力量,明确提出要培育和践行社会主义核心价值观,推动中华优秀传统文化创造性转化、创新性发展。由此可见,党和国家对坚定文化自信、发展社会主义先进文化提出了更高的要求。本书选取儒家文化作为中华传统文化的代表,证实了儒家文化对公共服务动机有显著的正向影响,进而影响高校大学生的就业倾向,这表明中华传统文化在立德树人中具有重要作用和积极意义。然而,随着互联网的快速发展,当今社会已进入信息化时代,传统的灌输式教育已经无法适应新形势下的要求,存在教育载体与大学生实际需求脱离的现象。因此必须及时采取新举措以应对新形势带给传统文化教育工作的挑战。首先,对于传统文化的丰富内涵要有深入、全面的阐释。例如如何在新时代践行和恪守仁、义、礼等传统文化精神,如何与社会主义核心价值观等社会主义先进文化观念相联系等。其次,对于传统文化和社会主义核心价值观念的教育途径不能局限于书本上的文字,而是需要创新教育理念、积极拓展更多的有效途径,进一步完善人才培养模式。考虑到大学生对互联网有较强的接受力,因此发展"互联网+教育"具有积极的意义,有助于激发大学生对于传统文化、社会主义核心价值观的求知欲。最后,必须重视文化自信的重要作用。文化自信对中华优秀传统文化的传承具有深远意义,只有对我国传统文化有坚定的信心,才能焕发文化的活力。政府应积极推动社会形成文化自信的氛围,并推动中国传统文化走向海外,产生跨文化的影响,在世界范围内构筑中国精神和中国价值,为弘扬中华传统文化提供更加有利的环境。

第四章　基于大数据的公共服务动机与就业倾向研究

第一节　研究背景

近年来,伴随着信息技术的飞速发展,大数据(Big data)已经逐渐成为公共管理领域备受关注的概念之一。这个概念早期是由维克托·迈尔-舍恩伯格于2008年提出,他通过观察和研究相关领域,对此开始系统而深入地研究。到2010年,维克托和肯尼思·库克耶一起在《经济学人》(*The Economist*)上发表了有关大数据的专题文章。

国际数据中心(IDC)作为研究大数据及其影响的先驱,在2011年的报告中定义了大数据,"大数据技术描述了一个技术和体系的新时代,被设计于从大规模多样化的数据中通过高速捕获、发现和分析技术提取数据。"①

随着大数据技术的发展,它在不同领域的应用也开始兴盛起来。凭借数据规模大、数据形式多样、数据内容复杂、对于数据挖掘技术要求高等特点,大数据及其相关应用在社会生活中开始普及,从最初的商业运用到后来开始向其他领域拓展,促进社会治理和经济水平的进一步提高。同时,根据国家发展改革委印发的《"十三五"国家政务信息化工程建设规划》要求,到"十三五"末期,我国政务信息化工程建设要基本形成满足国家治理体系与治理能力现代化要求的政务信息化体系,构建形成大平台共享、大数据慧治、大系统共治

---

① 李学龙、龚海刚:《大数据系统综述》,《中国科学:信息科学》2015年第1期。

的顶层架构,建成全国一体化的国家大数据中心。① 毫无疑问的是,大数据已经成为了公共管理领域方面重要的突破方向,国家可以通过两者的结合为公共利益的实现提供保障,也为公共管理的创新发展提供新的机遇和挑战。

目前,大数据作为一种工具应用于公共管理领域,能够推动社会治理水平的提高,提升政府的工作能力和绩效水平。杨东援(2016)认为大数据对于公共管理领域来说,首先是一种战略性的管理资源,能够为分析研究对象提供多样化的数据和信息,从多种角度剖析事物的本质和联系;其次,也是一种决策思维,能够通过数据驱动的形式显现研究对象本身的规律,帮助人们做出合理决策;第三,大数据是一种分析技术,能够通过对丰富多样的数据深度挖掘,得到最有价值的部分,帮助人们理解研究事物的本质。② 一个健康活力的社会环境应该有赖于大数据和公共管理的有机结合,因此这两者的良性结合是一个值得关注的研究领域。

孟天广(2018)认为,大数据与政府治理的结合是一个社会发展的必然趋势,前者会给后者带来治理理念、治理方式、治理体系、沟通方式四个方面的挑战,推动传统的政府治理方式改变从而适应现代技术发展。与此同时,政府也通过数据驱动的方式实现在国家能力、治理模式和治理理论的创新发展。③大数据的广泛运用催生了数字民生、网络问政等现象,推动着电子政务、在线政府等方面的发展。政府通过将政务信息进行向社会公开,帮助企业和个人获得所需的内容,将此类信息合理运用产生效益,促进经济的繁荣发展。

同时,大数据还能够凭借自身特点,影响着社会科学研究模式的转变,为学界的研究提供理论和技术上的支持。传统的社会研究一般采用调查和实验研究的方式,来对被调查对象进行探究。然而,此方法不仅具有较高的调查成本,而且实验对象可能因为样本选择偏差、实验设计缺陷等多方面原因,不能

---

① 《国家发展改革委关于印发“十三五”国家政务信息化工程建设规划的通知》,2017 年 7 月 31 日,见 http://www.gov.cn/xinwen/2017-08/24/content_5220193.htm。

② 杨东援:《如何在公共管理领域内推进大数据分析技术》,《交通与港航》2016 年第 5 期。

③ 孟天广、张小劲:《大数据驱动与政府治理能力提升——理论框架与模式创新》,《北京航空航天大学学报(社会科学版)》2018 年第 1 期。

完全反映其内心的真实倾向。近年来,在社会科学研究的过程中引入大数据技术,实现低成本高效率的信息采集,减低数据记录的误测,提高实验结果的准确程度。一般情况下,学界普遍认为大数据是一种数据驱动的知识发现过程,利用机器学习的过程,通过将大量结构数据或者非结构数据转化成为能够被利用和解读内容,发现社会现象的内容、关系或趋势,从中能够得出一些描述性、相关性的结论,但是此类方式对于事物的深层次分析没有帮助。孟天广(2018)却指出,伴随着大数据方法在方法论层面日益多元化,大数据方法在因果推论的方向的功能将逐步完善。也就是说在保证大数据本身能够利用海量数据的同时,例如获得高密度数据来实现对社会现象更全面、更精准的描述甚至是预测,也能借助小数据分析、传统统计学、实验研究、大数据模拟研究等方式,构建、检验、解释现象间的因果关联,由此实现社会现象的因果推论的过程。[1]

　　本书建立在大数据技术的基础上,对于大学生公共服务动机与就业倾向的关系进行研究。公共服务动机是指个体对主要或完全由公共制度和组织引起的动机进行回应的心理倾向,[2]就业倾向则是指个体对于不同行业的选择偏好。在公共部门工作的人,公共服务动机的程度高低将会影响其工作的积极性和工作效率。[3] 因此,研究公共服务动机和就业倾向之间的关系对于政府等公共部门的绩效提升意义重大。尽管在国内大数据在公共管理领域已经有一些应用成果,然而在公共服务动机和就业倾向方面的研究却不多见,并且传统的调查方法在此研究中也有一定的局限性。本研究结合大数据技术来研究两者之间的关系,通过网络采集不同职业人群的信息,研究在公共部门工作的个体的公共服务动机与不在公共部门工作的个体的公共服务动机之间的占比差异,反向验证公共服务动机与就业倾向之间的关系。

　　本书致力于突破时间和空间的限制,选取部分社交网络上行为体的行为、

---

① 孟天广:《政治科学视角下的大数据方法与因果推论》,《政治学研究》2018 年第 3 期。

② James L.Perry,Lois Recascino Wise, "The Motivation Bases of Public Service", *Public Administration Review*,Vol.50,No.3(May 1990),pp.367–373.

③ 葛蕾蕾、孙在丽、李乙冉:《基于 Citespace 的我国公共服务动机文献计量研究》,《山东社会科学》2018 年第 9 期。

表现、观点、诉求,通过大数据技术进行采集和处理,挖掘出其中有价值的部分,分析得到公共服务动机和就业倾向的关系。希望借此能够帮助政府提高绩效水平,并在这方面为民众提供更多的支持和引导。

第二节　研究数据

本书旨在通过大数据分析,挖掘出公共服务动机与从事公共服务工作之间的关系。研究数据主要来源于新浪微博,数据内容包含了用户 ID、用户发帖时间、用户发帖内容和用户的相关信息。由于新浪微博上的内容杂乱繁多,与公共服务相关的内容比较少。为了提高数据质量,本书预先设置了政府和事业单位等关键词,以这些关键词匹配微博内容,并保留其匹配上的内容。经过初步筛选获得了 3 万条用户数据。为了保证效率和数据的公正性,本研究随机选取了其中 1000 条数据作为实验数据,并进行人工校对标注。

这 1000 个用户中有 497 个确定在公共部门工作,69 个可能在公共部门工作,434 个不在公共部门工作。比如"CCTV 观点聚焦""警察棒棒"等为确定在公共部门工作的用户,比如"郭晋晖 CBN"在用户信息中都未提及具体职业信息的用户,本书认为可能在公共部门工作。"游戏设计师_陆飞"等明确表明职业与公共服务无关的用户被认定为不在公共部门工作。

第三节　研究方法

本节通过比较在公共部门工作与不在公共部门工作的人员是否有公共服务动机,从而判断具有公共服务动机的人是否更倾向于在公共部门工作。

公共服务动机依照用户在网络社交媒体上发的帖子进行判断。通过制定公共服务动机关键词,本书认为那些用户发布帖子中含有公共服务动机关键词的人员具有公共服务动机,反之则不具备公共服务动机。其中关键词包括义务、贡献、乐于助人等。

是否从事公共服务工作则是预先爬取用户信息,再经过人工进行校对标注。通过人工查阅用户信息,区分用户的工作单位是否为政府或者事业单位,以保证最后研究数据的准确性。

通过计算在公共部门工作的人中具有公共服务动机的人数,可以得到概率 P(有动机|在公共部门工作);计算不在公共部门工作的人中有公共服务动机的人数,可以得到 P(有动机|不在公共部门工作)。比较这两个概率值,能够说明公共服务动机与是否在公共部门工作之间的关系。

关键短语标识器和一个对话上下文编码器。关键短语标识器旨在从目标微博的推文中识别关键短语,上下文编码器则用于捕获对话中那些对暗示推文中关键短语有显著作用的内容。整个框架同时对给出的目标推文和与之相关的对话上下文进行训练。在预测方面,关键词标识器会基于编码器所生成的表述来识别一个推文中关键短语。图 4-1 给出了本研究的关键词抽取模型的整体框架结构。在接下来的小节中,(一)小节描述了本书所用到的关键词标识器;(二)小节则给出了不同上下文编码器的详细区别。

一、关键短语标识器

本书将关键短语抽取投射到序列标识任务中去(如图 4-1 所示)。从形式上看,对于任何一个给定的目标微博推文 X_i 规定其词语序列 $< x_{i,1}, x_{i,2}, \cdots, x_{i,|X_i|}>$,其中 $|X_i|$ 表示 X_i 的长度。本研究的目标是产生一个标签序列 $< y_{i,1}, y_{i,2}, \cdots, y_{i,|X_i|}>$,其中 $y_{i,t}$ 表示 $x_{i,t}$ 是否是关键短语中的一部分。更详细地说,$y_{i,t}$ 有以下五种可能取值:

$$y_{i,t} \in \{ SINGLE, BEGIN, MIDDLE, END, NOT \}$$

灰色虚线框内表示的目标推文的输入,这一输入也同样运用于上下文编码中。

表 4-1 列出了每一个取值所代表的含义。张等人认为这种 5 值标签集合的关键短语抽取方法效果比那些只有二值输出的方法好,所谓二值输出即指仅仅对每一个词标注其"是"或"不是"关键短语的一部分(Zhang et al., 2016)。

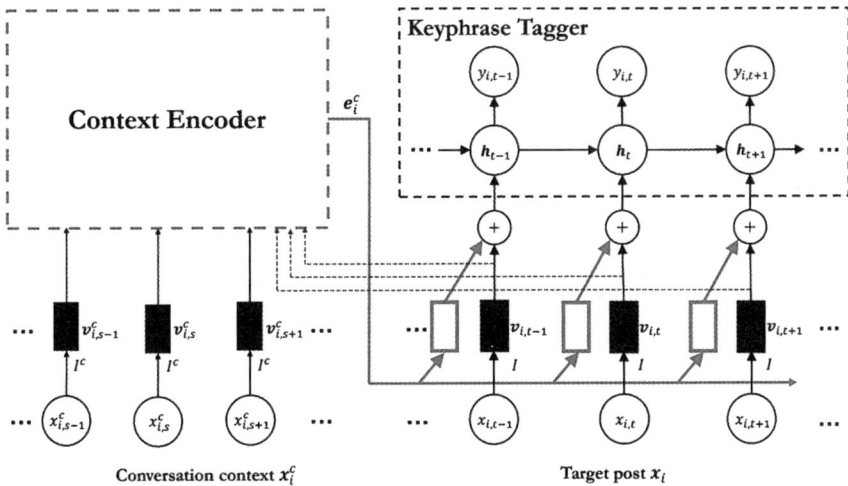

图 4-1　带有上下文编码器的关键短语抽取框架总体结构

表 4-1　不同取值的定义

SINGLE	$x_{i,t}$ is a one-word keyphrase(keyword).
BEGIN	$x_{i,t}$ is the first word of a keyphrase.
MIDDLE	$x_{i,t}$ is part of a keyphrase but it is neither the first nor the last word of the keyphrase.
END	$x_{i,t}$ is the last word of a keyphrase.
NOT	$x_{i,t}$ is not a keyword or part of a keyphrase.

　　为了预测关键短语的标签,本书用了 4 个最先进神经序列标识器,亦即循环神经网络(RNN)(Pearlmutter, 1989),带有门控循环单元的 RNN(GRU)(Chung et al.,2014),长短时记忆网络(LSTM)(Hochreiter and Schmidhuber,1997),和双向 LSTM(BiLSTM)(Graves and Schmidhuber,2005)。

　　除了一类输出,本书使用了 Zhang 等人提出的多层 RNN 模型,这一模型已在前人的工作中证明是不对对话上下文建模的情形下的最先进的关键短语标识器(Zhang et al.,2016)。作为一个多任务学习模型(Collobert and Weston,2008),多层 RNN 可以解决有两种不同种类的输出的两个任务,$y_{i,t}^1$ 与 $y_{i,t}^2$。$y_{i,t}^1$

的取值为二值的标签集合,表示词 $x_{i,t}$ 是否是关键短语中的一部分。$y_{i,t}^2$ 使用了表 4-1 中定义的 5 值标签集合。此外作为补充,除了标准的 RNN 版本,本研究还将多层 RNN 体系对应地运用到了 GRU、LSTM 和 BiLSTM 上。为了保证前后文的一致性,将只含有一类五值标签集输出的标识器称为单层标识器。

如图 4-2 所示,本研究的关键短语标识器建立在输入特征映射表 $I(\cdot)$ 上,这一映射将目标推文中的每一个词 $x_{i,t}$ 嵌入到密集向量中去,亦即 $I(x_{i,t}) = v_{i,t}$。本书通过预训练的词嵌入来初始化输入的特征映射表,并在训练过程中不断更新这一词嵌入。

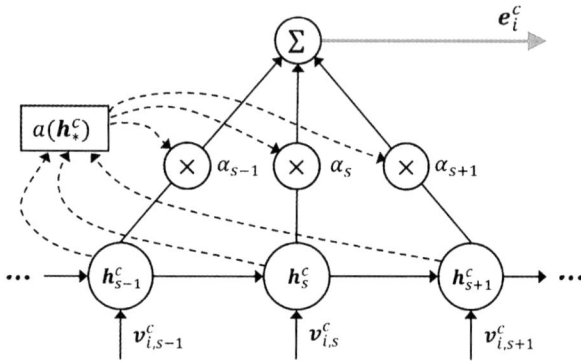

图 4-2 注意力机制的对话上下文编码器结构图

二、上下文编码器

本书根据发布时间汇总所有会话中的重发和回复消息来形成一个伪文档作为上下文,并将上下文以单词序列的形式输入上下文编码器(如图 4-3 所示)。令 x_i^c 表示目标文章 x_i 的上下文词序列,本书提出了四种编码 x_i^c 的方法,即平均嵌入,RNN,注意力机制和记忆网络。类似于关键短语标记器[参见上文(一)节],上下文 x_i^c 中的每个单词 $x_{i,s}^c$ 采用由输入层映射的矢量 $v_{i,s}^c$ 的形式。它也由预先训练的嵌入初始化,并在训练过程中更新。

(一)平均嵌入

$$e_i^c = \frac{1}{|x_i^c|} \sum_{s=1}^{|x_i^c|} v_{i,s}^c \tag{1}$$

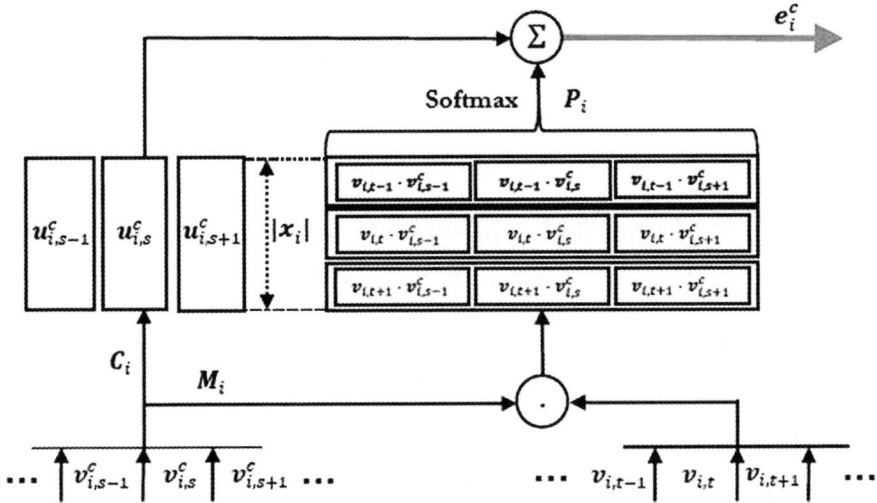

图 4-3　基于记忆网络的会话上下文编码器的结构

作为简单的句子表示技术,平均嵌入简单地将上下文中的词平均嵌入,即 $v^c_{i,s}$ 作为上下文表示的编码,即:

其中 $|x^c_i|$ 是上下文中 x^c_i 的长度。

(二)RNN 编码器

$$h^c_{i,s} = \delta_h(w^1_h h^c_{i,s-1} + w^2_h v^c_{i,s}) \tag{2}$$

RNN 编码器通过遍历所有状态的递归函数使用递归神经网络模型来嵌入上下文序列 $< v^c_{i,1}, v^c_{i,2}, \cdots, v^c_{i,|x^c_i|} >$。

其中 w^1_1 和 w^2_1 是可学习的权重矩阵, δ_s 是组合式的 sigmoid 函数。编码器表示因此由最后状态中的隐藏单元给出:

在本书中,基于 RNN 的编码器有四种变体,即 RNN,GRU,LSTM 和 BiLSTM。

$$e^c_= h^c_{|x^c_i|} \tag{3}$$

特别是,因为 BiLSTM 具有两个相反的方向,所以它的上下文表示来自给定上下文两个方向最后的连接状态。

(三)注意力机制

$$e^c_i = \sum_{s=1}^{|x^c_i|} \alpha^c_{i,s} h^c_{i,s} \tag{4}$$

基于注意力机制的编码器将注意力机制放在 RNN 模型上,以便在对话环境中"软强调"重要单词。在本文中,使用前馈注意力,如图 4-2 所示。编码器因此表示为:

$$\alpha_{i,s}^c = softmax(a(\mathrm{h}_{i,s}^c)) \tag{5}$$

其中 $\alpha_{i,s}^c$ 是单词 x_c^s 获得的关注系数,这隐含地反映了它对帮助关键词识别的重要性。$\alpha_{i,s}^c$ 是通过在隐藏状态的 softmax 激活函数计算得出的。

$$a(\mathrm{h}_{i,s}^c) = tanh(\mathrm{W}_a \mathrm{h}_{i,s}^c) \tag{6}$$

其中 a( ) 是一个可学习的函数,其公式如下:

它的输入只有 $\mathrm{h}_{i,s}^c$。W_a 是函数 a( ) 需要学习的参数。

$$a(\mathrm{h}_{i,s}^c) = tanh(\mathrm{W}_a \mathrm{h}_{i,s}^c)$$

(四)记忆网络

基于记忆网络的编码器在存储模块中存储和更新对话上下文的表示。更新的表示用于指导关键短语标记器。图 4-3 显示了它的结构。

$$\mathrm{P}_i = softmax(\mathrm{V}_i \cdot \mathrm{M}_i) \tag{7}$$

$$\mathrm{V}_i = < v_{i,1}, v_{i,2}, \cdots, v_{i,|x_i|} >$$

$\mathrm{V}_i^c = < v_{i,1}, v_{i,2}, \cdots, v_{i,|x_i^c|} >$ 形式上,每个嵌入的上下文序列被存储到存储器 M_i 中。然后,本研究通过由 softmax 激活函数的内部输出来产生嵌入的目标文章和上下文记忆 M_i 之间的匹配:

其中 $\mathrm{P}_{i,j,j'}$ 捕获对话上下文 x_i^c 中的第 j-th 个词与目标文章 x_i 中的第 j'-th 个词之间的相似度。

$$e_i^c = \mathrm{P}_i + \mathrm{C}_i \tag{8}$$

$$\mathrm{C}_i = < \mu_{i,1}, \cdots, \mu_{i,|x_i^c|} >$$

为了将上下文输入 x_i^c 转换为对齐的形式,以便能够将其与 P_i 相加,本研究引入另一个嵌入矩阵与注意力编码器类似,记忆网络编码器旨在生成表示,该表示包含了会话上下文中的重要部分,该表示有助于标记目标文章 x_i 中的关键词短语。C_i 和匹配矩阵 P_i 的和被用作对话上下文的编码表示:

尤其是,注意力机制和记忆力网络都会探索会话中突显主题的词汇,这些词汇描述了会话的主要焦点,这有助于指出目标帖子的关键词。相比之下,记忆网络利用目标帖子和对话的相互匹配度,而注意力机制在不考虑目标帖子的情况下隐含地关注某些上下文。如表4-2所示。

表4-2　两个数据集的统计数据①

Dataset	# of an-not.msgs	# of msgs in context	Context length	Vocab
Twitter				
Train	3976	3.38	49.74	34412
Dev	497	3.19	46.44	7186
Test	497	3.30	48.09	8779
Weibo				
Train	13816	1.97	55.77	25259
Dev	1727	2.01	45.00	9106
Test	1727	1.82	51.95	9305

第四节　实验和结果

通过编程分布统计出所选取的一千条数据中,在公共部门工作的人数,可能在公共部门工作的人数,以及不在公共部门工作的人数。设计公共服务动机关键词典,以此作为依据进行匹配,从而确定用户是否具有公共服务动机。本研究在三类人群中分布进行了关键词匹配,分别统计了有公共服务动机的人数,结果如表4-3所示。

表4-3　基于大数据的公共服务动机与就业倾向关系

类别	总人数	有关键词的	无关键词的	有关键词的占比
在公共部门工作	497	191	306	38.43%
可能在公共部门工作	69	21	48	30.43%
不在公共部门工作	434	64	370	14.75%

---

① Train、Dev、Test 分别指的是训练集、验证集、测试集。

通过研究公共服务动机及其职业之间的关系,本研究证明在公共部门工作的人比寻常人具有更强烈的公共服务动机。从上述结果中可以明显看出,有 38.43%的人在微博中表现出了存在公共服务动机,而不在公共部门工作的人公共服务动机则不那么强烈,仅有 14.75%的人在微博上表现出存在公共服务动机。同时,还可以从表格中看出,在公共部门工作的人数为 497 人,不在各个部门工作的人数为 434 人,两者数量上相差不大。然而,两者中具有公共服务动机的人数则相差甚远:在公共部门工作的人在微博中表现出服务动机的人数为 191 人,不在公共部门工作的人在微博中表现出服务动机的人数仅有 64 人。可以看出前者是后者的 3 倍。由此我们可以得出结论:公共服务动机与人们是否会从事公共部门工作有着紧密的联系,即具有公共服务动机的人更倾向于选择到公共部门就业。

作为在公共部门工作的人员,其公共服务动机将影响其在工作时候的工作绩效和工作满意度。[①] 因此,具有公共服务动机的人到公共部门工作将成为一种互利的选择。如果通过大数据的研究能够深入得到影响两者之间关系的因素,政府能够通过选择具有公共服务动机的群体在公共部门进行任职,以提升政府的整体工作效率,也提高了个体在工作中的满意度。

第五节　研究讨论

本研究采取大数据技术,通过对研究对象的职业和公共服务动机进行分析,得到结果:在公共部门工作的人所拥有的公共服务动机比率比在非公共部门工作的人所拥有的公共服务动机比率高。这表明公共服务动机的确对于大学生就业倾向具有影响。整个过程从结果反向推导原因,希望能够帮助公共服务动机和就业倾向方面的研究避免传统问卷调查所带来的问题,丰富此领域的研究内容。

---

① 母睿、刘弘毅:《公共服务动机的影响因素与作用机制》,《沈阳工业大学学报(社会科学版)》2018 年第 4 期。

国外目前有很多关于公共服务动机和就业倾向方面的研究,国内对于这方面的研究也开始逐渐增加。对于这个问题,学者们众说纷纭,存在一定的争议。但主流观点还是认为两者之间存在某种联系。例如,刘帮成等人(2011)假设公共服务动机与职业的选择有积极影响,具有公共服务动机的人更加倾向于在公共部门中工作。他们通过在中国东部的两所知名大学中对584名学生进行调查,最后得出结论:公共服务动机和职业倾向两者之间有关联,并且公共服务动机中的自我奉献会影响个人对公共部门的选择。[①] 莱纳德·布莱特则是在印第安纳州,肯塔基州和俄勒冈州的三个公共部门随机选取了样本数据进行分析,却得出结论:公共服务动机和职业倾向之间并无明显关联(Leonard Bright,2011)。[②] 为此,本研究通过大数据技术研究就业的人群的公共服务动机,希望借此以避免以往研究的局限性,从新的角度来对公共服务动机和就业倾向的关系进行判断,丰富研究成果。相较而言,本书具有以下三个方面的优势:

1. 提升数据规模,增加数据真实性[③]

课题研究的数据选取主要来源于新浪微博中从30000条数据中通过筛选得到1000条样本数据。这些数据都是来自新浪微博用户的日常生活。与传统问卷调查不同,相较于受访者对于传统问卷调查可能存在的不同程度上的排斥,从新浪微博中所获取的数据则能够更加真实地反映出被调查人员的内心反应和倾向,大数据技术通过对这些数据进行整合,利用关键词筛选出符合条件的样本,并且通过人工复查方式,增加数据的真实性和合理性,使得本文对大学生公共服务动机和就业倾向方面的研究更具有说服力。

2. 避免传统调查程序,减少人力物力成本

传统问卷调查程序烦琐,前期问卷设计、小范围人群试用以及调试修改问

---

① Bangcheng Liu, Chun Hui, Jin Hu, Wensheng Yang, " How Well Can Public Service Motivation Connect With Occupational Intention?", *International Review of Administrative Sciences*, Vol. 77, No.1(March 2011), pp.191-211.

② Leonard Bright, "Does Public Service Motivation Affect the Occupation Choices of Public Employees?", *Public Personnel Management*, Vol.40, No.1(March 2011), pp.11-24.

③ 江小涓:《大数据时代的政府管理与服务:提升能力及应对挑战》,《中国行政管理》2018年第9期。

卷问题,以保证问卷调查回收后的问卷质量;发放问卷时会耗费大量人力物力,要注意对被调查人员的选择,避免样本选取过于集中,以保证问卷数据的代表性以及结果的合理性。在问卷回收的时候可能还会存在废卷的情况,因此还需要多选择一些人进行问卷调查作为补充。通过大数据采集用户信息就不会存在以上问题,大数据采集数据的成本通常更低,但其产生的数据量却更大,而且具有丰富的时空信息。譬如,对于微博用户的访问无须通过同意,并且通过关键词的筛选能够精确反映被调查的用户的倾向。由此在保证数据真实和合理的情况下,节省了大量人力物力,避免了一系列传统流程。

3. 降低个体主观性,避免社会称许性

被调查的个体在填写问卷时,会受到当时环境、心情状态、问卷题目表述等一系列主观或者客观因素的影响,由此可能导致填写时的主观性太强,在不同时刻对于某方面存在偏向性不同,使得问卷无法真实反映个体的意向。基于大数据下北京市大学生公共服务动机与就业倾向研究能够避开此类问题,通过对于个体日常生活情况进行研究,能够避免主观偏差,得到更加客观的数据。

第六节 研究不足与展望

通过大数据技术对北京市大学生公共服务动机与就业倾向展开研究时,数据的选取是关键,只有科学合理地选取样本数据,才能够确保该研究的情况符合实际情况,对照现阶段的研究方法,目前研究存在以下几方面的问题:

1. 样本代表性不足,偏向固定人群

数据的选取来源于新浪微博,采集到的数据是新浪微博用户在上面的发帖内容,而那些不使用微博或者不在微博上发表帖子和动态的人群则被忽视。常用新浪微博并且在上面发帖的人群可能属于那类愿意展现自己生活,积极参加活动的活跃人员,可能这类人群参加公共服务的积极性较高,而另外不使用微博或者不在微博上面发表帖子的人群的意向则不明确。数据选取的样本的代表性不足,容易对研究结果造成一定偏差。

2. 机器学习信度效度不高

尽管相较于传统社会调查的方式,大数据的机器学习更具效率,但是其测量的信度和效度均值得关注。信度是指测量方法的质量和测量结果是否稳定,效度则反映的是测量工具有多少反映了真实情况。大数据虽然能够通过采集数据来反映人们的外在行为,但是这些数据不能完全代表一个人的心理因素和价值观念,这一方面的内容难以获取,最后导致大数据机器学习的信度效度不高。

在未来的发展过程中,随着大数据在公共管理领域的进一步延伸拓展,以上的问题将会得到改善。同时,除了对数据进行描述性的分析,还可以探求其因果联系。通过大数据技术证明了公共服务动机和就业倾向存在关系后,未来能够继续利用大数据的特性,进一步对两者进行研究,主要是通过大数据和小数据分析结合的方法,在宏观和微观的两个层次上共同把握,由大数据在总体层面描述现象的特征、变化趋势和相关关系,然后再随机选取大数据中的小数据进行小数据分析,探究因果关系。① 由此获得影响公共服务动机与就业倾向的深层次原因,了解两者的因果联系,并且探究出影响因素。由此能够为政府挖掘和提高具有公共服务动机的大学生提供渠道和依据。

此外,政府可以通过高校培养具有公共服务意识的大学生,通过运用大数据对资源的合理配置,帮助他们进行符合自身情况的职业生涯规划,提高他们在大学期间对公共部门的认识,增加毕业后进入公共部门的概率,在一定程度上能够帮助政府提高绩效,并由此产生更大的社会效益。

---

① 孟天广:《政治科学视角下的大数据方法与因果推论》,《政治学研究》2018 年第 3 期。

第五章 残疾大学生公共服务动机与就业倾向研究

第一节 研究背景

残疾大学生等残疾人群体一直以来都是国家和社会的重点关注对象。随着我国高等教育水平的持续提升,教育普及程度的不断增加,高校针对残疾大学生的招生规模整体上也呈现出上升趋势,[①]随之而来的有关其就业问题也不断引发热议。

残疾大学生的公共服务动机和就业倾向问题,对残疾大学生个人、家庭、学校以及国家和社会来说,都有着重要意义。从个人和家庭方面来说,残疾大学生的公共服务动机和就业倾向关系到其自身的生存和自我价值的实现,关系到其家庭的生活水平和未来的长远发展。从学校和教育方面来说,该问题不仅关系一个学校的办学水平、收入效益和学校的稳定发展,还关系到整个特殊教育行业的改革和发展。

残疾人的就业问题长期以来都得到了党和国家高度关注,国家为了促进残疾人的就业而制定了一系列的法律、法规以及相关政策。2016 年 8 月 3 日国务院印发并实施的《"十三五"加快残疾人小康进程规划纲要》中明确提出:"加快发展以职业教育为主的残疾人高中阶段教育。""完善中高等融合教育政策措施,中等职业学校、普通高校在招生录取、专业学习、就业等方面加强对

---

① 张洪杰、王大勇:《高校残疾大学生就业指导问题研究》,《统计与管理》2016 年第 11 期。

残疾学生的支持保障服务。"①2016 年 10 月 8 日,中国残联、国家发展改革委、民政部、人力资源社会保障部、国家卫生计生委、国家税务总局、国家中医药管理局联合制定的《残疾人就业促进"十三五"实施方案》中明确表示:"将残疾人大中专毕业生就业创业服务工作放在残疾人就业工作的首位。密切与残疾人大中专毕业生所在学校联系,提前介入,准确掌握每一名毕业生基本情况和需求,实行'一生一策'、'一对一'就业创业服务,帮助毕业生了解就业形势,落实扶持政策,做到'不就业、不脱钩',确保应届残疾人大中专毕业生当年就业率达到 60% 以上。"②2018 年 1 月 23 日,中国残联联合国家发改委等 15 部门印发了《关于扶持残疾人自主就业创业的意见》,明确了 20 多项促进残疾人自主就业创业的扶持政策。其中诸多举措直接涉及残疾大学生的切身利益,如在金融扶持和资金补贴方面,"特殊教育院校教育类毕业生、残疾人高校(含技师学院)毕业生、贫困残疾人家庭高校(含技师学院)毕业生按规定享受求职创业补贴"。在支持重点对象和"互联网+"创业方面,"鼓励支持残疾人大中专毕业生入驻各类创业园。在'千校万岗'等大学生就业精准帮扶行动中,落实残疾人毕业生人岗对接工作。"③2018 年 7 月 19 日,教育部、国家发展改革委、财政部、中国残联印发了《关于加快发展残疾人职业教育的若干意见》,明确提出以中等职业教育为重点不断扩大残疾人接受职业教育的机会,④为残疾学生提升就业能力创造了良好环境。党的十九大中也提出了"办好特殊教育""弱有所扶""发展残疾人事业"等关键词句。

在我国,残疾人的生活情况与全面建成小康社会的任务密切相关。残疾

---

① 《国务院关于印发"十三五"加快残疾人小康进程规划纲要的通知》,2016 年 8 月 3 日,见 http://www.gov.cn/zhengce/content/2016-08/17/content_5100132.htm。

② 中国残疾人联合会等:《关于印发〈残疾人就业促进"十三五"实施方案〉的通知》,2016 年 10 月 8 日,见 http://www.chinatax.gov.cn/n810341/n810755/c2349545/content.html。

③ 中国残疾人联合会等:《关于扶持残疾人自主就业创业的意见》,2018 年 1 月 12 日,见 http://www.cdpf.org.cn/zcwj/zxwj/201801/t20180123_617212.shtml。

④ 《教育部等四部门关于加快发展残疾人职业教育的若干意》,2018 年 4 月 23 日,见 http://www.moe.gov.cn/srcsite/A07/zcs_zhgg/201807/t20180718_343400.html。

大学生的公共服务动机和就业倾向问题关系到我国社会能否实现全面、协调和可持续的发展,关系到社会局面的稳定。因此,对残疾大学生的公共服务动机和就业倾向的研究有助于提高残疾大学生公共服务和充分就业的水平,更多、更好地保护残疾大学生的权益,促进整个社会的稳定发展和小康社会的全面建成。

第二节　文献综述

目前,国内学术界关于研究残疾大学生公共服务动机与就业倾向的文献重点多在调查残疾大学生的职业规划和就业现状、分析影响他们就业的因素、提出针对残疾大学生的就业指导和就业对策方面。除此之外,部分有关残疾大学生就业方面的文献出自新闻报刊,内容多涉及国家政策方面。

国内关于残疾大学生就业问题的文献内容多以提出相应的解决建议为研究重点。王丽霞(2010)的"残疾大学生就业问题思考"从残疾大学生就业困难现状角度出发,指出相当一部分残疾大学生对就业具有较高期待,希望能得到一份相对稳定、有保险、工资待遇好的工作。但大部分残疾大学生在期待较高的同时缺乏具体、长远的规划。因此,学校应加大服务力度、争取家长的积极配合、多渠道寻求支持,并建立学生就业实习实践基地。政府除积极出台相关政策和资助计划外,应考虑残疾大学生的特点,创办适合残疾大学生专业特点的就业实体。企业等社会群体也应多关注、多帮助残疾大学生适应工作生活。[①] 文章的重点虽然在提出相关的解决建议,但关于残疾大学生就业现状的陈述,部分内容涉及其就业倾向。张洪杰(2012)的"全纳教育视域下视障大学生就业指导问题"对全纳教育视域下视障大学生就业状况进行了调查研究,得出全纳教育视域下视障大学生的主要特点为就业指导认知低下、就业方向不明确、个人职业规划不明确和心理上自卑与优越感并存、畏惧与高期望值并存等的结论。并在此基础上提出建立符合全纳教育视域下视障大学生特点

---

① 王立霞:《残疾大学生就业问题思考》,《中国残疾人》2010 年第 3 期。

的就业指导体系,建设就业指导队伍、配备就业指导人员、确定就业指导内容、构建就业指导模式、完善就业服务体系等建议。① 庄树范、张晓梅、赵钢(2013)的"全纳教育之视障大学生就业对策研究"以问卷形式调查、分析了截至 2012 年,142 名主修针灸与推拿专业的视障学生的学习情况和其中 50 名接受全纳教育的学生毕业后的去向,得出其中大部分视障大学生毕业后依然从事与推拿针灸专业相关的工作的结论,并在此基础上提出完善残疾大学毕业生的就业保障制度、发展视障大学生全纳教育、加强就业指导的对策以应对视障大学生就业问题。② 由此观之,国内在以提出解决对策为重点的文献中,除了将整体残疾大学生作为调查对象的研究,关注视障大学生群体的研究多和教育领域密切相关。

除了以提出相应的解决建议为研究重点外,有国内学者将研究的重点集中在影响残疾大学生就业因素的分析上。李楠(2012)的"上海市残疾大学生就业心理及其相关因素研究"选取了上海市 37 所高校的 135 名残疾大学生及 141 名非残疾大学生作为调查对象发放调查问卷,并以面谈形式对 6 名视障和肢体残疾大学生、3 名听障大学生进行访谈。问卷以残疾大学生认知方面、情绪情感方面、意志方面和个性倾向方面作为主要维度,采用李克特五点评分法,对所有调查对象的问卷得分进行描述性统计,并采用 SPSS19.0 软件对问卷调查数据进行统计处理,以研究残疾大学生的就业心理现状。最终得出结论:残疾大学生整体就业心理水平参差不齐,具有较大差异,残疾大学生自我职业认知水平较低、就业心态较为消极并缺乏较为清晰的职业意向和就业规划,相当一部分残疾大学生的就业动机倾向于自我实现型,希望在工作过程中体现自身价值,利用自身的知识技能实现职业理想。并且,家庭亲密度、社会支持、支持利用度等因素对残疾大学生的就业心理解释贡献量较大,性别、年

---

① 张洪杰:《全纳教育视域下视障大学生就业指导问题》,《东北师大学报(哲学社会科学版)》2012 年第 2 期。

② 庄树范、张晓梅、赵钢:《全纳教育之视障大学生就业对策研究》,《黑龙江高教研究》2013 年第 6 期。

级、障碍类型等也与残疾大学生的就业心理存在显著相关。[①] 文章从残疾大学生就业心理角度开展研究,以残疾大学生的就业心理现状和影响因素为分析重点,部分内容涉及就业倾向方面,且调查方法、数据处理方面的内容阐述清晰。

有国内学者将残疾大学生职业生涯规划作为研究方向。范莉莉(2018)的"残疾大学生职业生涯规划现状调查研究"对来自南京特殊教育师范学院、长沙民政职业技术学院、河南中州学院的435位听障残疾大学生进行了调研,并采用问卷调查和个案访谈相结合的方式对调查者的专业认知、职业生涯认知、就业认知、职业生涯教育现状等方面进行调查,对所搜集的数据用SPSS19.0统计软件包进行统计处理。最终得出结论:残疾大学生在专业的选择上具有较高的自主判断能力,但随着对专业学习的深入,他们的就业压力普遍上升,对未来的就业呈现出焦虑心态。在就业选择时,多数残疾大学生会在与父母沟通的基础上进行自主选择。[②] 虽然文章结构明确,调查方法、数据处理方面的内容阐述清晰,但文章研究的重点在于残疾大学生对未来职业生涯如何进行规划以及规划情况,并非具体的就业倾向。

部分国内学者的相关调研是从某地实际情况出发,探讨视障群体就业培训、就业困难和解决方案等问题。黄立温(2013)的"拓展农村盲人就业空间"认为农村视障群体就业的主要渠道是按摩行业,但该行业竞争激励,就业稳定性不够,需要通过政府支持、行业管理部门落实优惠政策、加强劳动性功能训练等途径拓展农村视障群体的就业空间。[③] 这篇文章虽然是主要针对的农村视障群体的就业问题,但对研究残疾大学生的就业倾向问题仍然具有一定的启示性,即思考视障大学生就业倾向问题的过程中,要因地制宜地考虑到他们

---

① 李楠:《上海市残疾大学生就业心理及其相关因素研究》,华东师范大学,2012年硕士学位论文,第33—39页。

② 范莉莉:《残疾大学生职业生涯规划现状调查研究》,《教育理论与实践》2018年第24期。

③ 黄立温:《拓展农村盲人就业空间》,《中国残疾人》2013年第7期。

所处地域的具体情况及历史、文化传统情况。相梅（2015）的"上海市残疾人就业问题研究"将上海市闵行区的残疾人作为重点研究对象进行分析，得出了当地残疾人遭受就业歧视较严重、企业分散安置残疾人积极性不高、福利企业数量减少、残疾人缺乏进行岗前培训的意识、残疾大学生毕业后的就业情况不容乐观等结论。并针对这些问题从多角度进行分析，分别从残疾人自身、企业、政府和学校角度提出了一些应对建议。① 这两篇文章皆是从当地的残疾人就业现状作为切入点，并在此基础上因地制宜地提出解决方案，针对性较强。

新闻报刊中有关残疾人群体的就业内容，多和国家政策息息相关，大多集中在报道《中国残疾人事业"十二五"发展纲要》《"十三五"加快残疾人小康进程规划纲要》实施《中华人民共和国残疾人保障法》《残疾人就业条例》等，如《中华人民共和国残疾人保障法》中明确指出："国家保障残疾人劳动的权利。各级人民政府应当对残疾人劳动就业统筹规划，为残疾人创造劳动就业条件。""国家鼓励和扶持残疾人自主择业、自主创业。"②《残疾人就业条例》中在用人单位的责任方面提出了"用人单位应当按照一定比例安排残疾人就业，并为其提供适当的工种、岗位""用人单位安排残疾人就业达不到其所在地省、自治区、直辖市人民政府规定比例的，应当缴纳残疾人就业保障金"等具体要求，并明确规定了"各级人民政府和有关部门应当为就业困难的残疾人提供有针对性的就业援助服务，鼓励和扶持职业培训机构为残疾人提供职业培训。""拓宽残疾人就业渠道，开发适合残疾人就业的公益性岗位，保障残疾人就业。"该条例从用人单位、政府、残疾人三方的角度出发提出规定，试图改善残疾人的就业问题。③

回顾上述文献资料，使国内关于残疾大学生就业倾向的研究现状得到了

---

① 相梅：《上海市残疾人就业问题研究》，华东政法大学，2015 年硕士学位论文，第 22—25 页。

② 《中华人民共和国残疾人保障法》，2008 年 4 月 24 日，见 http://www.gov.cn/jrzg/2008-04/24/content_953439.htm。

③ 中华人民共和国国务院：《残疾人就业条例》，2007 年 2 月 25 日，见 http://www.gov.cn/flfg/2007-03/05/content_542693.htm。

初步概括。关于公共服务动机的研究尚未关注残疾大学生或其他残疾人群体,而有关残疾大学生就业的研究多停留在对现状的概括描述、分析影响残疾大学生就业的因素和提出解决建议等方面,几乎没有直接涉及残疾大学生就业倾向的研究文献,研究范围较为固定,且研究主体多集中在高校,其中从事特殊教育行业的研究者比例较大,残联工作人员以及其他相关部门的研究文献相对较少,社会整体关注度不够高。

从各篇文献的发表时间看,随着 2007 年《残疾人就业条例》的颁布,国内学者对残疾人就业倾向等就业问题的关注呈整体上升的趋势,并且其中大多文献涉及《条例》内容。可见,关于残疾大学生等残疾人群体的就业研究与国家政策支持密切相关。相关政策的出台能够引导国内学者更多地关注残疾大学生就业倾向、就业现状、就业途径等问题,促进残疾人平等就业的逐步实现。①

第三节 深度访谈

一、数据来源

本书访谈对象的选择遵循随机抽样的原则,选择了北京联合大学特殊教育学院本科 2014 级、2015 级、2016 级共计 21 名的视障大学生。访谈对象所属专业涉及特殊教育、计算机应用技术、针灸推拿学、音乐表演等。通过访谈交流,本研究试图从中了解我国视障等残疾大学生的公共服务动机和就业倾向现状。

本研究通过进行个人深度访谈的形式来收集数据,以获取第一手资料。考虑到访谈对象的文化程度及工作状况,更是为了保证研究的真实性,访谈提纲主要包括多个范围较广阔的主题,而不是特别具体的问题。

访谈内容如下:

---

① 范莉莉:《残疾大学生职业生涯规划现状调查研究》,《教育理论与实践》2018 年第 24 期。

（1）您在过去的学业生活中，是否有接受过政府、公益团体或基金会的帮助，如果有，是以何种方式及程度接受的？如果没有，您希望获得何种方式及程度的公共服务？

（2）您认为国家保障视力障碍群体受教育权方面，有什么优点及不足？

（3）您所了解的视力障碍群体普遍的就业方向及收入处于何种状况？

（4）您所了解的国家在改善视力障碍群体就业问题上提供过何种帮助或服务？

（5）您个人对未来就业时的岗位选择有何考量？

（6）您个人对大学生回馈社会有何种看法及考量？

（7）您个人对就业时选择从事公共服务类工作是否有过考量？若有，您愿意选择何种具体工作岗位？若无，您的考量是什么？

（8）您个人是否有意愿在未来工作选择时从事有助于帮扶视障群体的岗位？

整个访谈过程中，研究人员对访谈内容进行侧面引入，避免出现任何诱导行为，鼓励访谈对象如实回答。访谈结果一定程度上反映了目前我国视障等残疾大学生有关公共服务动机和就业倾向的真实想法。并且，每次访谈时间控制在至少 30 分钟，访谈后保证当天完成访谈内容的整理，并就访谈过程及结果进行讨论和记录，以便优化下次的访谈活动。

二、研究方法

扎根理论研究法是由芝加哥大学的格拉斯和哥伦比亚大学的斯特劳斯两位学者共同发展出来的一种研究方法，是运用系统化的程序，针对某一现象来发展并归纳式地引导出扎根的理论的一种定性研究方法（Glaser and Strauss，1967）。①② 扎根理论方法主要分为三大流派，格拉斯与斯特劳斯的经典扎根理论（Glaser and Strauss，1967）、斯特劳斯和科宾的程序化扎根理论（Strauss

---

① 田霖：《扎根理论评述及其实际应用》，《经济研究导刊》2012 年第 10 期。

② Barney G. Glaser, Anselm L. Strauss, *The Discovery of Grounded Theory：Strategies for Qualitative Research*, New Brunswick & London：Aldine Transaction，1976, pp.23-43.

and Corbin,1990)、卡麦兹的建构型扎根理论(Charmaz,1995)。其中,程序化扎根理论主要分为开放性编码、主轴编码和选择性编码三个步骤实施编码处理。

本书按照程序化扎根理论的一般流程,如图5-1所示。通过个人深度访谈获取数据资料,进行开放式编码、主轴编码和选择性编码,并在此基础上分析视障等残疾大学生公共服务动机和就业倾向的影响因素。

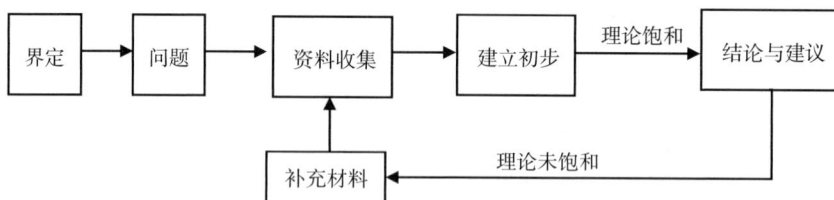

图5-1 扎根理论研究流程

(一)开放式编码

开放式编码是经由密集地检测资料来对现象加以命名与类属化的过程,其不仅要将收集的资料打散,赋予概念,还要以新的方式重新组合并予以操作化。① 本研究的开放式编码包含三个步骤:首先,结合视障大学生公共服务动机与就业倾向访谈,通过对21名视障大学生的访谈资料进行分析和解读,在开放式编码过程中尽量采用来自资料的专业术语,将访谈对象的原始语句作为标签;然后,经过对标签的反复归纳和总结,得出相关概念化内容,共计29个概念(a1—a29);最后,对概念进行范畴化分析,将概括相同或类似现象的那些概念集中起来,统一对到相应范畴之下,再命名范畴,②共计10个范畴(A1—A10),并总结范畴的性质和性质的维度。开放式编码如表5-1所示。

---

① Barney G. Glaser, Anselm L. Strauss, *The Discovery of Grounded Theory*: *Strategies for Qualitative Research*, New Brunswick & London: Aldine Transaction, 1976, pp.237-248.

② 谢云蕾:《网络零售企业商业模式运行机制研究》,浙江工商大学,2013年硕士学位论文,第23页。

表 5-1　开放式编码表

编号	原始语句（标签）	概念化	范畴化	范畴性质	性质的维度
1	在政府公办的特殊教育学校接受文化课教育	a1 公办学校	A1 公办特殊教育	政府提供的教育政策支持	基础教育程度；职业教育程度；高等教育程度
2	曾经参与过在教育部门主导下进行的普通高等院校自主命题特殊考生单招考试	a2 特殊考生单招考试			
3	通过单招考试后，在高校接受高等教育	a3 高等教育			
4	许多高校针对残疾人多提供职业教育机会	a4 职业教育			
5	身边部分同学接受过较为完善的基础教育……视力障碍适龄儿童接受教育规模需要扩大，可以接受政府公办教育的学生集中于发达地区和城市，欠发达地区视障儿童基础教育工作开展不足	a5 基础教育			
6	在高校特殊教育学院，有开设大学生职业规划课程，授课老师会针对各专业学生进行指导，并且与其他院系的课时相同	a6 职业规划课程	A2 职业规划	对职业生涯进行持续的、系统的计划的过程	职业定位；目标设定；通道设计
7	学院还会针对大四学生进行就业指导，帮助大家获得心仪的工作岗位	a7 就业指导			
8	对就业的考量还是会基于专业选择，因为，高等教育的机会来之不易，几乎不会进行跨专业职业选择	a8 基于专业选择	A3 就业倾向	就业时对工作岗位的意向	专业知识和技能的掌握；具体工作内容；专业知识的掌握与工作应用的匹配程度
9	专业对口岗位会是第一选择	a9 专业对口			
10	回馈社会也是义不容辞的事情，……作出力所能及的贡献	a10 回馈社会			

编号	原始语句(标签)	概念化	范畴化	范畴性质	性质的维度
11	在过去的生活和学习中受到了来自国家、社会和许多团体的帮助	a11 接受帮助	A4 社会帮助	以提供人力、物力等形式来满足特定社会群体需求的社会活动	社会帮助频度;社会帮助广度;社会帮助效果
12	曾经接受过来自"北京青少年基金会""红丹丹基金会"等基金会的资金扶助	a12 基金会资金扶助	A5 资金帮助	以资金形式提供的帮助	资金扶助金额;资金扶助频率;资金扶助效果
13	在通过高校"单考单招"录取后,收到了学校的学费减免的优惠	a13 高校学费减免			
14	学校常常以奖学金的形式提供激励和帮助	a14 高校奖学金补贴			
15	政府对残疾人就业也会给予相关补贴和职业保障	a15 政府补贴			
16	部分地区对视障群体的教育引导存在不足	a16 教育引导不足	A6 就业能力	就业的基本前提	学习能力;思想能力;实践能力;应聘能力;适应能力
17	限制了受众的文化水平及就业选择	a17 文化水平有限			
18	部分地区片面发展职业教育	a18 片面发展职业教育			
19	身边接受过高等教育的同学,就业方向会较为多元,除传统推拿理疗外,部分学生会从事音乐表演、特殊教育甚至互联网行业	a19 就业领域多元	A7 就业领域	就业时可选择的行业	职业技能;自主创业;劳动权益
20	听说接受教育水平较低的视障人群大多从事针灸推拿行业,而未受教育者则通常从事简单的辅助性工作,如给自家个体商户帮忙或失业	a20 就业领域单一			

续表

编号	原始语句（标签）	概念化	范畴化	范畴性质	性质的维度
21	接受过高等教育的视障人群收入水平就比较高	a21 收入水平高	A8 薪资水平	劳动者平均收入情况	实际资金收入的多少
22	未接受过高等教育的视障人群与接受过高等教育的收入差距明显	a22 收入差距			
23	接受过高等教育的视障人群职业保障会比较完善	a23 职业保障水平高	A9 职业保障	包括社会保险、社会救助、社会福利、优抚安置和社会互助、个人储蓄积累保障	保障的程度；保障的范围
24	但未接受过高等教育的视障人群职业保障情况则较差	a24 职业保障水平低			
25	作为社会弱势群体，……自身条件与普通大学生不同	a25 社会弱势群体	A10 生活状况	在社会日常生活的状态	社会地位；生存状态
26	越来越受到社会的重视	a26 受到重视			

（二）主轴编码

主轴编码是为了将开放式编码中被分割的资料，通过聚类分析在不同范畴之间建立关联。[①] 这需要对各范畴进行清晰的梳理，分析不同范畴之间是否存在联系，并分析存在何种联系。本文通过采用所分析对象的"因果条件、现象、脉络、行动/互动的策略和结果"这一典范模型，将以上 10 个范畴联系并整合起来。主轴编码如表 5-2 所示。

表 5-2　主轴编码表

模型	内容
因果条件	就业能力（A6）；就业领域（A7）；薪资水平（A8）；职业保障（A9）；生活状况（A10）

----

① 李玲、陶厚永：《山寨模式形成动力机制及其对国产品牌的启示》，《科研管理》2013 年第 2 期。

续表

模型	内容
现象	就业倾向(A3)
脉络	在视障大学生生活状况(A10)和普通大学生相比较为弱势,就业能力(A6)有限,就业领域(A7)、薪资水平(A8)和职业保障(A9)等就业形势非常不乐观,且就业倾向(A3)受教育影响较大的情况下,社会上越来越多的群体开始关注视障等残疾大学生的就业问题,希望能够给予他们一定的帮助,改善他们的教育和就业情况
中介条件	政府重点关注视障等残疾大学生的教育和就业问题,为他们提供接受公办特殊教育(A1)的机会
行动/互动策略	政府、学校和基金会等社会群体不断了解视障等残疾大学生的教育和就业需求,进一步为他们提供社会帮助(A4),如资金帮助(A5)和引导他们进行职业规划(A2)等
结果	视障等残疾大学生因收到社会提供的帮助,接受教育现状和就业能力(A2)有所改善。他们愿意在基于专业选择(a18)确定就业倾向(A7)的同时,不断回馈社会(a20),作出自己力所能及的贡献(a21)

(三)选择性编码

选择性编码是进一步分析各个范畴,从所有范畴当中确定核心范畴,建立核心范畴与其他范畴的系统性联系并加以验证。并以"故事线"的方式描绘行为现象和脉络条件的过程。[①] 在对以上 10 个范畴进行进一步分析后,本文将原有 10 个范畴中的就业倾向确定为核心范畴之一。在概括和提炼的基础之上,引入就业形势的概念,并将就业形势、就业能力和社会帮助确定为就业倾向的主范畴。就业领域、收入水平、职业保障确定为就业形势的副范畴;公办特殊教育、职业规划和生活状况为就业能力的副范畴;资金帮助为社会帮助的副范畴。具体核心范畴和其他范畴的关系如表 5-3 所示。

---

① 李艳丽、高岚:《企业社会责任管理模式的影响因素模型与提升政策》,《管理评论》2018年第 9 期。

表 5-3　选择性编码表

核心范畴	主范畴	副范畴
就业倾向	就业形势	就业领域； 薪资水平； 职业保障
	就业能力	公办特殊教育； 职业规划； 生活状况
	社会帮助	资金帮助

本书的故事线围绕"视障等残疾大学生公共服务动机与就业倾向"展开，采取开放式编码、主轴编码和选择性编码等方式，不断分析和比较初始资料、概念、范畴之间的关系。围绕就业倾向这个核心范畴，本研究的故事线可以概括如下：

视障等残疾大学生就业倾向的形成主要由三个条件构成：就业形势、就业能力和社会帮助。虽然视障等残疾大学生的生活状况和普通大学生相比较为弱势，但由于政府提供了公办特殊教育等政策支持，高校积极引导视障等残疾大学生进行职业规划，大部分视障等残疾大学生的就业能力得到了较大改善；视障等残疾大学生通过观察和了解社会上或者身边熟悉的残疾人的就业领域、薪资水平和职业保障情况等就业形势，再结合自身出于感谢社会提供的帮助，如资金帮助等原因，他们基本能够确定自己的就业倾向。

（四）理论构建

结合本书的故事线，可得出"视障等残疾大学生公共服务动机与就业倾向"的理论模型，如图 5-2 所示。

（五）理论饱和度检验

扎根理论方法的最后一步就是对整个研究进行理论饱和度检验，进而判断新收集到的数据是否对理论建构有新的贡献，①保证最后得到的结论真实

---

① 王璐、高鹏：《扎根理论及其在管理学研究中的应用问题探讨》，《外国经济与管理》2010年第 12 期。

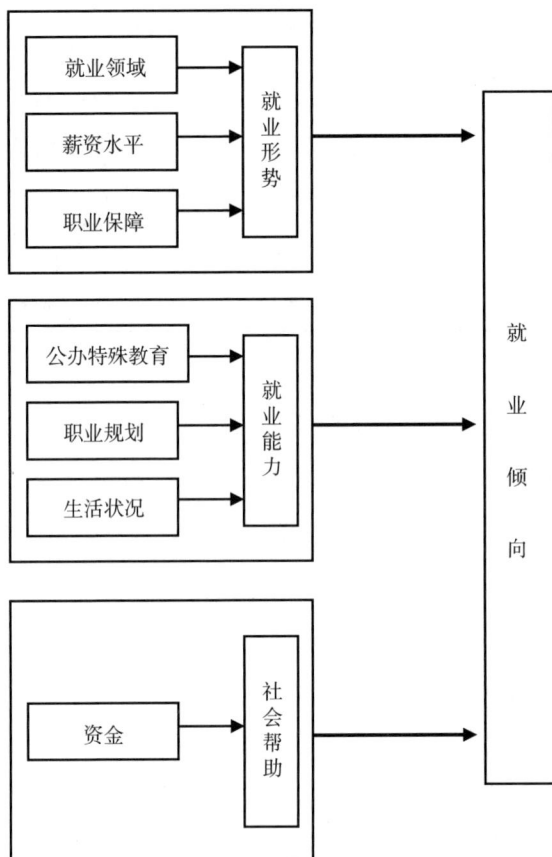

图5-2 "视障等残疾大学生公共服务动机与就业倾向"理论模型

可靠。本文针对10个范畴逐一进行了检验,检验过程中没有发现新的概念,概念之间也没有产生新的联系。因此可以说明,上述理论模型的饱和度较高。总而言之,通过对与21名涉及多专业的视障大学生的访谈内容进行整理和分析研究,可以发现就业形势、就业能力和社会帮助对视障等残疾大学生就业倾向选择的影响程度较大。

为了进一步检验和验证定性研究的结论,本研究还尝试对视障大学生进行问卷调查,综合运用定性和定量研究的方法,以求增加结论的准确性,进而提出更具针对性的政策建议。问卷调查结果发现与深度访谈的结果基本一致:在视障等残疾大学生群体中,公共服务动机的高低与到公共部门就业倾向的程度是呈正相关的。视障等残疾大学生选择能够回馈公众的职业意愿较为强烈。高等教育、社会的鼓励与帮助从各维度都使他们的公共服务动机比过去有所提升,他们对公共利益有着较高的承诺,认为"回报社会是义不容辞的","要为社会做出力所能及的贡献",这也是他们更加愿意在公共组织中工作的原因之一。

大量公共服务动机相关的实证研究也证明了公共服务动机对工作绩效、工作满意度等也有正向影响;本书的实证研究一定程度上证明公共服务动机可以对大学生,尤其是残疾人群体选择公共部门工作形成正向激励,且实际上残疾人群体的公共服务动机已经在社会帮助下有所提升,该群体有了明显的在公共部门就业的倾向。基于此,本书认为可以通过调整社会对该群体提供的就业帮助、资源等,引导公共服务动机在残疾大学生群体中的形成与强化。拓展当前情况下该群体的就业路径与可能性,不仅满足了他们的就业需求,使得有需求的公共部门岗位能与适合的人匹配起来,发挥更大的效用;同时更好地解决残疾人群体等需要社会关怀和帮助的弱势群体的就业问题,维护了社会稳定与和谐,切实贯彻落实了社会主义核心价值观。

第四节 政策建议

一、残疾大学生应主动提升就业能力,积极融入社会

解决残疾大学生就业问题的根本方法之一就是切实提高其自身的就业能力。首先,在自我定位方面,残疾大学生应增强自信,逐渐消除自卑情绪,认真审视自身优势和不足,调整心态,树立良好的就业观念并明确就业倾向。其次,在职业技能方面,残疾大学生应认真学习专业课程,并积极选修通识课程,为自身综合素质的提升奠定基础。同时,残疾大学生可结合自身情况思考职业规划课程的内容,拓宽眼界,积极参与学校活动,尝试考取各类资格证书,勤奋上进,切实提高自身就业能力。此外,残疾大学生还应主动拓宽就业信息获取的渠道,及时、深入了解市场需求和国家的相关政策,及时把握实习机会,体验就业环境,不断调整、完善自我定位,在积极融入社会的同时,坚持回馈社

会,服务社会。

二、高校应重视残疾大学生的职业规划,开展个性化指导

大学期间是一个人的就业观念形成和完善的重要时期。在此期间,各高校应充分了解校内残疾大学生的实际情况,有针对性地开展教育培训。首先,在信息收集方面,高校应及时了解本校残疾大学生的心理状态、特长爱好、学习能力等情况,可采用问卷、访谈等形式开展调查,并注意保护残疾大学生的个人隐私,调查内容仅作为个性化教学定制时的参考。其次,在专业和课程设置方面,高校应放松限制,给予残疾大学生更多的选择机会,而不局限于特定技能的培养。这不仅可以避免过度集中的职业教育限制残疾人就业选择,还为残疾大学生德、智、体、美、劳全面发展创造了良好的条件。再次,在引导职业规划方面,高校可通过设立职业规划课程、开展心理健康活动、组织团体建设活动等形式,帮助残疾大学生深入了解自身长处和不足,及时获取有关当今市场需求和国家相关支持政策的信息,逐渐提高残疾大学生自身技能和职业规划能力,引导其走出认识误区,改善就业心态,明确就业倾向。具备良好条件的高校还可设立残疾大学生就业指导中心,更加系统化地开展指导工作。各高校可结合残疾大学生自身兴趣爱好,引导他们制定特色方案,最大限度地促使其个人潜力的发挥。除此之外,高校还应加强与企业之间的交流、联系,为残疾大学生争取优质的实习机会,[1]帮助他们在大学期间积累经验,以增强其就业能力。

三、政府应完善相关法规政策,不断提供资金支持

政府作为公共服务的提供者,对我国残疾大学生教育与就业事业的发展负有高度责任。为了能够切实解决残疾大学生的就业问题,促进其明确自身就业倾向,政府应从多方面入手,采取多种形式提供支持,保护残疾大学生的合法权益。首先,政府应对相关法规、政策进行规范与完善。在教育方面,政

---

[1] 张洪杰、王大勇:《高校残疾大学生就业指导问题研究》,《统计与管理》2016 年第 11 期。

府应保障残疾大学生享有平等的教育权利,拓宽其接受高等教育的渠道。同时,政府可以赋予残疾大学生其他群体之外的特殊权利和机会,如各种资格考试为残疾人开通盲文试卷、体检放宽等特殊照顾,为残疾大学生提升就业能力创造条件;[①]在就业方面,促进残疾大学生就业十分重要的措施是增加就业岗位,且其就业岗位的拓展主要来自按比例安置就业渠道。这需要政府不断调整安置比例,严格执法,促使每年按比例安置残疾大学生就业的数量接近或达到规定要求。[②]　其次,政府可加大资金投入的力度。在直接给予残疾大学生福利帮助方面,政府可设置并适当增加特殊奖学金、完善助学贷款的发放,不断建设相应的经济支持体系;在补贴高校方面,政府应加大对招收残疾大学生的高校的资金支持,减轻高校在招生和专业、基础设施建设上的经费压力,充分利用高校的教育资源;在动员市场吸纳残疾大学生就业方面,政府可为招收残疾大学生入职的企业提供相应的政策优惠和适当的补贴,以调动企业应聘残疾大学生的积极性。再次,政府相关部门也应借助大众媒体等宣传手段,主动营造和谐氛围,不断呼吁社会提供援助,并广泛吸纳社会资金,促使社会大众增加对残疾大学生的关注度。政府在为残疾大学生提供帮助的同时,也是在引导他们形成和提高公共服务动机,进而为他们拓宽就业渠道,提供进入公共部门、实现奉献社会的理想的机会。

四、社会应营造平等关爱的氛围,提供人文关怀

残疾人作为社会中的弱势群体,在丛林法则之下长期徘徊在劳动市场的边缘,他们不仅拥有较少的自身竞争力和社会资源,也常常遭受歧视。因此,社会所营造的良好氛围对残疾大学生形成积极健康的就业倾向具有重要意义。但对于整个社会来说,转变对残疾人群体的偏见是一个漫长的过程,这需要社会各界积极关心残疾大学生的就业问题,努力认识其就业的重要性。首先,各类社会组织可采取设立帮扶基金、捐赠物资、自发修建基础设施等形式,

---

①　马宇:《我国残疾人高等融合教育支持体系研究》,南京师范大学,2014 年博士学位论文,第 55 页。

②　杨立雄:《残疾大学生就业问题与对策研究》,《残疾人研究》2016 年第 2 期。

在物质上为残疾大学生提供帮助。其次,社会各界可与政府合作,积极组织志愿服务、文艺娱乐等活动,借助媒体力量宣传平等、和谐、友爱等观念,拉近公众与残疾人群体的距离,逐渐消除公众的偏见。再次,企业应树立社会责任感,为残疾大学生提供就业岗位,积极吸纳他们入职,并在薪资水平、职业保障方面给予其公平待遇,以较为直接的形式化解残疾大学生就业问题。多项举措并行,可促进残疾大学生切实感受到社会的温暖和关怀,并愿意尽自身所能回馈社会,和谐氛围进而在双向互动中得以实现。

受资源和时间等因素的限制,本书的样本数量与来源有待完善。在样本数量方面,视障等残疾大学生公共服务动机与就业倾向的访谈对象和问卷调研样本过少,应进一步扩充样本数量,以求得到更加准确的结论。在样本来源方面,仅局限于北京联合大学特殊教育学院的视障残疾大学生,来源相对单一,应更为充分地调研北京其他高校中的残疾大学生,提高样本的多样性,使得调研结果更具代表性、广泛性,以提出更为普适的政策建议。

残疾大学生是就业群体中不可忽视的组成部分,未来研究应给予足够的关注和重视,紧跟最新政策内容,与时俱进地完善研究设计,更加科学、合理地开展调研,并不断改进研究分析方法,坚持定量分析与定性分析相结合,以得到更为真实、准确的结论,为切实改善残疾大学生公共服务动机与就业倾向问题提供参考。

第六章　政策建议与展望

本书在中国情境下,以北京市大学生为研究对象,在文献综述和就业政策文本分析的基础上,通过综合运用"大数据""小数据"以及访谈相结合的方法,尝试调查了北京高校大学生的公共服务动机现状,分析了大学生公共服务动机对其就业倾向的影响机制,并在此基础上从提出相应的政策建议。具体而言,包括以下几方面建议。

第一节　培育和强化大学生公共服务动机

政府应积极培育大学生的公共服务动机,营造公共服务的文化氛围。2014年5月,习近平总书记在北京大学师生座谈会上讲道:"现在在高校学习的大学生都是20岁左右,到2020年全面建成小康社会时,很多人还不到30岁;到本世纪中叶基本实现现代化时,很多人还不到60岁。也就是说,实现'两个一百年'奋斗目标,你们和千千万万青年将全过程参与。有信念、有梦想、有奋斗、有奉献的人生,才是有意义的人生。当代青年建功立业的舞台空前广阔、梦想成真的前景空前光明,希望大家努力在实现中国梦的伟大实践中创造自己的精彩人生。"[1]作为新时代的接班人,大学生理应主动学习了解先进事迹,并将外部因素内化为自身因素,树立起高尚的理想信念和责任担当意识,提升自身公共服务动机。高校应鼓励大学生参与公共服务,弘扬和营造热爱祖国、无私奉献、造福社会、回报国家的文化氛围,积极搭建公共服务平台,

---

[1]　《习近平谈治国理政》,外文出版社2014年版,第175—176页。

可采取将其纳入素质拓展学分、设置特色表彰奖项、构建相关信息网络等手段,切实培育大学生在校期间的公共服务动机。政府应营造服务社会的和谐氛围,使大学生的公共服务动机在浓厚的文化氛围中得到强化,并提供一定的资金支持,采用物质与精神激励相结合的方式,促进大学生志存高远,为中国梦的实现和中华民族伟大复兴贡献力量。

从全国范围内的具体实践来看,教育部于2019年8月开始,以"青春告白祖国"为主题,通过交流、展示"小我融入大我、青春献给祖国"主题社会实践的成果,激发广大高校学生更加坚定理想信念、更加坚定爱国奋斗之志。活动共吸引了全国2900多所高校、3800多万名大学生积极参与,在较为广泛的范围内营造了服务社会的文化氛围,坚定了高校学子为祖国奋斗的责任担当意识。其中,诸多高校以实际行动教育大学生回馈社会、服务社会,如北京科技大学组织了200支团队1881名学生,奔赴全国28个省份100余个城市开展社会实践活动,关爱留守儿童、探访革命老区、采访共和国同龄人;[1]清华大学召开了主题社会实践报告会,会上各个团队的同学分享了开展社会实践的经历,表达了其心系乡村、扎根基层的精神风貌,展现了新一代青年学子积极投身生态文明建设和"大国智造"的使命担当。[2] 部分高校还将奉献社会的爱国教育与校庆、节假日等特殊具有意义活动相结合,开展主题宣传教育,为提升大学生公共服务动机营造良好的氛围,如在2019年9月,北京大学充分利用新生军训、入学教育、开学典礼等契机,积极开展思想政治教育与爱国主义教育,积极传播正能量,教育引导新生坚持爱国奉献、求真创新、修身力行。[3] 各高校自发组织的教育活动与全国性文化活动应结合起来,由点及面地扩大大学生公共服务动机的培养范围,为未来向公共部门输送有志人才奠定基础。

---

[1] 中华人民共和国教育部:《全国高校学子多种形式开展"青春告白祖国"活动——青春心向党 建功新时代》,2019年9月21日,见 http://www.moe.gov.cn/jyb_xwfb/moe_2082/zl_2019n/2019_zl71/201909/t20190923_400384.html。

[2] 清华大学新闻网:《清华大学"青春告白祖国"主题活动暨"壮阔七十年·奋进新时代"主题社会实践报告会举行》,2019年9月12日,见 https://news.tsinghua.edu.cn/info/1052/39984.htm。

[3] 中华人民共和国教育部:《北京大学扎实做好2019级新生入学工作》,2019年9月19日,见 http://www.moe.gov.cn/jyb_xwfb/s6192/s133/s134/201909/t20190919_399683.html。

第二节　健全我国大学生就业政策体系

为了完善我国大学生就业政策体系,政府应合理调整环境型政策工具、重视运用供给型、需求型政策工具,不断健全高校毕业生就业政策工具体系,进而达到促进我国大学生就业的目的。

首先,在环境型政策工具中,政府应减少策略性措施,细化操作性内容,提高政策可行性,同时增加使用、保留环节的目标规划,引导用人单位做好各项工作。从国外的先进经验来看,以法律形式对大学生就业进行保障是国外大学生就业政策的一个重要手段。如美国制定了一系列规范和管理就业机制的法律,包括《就业法》《人力开发与培训法案》《紧急就业法》《瓦格勒》等;日本政府在促进大学生就业方面制定的法律法规主要包括《教育基本法》《学校教育法》《职业安定法》《就业对策法》等,基本形成了较为完备的就业法律体系。[1]

其次,在供给型政策工具中,政府应加大资金投入力度,并合理分配资金使用情况,促使资金使用向人力资源管理和科研支持环节倾斜,发挥科技创新的辐射带动作用。在此方面,部分国家加大了针对就业的科技投入,实行全国就业信息网络化。如美国拥有包括联邦政府劳工部下属的统计局、就业规划办公室及各州政府设立的就业发展局在内的完备的就业信息网,专门负责推进就业;日本政府采取了就业信息公开化的方法以解决用人单位和求职者的信息不对称问题,并在厚生劳动省的主导下建立了"工作信息网站",对促进大学生及时获得就业信息,切实解决其就业问题起到了积极作用。[2] 德国提高了对科研的重视,并增加科研经费,加强科学界和经济界的合作,成立"研究、技术和创新委员会",弄清当今世界和本国运用最新技术的情况、存在的问题和可能采取的行动,为经济发展不断创造新的增长点,为大学生就业提供

---

[1]　李迎果:《国家促进高等学校毕业生就业政策的理论与实践研究》,云南大学,2012 年博士学位论文,第 67 页。

[2]　李迎果:《国家促进高等学校毕业生就业政策的理论与实践研究》,云南大学,2012 年博士学位论文,第 68 页。

良好的环境。也有部分国家采取了直接拨款改善就业环境的形式,如韩国采取了提前执行基础设施投资预算,扩大公益性劳动事业,增加拨款,大力扶持风险创业,积极促进外国人投资等措施。[①]

最后,在需求型政策工具中,政府应合理选择产业进行贸易管制,并不断推动人才引进和大学生进行海外交流,实现就业岗位和经济水平共同增加,继续加强在高校毕业生就业服务方面的政府采购、服务外包政策,全方位提升就业服务水平。此方面国外的先进经验主要集中在人才引进上,如德国于2007年底开始,采取积极政策以吸引全球优秀人才赴德国定居,政府还出台了"国际研究基金奖",该基金奖具有奖额高、促进人才培育等特征。此外,洪堡基金会、德国学术国际网等机构为吸引优秀人才来德创造了环境。日本在拥有丰富的人才引进历史的基础上,不断改革相关政策,在2007年提出了"亚洲门户构想制图",以对中、韩等亚洲国家留学生进行援助,吸引国外大学生留日工作,并于2008年制定了"30万留学生政策",以吸收亚洲地区留学生为主要方向,同时兼顾其他地区,对本科生以及硕、博士研究生采用不同的政策和措施来进行接收和发放奖学金,以物质形式激励留学生努力学习,为日本经济发展做出贡献。[②]

以上国家在环境型、供给型和需求型政策工具方面的改进及运用,对其促进大学生就业产生了积极效果。我国建立和发展社会主义市场经济的时间尚短,处理大学生就业问题的经验还不丰富,有关大学生的就业政策也在不断完善之中。结合本国实际情况、合理借鉴国外先进经验为我国大学生就业政策体系的完善起到了积极促进作用。

第三节　完善公共部门招募甄选

公共服务动机对于公职人员及公共部门具有重要意义。阿诺德·贝克认

---

① 王丽敏:《国外就业促进政策及其启示》,《出国与就业(就业版)》2010年第10期。

② 李佳:《德国、日本人才资源引入政策对我国的启示》,山西师范大学,2013年硕士学位论文,第42页。

为公共服务动机能够降低高强度工作要求带来的人员倦怠、低绩效和自我破坏的消极影响,正是由于公共服务动机的存在,那些希望能够奉献社会的人能够更轻松地解决来自工作上的压力(Arnold B.Bakker,2015)。具体而言,公共服务动机能够加强个人资源(乐观和自我效能感)以及工作投入,因为具备持续高水平公共服务动机的公务员因为认识到自己工作的重要性和意义,他们更愿意将他们的精力和资源投入到公共服务动作之中,沉浸在他们的工作中并且拥有出色的绩效表现。因此,公共服务动机也被认为是维持着增益循环运转的"核心心理资源"。基于此,公共部门的管理者应该在招聘和甄选人员的时候,考虑员工的公共服务动机是否符合部门的标准。刘帮成等人(2014)通过对国内警察工作长期的研究发现,公共服务动机较低的前线警察在遇到长时间工作、工作要求混乱、工作和家庭的冲突和公众负面评论等压力因素时,更容易疲惫和紧张。相较而言,具备高公共服务动机的警察在面临同等情况下,显得更加轻松,这表明他们的亲社会动机能够帮助他们保持冷静并处理好工作要求。事实上,公务员在他们入职的时候就具备很强的公共服务动机,这样的动机决定了他们能够更好地处理他们日常的工作要求和工作资源之间的关系。他们能够很好地处理他们的工作要求并缓解自身的疲惫感。同时,由于他们自身的使命感,他们会积极调动自己的工作资源,参与各项活动并表现良好。综上所述,政府有必要通过公务员的录用考试来甄选出具有高公共服务动机的人员,帮助公共部门提升公共服务水平。然而,目前我国公共部门对于公共部门员工公共服务动机的重视程度不够,公共部门招募甄选制度有待进一步优化。

首先,政府应科学测量报考人员公共服务动机。由于以往我国公共部门对于公共服务动机的重视程度不够,在职公务员缺乏对于公共服务动机的意识,无法对于新招录的公务员起到模范带头作用,且招录的公务员公共服务动机参差不齐,存在差异。因此,在优化公务员招考录用制度方面,政府首先应建立科学、完善的公共服务动机衡量标准,可设立专家小组,通过问卷调查和访谈等规范化的形式开展调研,再集合实地调研结果讨论研究出科学测量公共服务动机的标准,从多方面确保对报考人员公共服务动机测量的准确性。

其次,政府应将公共服务动机作为公务员甄选的标准,把好公务员队伍入门关,注意了解岗位所需人才不同的维度需求,有针对性地采用不同的招募策略,来获得更加合适的人才。恩加里亚等人针对本科大学生和储备军训练团(ROTC)学员两种不同的团体的动机差异开展研究,着重研究与军队招募维度相关的公共服务动机(Ngaruiya K,2014)。研究结果显示 ROTC 学员的公共服务动机比普通大学生高,入伍的制度动机与其公共服务动机的理性、规范和情感维度呈正相关关系。研究数据发现职业激励因素和公共服务动机的同情心维度的增加降低了成为 ROTC 学员的可能性,而机构激励因素和自我牺牲的公共服务动机维度与 ROTC 学员呈正相关关系。因此,恩加里亚等人提出在财政预算相对紧张的情况下,如果军方继续支持基于金钱的招聘策略政策,他们可能会错失招募到那些出于内在意愿为国家服务的人员的机会。他们建议军方应该在招募时权衡应试者的公众服务动机,考虑他们想招募的是什么人,从而有效减少货币招聘机制的作用,转而利用公共服务动机机制进行招募。就我国而言,公务员的使命是为人民服务,根据公务员职级的不同,其薪酬水平是基本稳定的,也难以与企业竞争。因此在薪酬水平既定的条件下,政府应加强对公务员公共服务动机的考察,可通过心理测评、笔试、面试等多种形式灵活地将公共服务动机融入招录考试内容当中,综合考量报考人员素质,择优录取。然而在现实的招募甄选中,政府主要通过对报考人员的行政职业能力测验分数、申论分数以及面试表现等情况进行考察,进而做出招募决定,忽视了对报考人员公共服务动机的考察,为日后工作的顺利开展埋下诸多隐患,例如缺乏公共服务精神的公务员,只顾追求权力、金钱,贪图享乐,不仅会造成政府工作效率低下、职能无法得到较好履行、人民权益无法得到切实保障,还会产生贪污腐败、权钱交易、损害政府形象、降低公信力等严重问题。因此,政府部门在招募甄选公务员时,应将个人的公共服务动机水平作为考核标准之一,有针对性地实施招募策略,改进甄选工作,切实使得德才兼备之人有机会承担岗位职责。

最后,政府要在日常管理中加强对公共服务动机的重视程度,强化新进公务员的公共服务动机,对其进行相关的专业性培训,切实发挥公务员公共服务动机的作用。在公共部门的人员管理层面,有研究认为组织在招募完人员后,能够通过组织社会化的过程来改变个体的公共服务动机。查特曼追踪调查了8家美国公共会计师事务所的171名审计员的职业生涯,将他们入职阶段的价值观与入职一年后的价值观进行比较,发现尽管员工原本的价值观是他们一年后价值观最重要的影响因素,但是员工参与组织社会化活动也在其中占据了非常重要的作用(Chatman,1991)。因此,政府可采取多种途径为新进公务员提供学习机会,如组织阅读相关期刊、观看相关电影、开展主题讲座等宣传活动,发挥在职公务员的带头示范作用,在日常工作中营造奉献氛围,潜移默化地培养新进公务员公共服务动机,进而强化公务员整体公共服务动机。同时,根据阿诺德·贝克的理论,在日常工作中,政府需要关注公务员的工作要求、工作资源,了解他们日常工作是否需要更多的支持、反馈或其他工作资源,要认识到虽然高公共服务动机可以帮助公务员缓解日常工作要求带来的不利影响,但长期的工作要求仍可能会导致过大压力并降低公共服务动机(Arnold B.Bakker,2015)。

第四节　构建基于大数据的智慧型政府

目前高校毕业生的就业状况牵动着社会各界的心。刚毕业的大学生,初涉职场,缺乏必要的自我认知和对职场的认知,存在期望过高、就业理念偏差、对机关事业单位、公共部门职位格外青睐等问题。这也就导致每年公务员考试人员众多,百余人竞争同一岗位的现象,需要进行适当的调整。因此,政府可以根据以下建议改变目前的就业形势,实现就业岗位和就业人员的精准匹配:

首先,建立动态就业数据信息库,实现就业供需匹配。第一,构建高校毕业生就业信息和政策数据库,采集全国高校毕业生就业数据,利用大数据技术进行深入挖掘与分析,了解全国高校毕业生就业倾向、职业动态及其发展趋势,制定相应的政策指导大学生合理择业。第二,搭建高校毕业生就业平台,同时接入"学生"和"用人单位"两端,通过对相关数据信息的分析,为双方提供精准的分析与咨询服务,进行合理化匹配,降低双方沟通成本,实现"供给"和"需求"的平衡。第三,在采用量化方法的同时,重视府际沟通与协作,在原有的合作基础上,加强中央与地方、部委与部委之间的互联互动,形成就业政策合作网络,据此利用大数据对就业政策的效果进行追踪和反馈,不断改进、调整和完善政策体系,形成政策的动态平衡机制。

其次,积极倾听各方诉求,实现定制化精准服务。在大众传媒时代,民众的意见往往受制于自身、社会、政府等多方面影响,由此极易产生传播速度慢,传播范围小,传播门槛高等问题,难以形成有效社会力量来改进现状。近年来,随着网络新媒体、自媒体的发展,民众的意见传播拥有更加快捷方便的新渠道。民众能够通过微博、微信平台等自媒体随时随地发表自己的意见,并且由于网络传播低门槛、低成本、高效率的特点,这些内容能够得到快速而又有效的传播。根据 CNNIC(中国互联网络信息中心)发表的《第 44 次中国互联网发展状况统计报告》,截至 2019 年 6 月,我国的网民规模为 8.54 亿,互联网普及率高达 61.2%。其中网民的年龄结构是以青少年、青年和中年群体为主,占到总体网民的 82.5%,而这一群体正是社会发展的中坚力量。① 因此政府可以借助大数据技术,在社交平台上采集不同地域、不同年龄、不同专业、不同性别的大学生的提出的问题、诉求。利用文本分析法从中提取关键字,了解大学生对于国家政策、社会现象和就业情况的态度、看法,积极回应和解答其顾虑和疑惑。并可结合实际情况,合理调整和完善已有的政策或者规定。同时针对那些就业特别困难的群体,可以通过对个人的信息搜集,进行人才的专业测评,了解该人员适合的岗位和未来发展方向,通过线上信息测评和线下培训沟通相结合的模式,实行"一对一"的精准定制化的就业服务,快速为"就业困难户"提供就业新方向。在面对公共部门、企事业单位等就业市场方面,政府也应该积极了解并回应他们的诉求,可以通过信息技术手段搭建网络平台,实现对就业市场所需人才类型的精确定位,了解他们对于就业政策的看法和

---

① 中国互联网信息中心:《第 44 次〈中国互联网发展状况统计报告〉》,2019 年 8 月 30 日,见 http://www.cac.gov.cn/2019-08/30/c_1124938750.htm。

意见,确保政策在落实过程中真正起到其应有的作用。

最后,科学运用大数据思维,打造就业智慧型政府。通常来说,政府在大学生就业过程中,所扮演的角色较为复杂,可以分为指导者、监督者和调控者三重角色。作为指导者,政府需要在大学生面临就业困难和就业迷茫之际上做出相应的科学指导,这有赖于建立起相关案例数据库以解决普遍性的就业问题。而在信息化的新时代,政府作为监督者和调控者更应该运用好大数据思维,通过信息技术的力量,简化各项就业政策落地执行的流程的同时,保障其效果的充分发挥,营造出良好的就业市场环境,打造就业智慧型政府。对此,青岛市人社局就保障全市就业创业政策落实落地方面,大刀阔斧地采取了多项措施。其中包括运用大数据思维,以信息手段为基础,简化办事流程,确保"一次就办好""最多跑一次"的服务理念;严抓"两个聚合"——政策聚合和文件聚合,构建起一个清晰简洁的政策体系;充分利用政务资源共享平台,加强信息的自动比对,最大限度简化群众的办事流程,同时也减轻了基层公务员的工作负担,为政府节约人力和物力方面的资源。①

第五节　协同促进残疾大学生就业

为了更好地改善残疾大学生的就业倾向和公共服务动机情况,促进其就业问题得到切实的解决,残疾大学生自身、高校、政府和社会应积极发现和应对问题,并始终给予高度重视。

首先,对于残疾大学生自身来说,其就业倾向和公共服务动机情况是影响终生的大事。他们需要在调整好自身的心态和观念后,采取行动,切实地提高职业技能水平以满足市场需求。同时,残疾大学生也应努力和社会接轨,主动拓宽就业信息获取的渠道,积极融入社会,回馈社会,服务社会。其次,对于高校而言,在充分了解校内视障等残疾大学生的实际情况后,应有针对性地以课

---

① 人民网:《青岛:运用大数据思维 实施就业创业政策"一本通"》,2019 年 9 月 9 日,见 ht-tp://sd.people.com.cn/n2/2019/0909/c386910-33335868.html。

程、活动等形式开展教育培训,因材施教,引导残疾大学生进行职业规划,并帮助他们深入了解自身优势和不足、国家政策、市场需求等方面内容,加快其融入社会的步伐。再次,政府在完善法规、政策方面,应拓宽残疾大学生接受高等教育的渠道,增加就业岗位;在资金投入方面,除直接给予残疾大学生福利帮助外,政府应不断给予高校、企业资金支持,主动营造和谐氛围,并借助媒体等手段宣传呼吁社会提供援助,吸纳社会资金等。政府还需不断引导残疾大学生形成和提高公共服务动机,为他们提供进入公共部门、实现奉献社会的理想的机会。最后,对于整个社会而言,应积极营造关爱残疾大学生的良好风气,主动关心其就业问题,并不断提供资金、就业岗位、志愿服务等内容和形式的人文关怀和帮助,促使残疾大学生切实感受到社会的温暖和关怀,并愿意尽自身所能回馈社会。在这个过程中,残疾大学生自身、高校、政府和社会还需不断合作,形成良性互动,共同寻找和开拓改善途径。

从全国性政策方面来看,2009 年 5 月 6 日,人力资源和社会保障部、教育部、财政部、中国残疾人联合会联合指定的《关于进一步做好高等学校残疾人毕业生就业工作的通知》中明确提出:"把高校残疾人毕业生纳入现行政策扶持范围""对高校残疾人毕业生实施重点扶助""鼓励用人单位安排高校残疾人毕业生就业""鼓励和引导高校残疾人毕业生到城乡基层就业""鼓励支持高校残疾人毕业生自主创业""强化高校残疾人毕业生就业服务和就业指导""加强对高校残疾人毕业生的就业援助""加强部门、机构之间的联系与合作""做好宣传引导工作"等举措,①体现了各方协同引导、促进残疾大学生就业的理念,在过去十年中得到了各地的贯彻落实,成为指导残疾大学生就业的重要参考。

从各地有关协同促进残疾大学生就业的具体实践来看,多个省市将残疾大学生纳入求职补贴发放范围,并不断调动各方力量,加强对残疾大学生的就

---

① 中国残疾人联合会:《关于进一步做好高等学校残疾人毕业生就业工作的通知》,2009 年 5 月 6 日,见 http://www.cdpf.org.cn/ywzz/jyjyjb/jy_229/jyxs/bysjy/201105/t20110523_338840.shtml。

业服务支持。① 北京市从 2010 年 10 月起,对招用残疾人大学生就业满一年的用人单位,在劳动合同期限内,按照一系列标准给予最长不超过 3 年的社会保险补贴;对应届高等学校残疾人大学生实习或高等学校残疾人毕业生毕业一年内见习,到区县残疾人就业服务机构认定的残疾人实习基地实习见习的,按一系列标准给予一次性最长不超过 6 个月的实习见习补贴;对社会职业中介机构每介绍成功 1 名残疾人大学生就业,且用人单位与残疾人大学生签订 1 年(含 1 年)以上劳动合同的,给予 1000 元的奖励。② 湖南省于 2010 年 11 月开始,要求各类公共就业服务机构、人才交流机构、学校毕业生就业指导中心对在本机构登记求职的高校残疾人毕业生要采取"一对一"的方式,及时将适合的岗位信息提供给残疾人。各级残疾人就业服务机构要结合按比例安排残疾人就业工作,积极宣传政策、开发岗位,推荐高校残疾人毕业生就业。③ 天津市在 2014 年颁布的政策中指出,对残疾高校毕业生在离校前给予 3000 元的一次性求职补贴;④ 在 2015 年颁布的政策中指出,对用人单位新招用 1 名当年毕业的残疾人大学生给予 6000 元就业补贴,新招用 1 名往年毕业、无就业经历的残疾人大学生给予 5000 元就业补贴;要求各高校针对残疾人身体、心理状况,深化对残疾人毕业生的就业指导,帮助其了解就业政策、调整就业预期、加强心理疏导、稳定思想情绪,优先安排参加实习实践和就业指导培训,优先推荐就业岗位。⑤ 目前,各地基本形成了以全国性政策为指导,以残疾大学生为中心,结合本地具体情况细化政策,社会各界广泛参与促进残疾大

---

① 杨立雄:《残疾大学生就业问题与对策研究》,《残疾人研究》2016 年第 2 期。

② 中国残疾人联合会:《北京市关于贯彻落实〈关于进一步做好高等学校残疾人毕业生就业工作的通知〉精神实施促进残疾人大学生就业六项措施的通知》,2009 年 5 月 6 日,见 http://www.cdpf.org.cn/ywzz/jyjyb/jy_229/jyxs/bysjy/201010/t20101028_338832.shtml。

③ 中国残疾人联合会:《湖南省关于实施高校残疾人毕业生就业援助工作的通知》,2010 年 11 月 23 日,见 http://www.cdpf.org.cn/ywzz/jyjyb/jy_229/jyxs/bysjy/201011/t20101123_338836.shtml。

④ 《天津市人力资源和社会保障局等关于进一步促进普通高等学校毕业生就创业工作的通知》,2014 年 6 月 12 日,见 http://cy.hinews.cn/cy_page.php?xuh=510。

⑤ 天津市残疾人联合会:《天津市进一步做好高等学校残疾人毕业生就业工作的通知》,2009 年 8 月 27 日,见 http://www.tjdpf.org.cn/system/2015/07/13/013000762.shtml。

学生就业的协同模式。在此基础上,各地应相互吸收先进经验,取长补短,为日后进一步完善政策、深化合作奠定基础。

深入系统地研究大学生公共服务动机与就业倾向问题具有重要的学术价值与实践意义。大学生群体是祖国的新生力量,是伟大复兴的建设者,是中国特色社会主义的接班人,大学生就业是关乎国计民生的大事,其就业倾向一定程度上将影响整个社会的价值取向,影响中华民族未来长久的竞争力。要切实加强和培育大学生公共服务动机,协同各方力量、上下协力共同推进大学生就业,帮助其树立爱国、爱党、爱人民的价值观念,致力于报效祖国、为"两个一百年"奋斗目标和中华民族伟大复兴的中国梦贡献自己的力量。

附　录

附录 1　中央推进高校毕业生就业的政策目录

（一）计划时期 1950—1985 年

1.《为有计划地合理地分配全国公私立高等学校今年暑期毕业生工作的通令》。①

2.《中央人民政府政务院关于改革学制的决定》。②

3.《关于 1952 年暑假全国高等学校毕业生统筹分配工作的指示》。③

4.《关于高等学校和中等技术学校下放问题的意见》。④

5.《关于 1960 年至 1962 年高等学校理工科毕业生分配问题的报告》。⑤

6.《关于加强高等学校统一领导分级管理的决定（试行草案）》。⑥

7.《关于 1967 年大专院毕业生分配问题的通知》⑦（中发〔68〕92 号）。

---

①　中央人民政府政务院：《为有计划地合理地分配全国公私立高等学校今年暑期毕业生工作的通令》，1950 年 6 月 22 日。

②　《中央人民政府政务院关于改革学制的决定》，1951 年 10 月 1 日。

③　中央人民政府政务院：《关于 1952 年暑假全国高等学校毕业生统筹分配工作的指示》，1952 年 7 月 19 日。

④　中国共产党中央委员会：《关于高等学校和中等技术学校下放问题的意见》，1958 年 4 月 4 日。

⑤　中国共产党中央委员会：《关于 1960 年至 1962 年高等学校理工科毕业生分配问题的报告》，1960 年 5 月 27 日。

⑥　中国共产党中央委员会、中华人民共和国国务院：《关于加强高等学校统一领导分级管理的决定（试行草案）》，1963 年 6 月 26 日。

⑦　中国共产党中央委员会：《关于 1967 年大专院毕业生分配问题的通知》，1968 年 6 月 2 日。

8.《国务院批转国家计委、教育部、国家人事局关于改进 1981 年普通高等学校毕业生分配工作的报告》。①

9.《高等学校毕业生调配派遣办法》②（教学〔81〕48 号）。

10.《关于文化部部属艺术院校毕业生不包分配的请示》。③

（二）过渡时期 1985—1999 年

11.《中共中央关于教育体制改革的决定》。④

12.《高等学校毕业生分配制度改革方案》。⑤

13.《国家教委关于改革高等学校毕业生分配制度的报告》⑥（国发〔1989〕19 号）。

14.《中国教育改革和发展纲要》（中发〔1993〕3 号）。⑦

15.《关于做好 1994 年全国普通高等学校毕业生就业工作的通知》⑧（教学〔1993〕10 号）。

16.《关于进一步改革普通高等学校招生和毕业生就业制度的试点意见》⑨（教学〔1994〕3 号）。

17.《国务院关于〈中国教育改革和发展纲要〉的实施意见》⑩（国发〔1994〕39 号）。

---

① 《国务院批转国家计委、教育部、国家人事局关于改进 1981 年普通高等学校毕业生分配工作的报告》,1981 年 2 月 13 日。

② 中华人民共和国教育部等:《高等学校毕业生调配派遣办法》,1981 年 10 月 4 日。

③ 中华人民共和国文化部:《关于文化部部属艺术院校毕业生不包分配的请示》,1983 年 5 月 4 日。

④ 《中共中央关于教育体制改革的决定》,1985 年 5 月 27 日。

⑤ 中华人民共和国国家教育委员会:《高等学校毕业生分配制度改革方案》,1986 年。

⑥ 《国家教委关于改革高等学校毕业生分配制度的报告》,1989 年 3 月 2 日。

⑦ 中国共产党中央委员会、中华人民共和国国务院:《中国教育改革和发展纲要》,1993 年 2 月 13 日。

⑧ 中华人民共和国国家教育委员会:《关于做好 1994 年全国普通高等学校毕业生就业工作的通知》,1993 年 11 月 30 日。

⑨ 中华人民共和国国家教育委员会:《关于进一步改革普通高等学校招生和毕业生就业制度的试点意见》,1994 年 4 月 7 日。

⑩ 《国务院关于〈中国教育改革和发展纲要〉的实施意见》,1994 年 7 月 3 日。

18.《关于做好 1995 年全国普通高校毕业生和毕业研究生就业工作的通知》①（教学〔1994〕19 号）。

19.《人事部关于做好 1995 年全国高等学校毕业生接收工作的通知》②（人调发〔1995〕21 号）。

20.《关于 1995 年深入进行普通高等学校招生和毕业生就业制度改革的意见》③（教学〔1995〕8 号）。

21.《关于中央国家机关从 1995 年应届高校毕业生中选拔优秀学生赴西藏锻炼的通知》④（人调发〔1995〕73 号）。

22.《关于做好 1996 年全国普通高等学校毕业生就业工作的意见》⑤（教学〔1995〕19 号）。

23.《关于做好 1996 年全国高校毕业生接收工作的通知》⑥（人发〔1996〕15 号）。

24.《国家不包分配大专以上毕业生择业暂行办法》。⑦

25.《关于继续做好 1996 年高校毕业生和毕业研究生就业工作的通知》⑧（教学〔1996〕10 号）。

---

① 中华人民共和国国家教育委员会：《关于做好 1995 年全国普通高校毕业生和毕业研究生就业工作的通知》，1994 年 10 月 24 日。

② 《人事部关于做好 1995 年全国高等学校毕业生接收工作的通知》，1995 年 3 月 2 日。

③ 中华人民共和国国家教育委员会：《关于 1995 年深入进行普通高等学校招生和毕业生就业制度改革的意见》，1995 年 3 月 28 日。

④ 中国共产党中央委员会组织部、中华人民共和国人事部：《关于中央国家机关从 1995 年应届高校毕业生中选拔优秀学生赴西藏锻炼的通知》，1995 年 7 月 11 日。

⑤ 中华人民共和国国家教育委员会：《关于做好 1996 年全国普通高等学校毕业生就业工作的意见》，1995 年 11 月 13 日。

⑥ 中华人民共和国人事部：《关于做好 1996 年全国高校毕业生接收工作的通知》，1996 年 2 月 12 日。

⑦ 中华人民共和国人事部：《国家不包分配大专以上毕业生择业暂行办法》，1996 年 1 月 9 日。

⑧ 中华人民共和国国家教育委员会：《关于继续做好 1996 年高校毕业生和毕业研究生就业工作的通知》，1996 年 4 月 15 日。

26.《关于做好 1996 年高校毕业生和毕业研究生就业工作的通知》①（国办发〔1996〕8 号）。

27.《关于印发〈高等学校毕业生就业后调整办法〉的通知》。②

28.《关于做好 1997 年全国普通高等学校毕业生就业工作的通知》③（教学〔1997〕2 号）。

29.《关于做好 1997 年全国高校毕业生接收工作的通知》④（人发〔1997〕16 号）。

30.《国务院关于做好 1998 年普通高等学校毕业生就业工作的通知》⑤（国发〔1998〕16 号）。

31.《关于对普通高校毕业生收费有关政策问题的通知》⑥（计委发〔1998〕1349 号）。

32.《面向 21 世纪教育振兴行动计划》。⑦

（三）市场时期 1999—2014 年

33.《关于做好 1999 年普通高等学校毕业生就业工作的通知》⑧（教学〔1999〕2 号）。

34.《关于做好 1999 年全国高等学校毕业生接收工作的通知》⑨（人办发

---

① 中华人民共和国国务院办公厅:《关于做好 1996 年高校毕业生和毕业研究生就业工作的通知》,1996 年 5 月 25 日。

② 中华人民共和国人事部等:《关于印发〈高等学校毕业生就业后调整办法〉的通知》,1997 年 1 月 8 日。

③ 中华人民共和国国家教育委员会:《关于做好 1997 年全国普通高等学校毕业生就业工作的通知》,1997 年 1 月 21 日。

④ 中华人民共和国人事部:《关于做好 1997 年全国高校毕业生接收工作的通知》,1997 年 2 月 12 日。

⑤ 《国务院关于做好 1998 年普通高等学校毕业生就业工作的通知》,1998 年 5 月 17 日。

⑥ 中华人民共和国国家计划委员会、中华人民共和国教育部:《关于对普通高校毕业生收费有关政策问题的通知》,1998 年 7 月 20 日。

⑦ 中华人民共和国教育部:《面向 21 世纪教育振兴行动计划》,1998 年 12 月 24 日。

⑧ 中华人民共和国教育部:《关于做好 1999 年普通高等学校毕业生就业工作的通知》,1999 年 1 月 7 日。

⑨ 中华人民共和国人事部办公厅:《关于做好 1999 年全国高等学校毕业生接收工作的通知》,1999 年 1 月 29 日。

〔1999〕11 号）。

35.《国务院办公厅转发教育部等部门关于进一步做好 1999 年普通高等学校毕业生就业工作意见的通知》①（国办发〔1999〕50 号）。

36.《关于选拔高校毕业生到农村基层工作有关问题的通知》②（人发〔1999〕67 号）。

37.《关于做好 2000 年全国普通高等学校毕业生就业工作的通知》③（教学〔2000〕1 号）。

38.《关于做好 2000 年全国普通高等学校毕业生接收工作的通知》。④

39.《人事部关于做好 2001 年全国普通高等学校毕业生接收工作的通知》⑤（人发〔2001〕23 号）。

40.《国务院办公厅转发教育部等部门关于进一步深化普通高等学校毕业生就业制度改革有关问题的意见》⑥（国办发〔2002〕19 号）。

41.《关于做好 2002 年全国普通高等学校毕业生接收工作的通知》⑦（人办发〔2002〕34 号）。

42.《关于进一步加强普通高等学校毕业生就业指导服务机构及队伍建设的几点意见》⑧（教学〔2002〕18 号）。

---

① 《国务院办公厅转发教育部等部门关于进一步做好 1999 年普通高等学校毕业生就业工作意见的通知》,1999 年 5 月 31 日。

② 中国共产党中央委员会等:《关于选拔高校毕业生到农村基层工作有关问题的通知》,1999 年 6 月 22 日。

③ 中华人民共和国教育部:《关于做好 2000 年全国普通高等学校毕业生就业工作的通知》,2000 年 1 月 18 日。

④ 中华人民共和国人事部:《关于做好 2000 年全国普通高等学校毕业生接收工作的通知》,2000 年 1 月 31 日。

⑤ 《人事部关于做好 2001 年全国普通高等学校毕业生接收工作的通知》,2001 年 3 月 9 日。

⑥ 《国务院办公厅转发教育部等部门关于进一步深化普通高等学校毕业生就业制度改革有关问题意见的通知》,2002 年 3 月 2 日。

⑦ 中华人民共和国人事部办公厅:《关于做好 2002 年全国普通高等学校毕业生接收工作的通知》,2002 年 4 月 24 日。

⑧ 中华人民共和国教育部:《关于进一步加强普通高等学校毕业生就业指导服务机构及队伍建设的几点意见》,2002 年 12 月 30 日。

43.《人事部关于做好 2003 年全国普通高等学校毕业生就业接收工作的通知》。①

44.《国务院办公厅关于做好 2003 年普通高等学校毕业生就业工作的通知》②(国办发〔2003〕49 号)。

45.《关于实施大学生志愿服务西部计划的通知》③(中青联发〔2003〕26 号)。

46.《关于选拔高校毕业生到西部基层工作的通知》④(国人部发〔2003〕6 号)。

47.《关于鼓励中小企业聘用高校毕业生搞好就业工作的通知》⑤(发改企业〔2003〕1209 号)。

48.《关于做好 2004 年大学生志愿服务西部计划工作的通知》⑥(中青联发〔2004〕16 号)。

49.《关于进一步做好 2004 年普通高等学校毕业生就业工作的通知》⑦(国办发〔2004〕35 号)。

50.《关于进一步做好 2004 年高校毕业生就业有关工作的通知》⑧(劳社部发〔2004〕14 号)。

---

① 《人事部关于做好 2003 年全国普通高等学校毕业生就业接收工作的通知》,2003 年 1 月 28 日。

② 《国务院办公厅关于做好 2003 年普通高等学校毕业生就业工作的通知》,2003 年 5 月 29 日。

③ 中国共产主义青年团中央委员会等:《关于实施大学生志愿服务西部计划的通知》,2003 年 6 月 8 日。

④ 中国共产党中央委员会组织部等:《关于选拔高校毕业生到西部基层工作的通知》,2003 年 7 月 11 日。

⑤ 中华人民共和国国家发展和改革委员会:《关于鼓励中小企业聘用高校毕业生搞好就业工作的通知》,2003 年 9 月 15 日。

⑥ 中国共产主义青年团中央委员会等:《关于做好 2004 年大学生志愿服务西部计划工作的通知》,2004 年 4 月 14 日。

⑦ 中华人民共和国国务院办公厅:《关于进一步做好 2004 年普通高等学校毕业生就业工作的通知》,2004 年 4 月 17 日。

⑧ 中华人民共和国劳动和社会保障部:《关于进一步做好 2004 年高校毕业生就业有关工作的通知》,2004 年 4 月 22 日。

51.《教育部办公厅关于做好 2005 年普通高校毕业生就业重点工作的通知》①（教学厅〔2005〕4 号）。

52.《关于引导和鼓励高校毕业生面向基层就业的意见》②（中办发〔2005〕18 号）。

53.《中共中央关于制定国民经济和社会发展第十一个五年规划的建议》。③

54.《关于建立高校毕业生就业见习制度的通知》④（国人部发〔2006〕17 号）。

55.《关于实施农村义务教育阶段学校教师特设岗位计划的通知》⑤（教师〔2006〕2 号）。

56.《关于切实做好 2006 年普通高等学校毕业生就业工作的通知》⑥（教学〔2006〕8 号）。

57.《关于进一步做好 2006 年高校毕业生就业有关工作的通知》⑦（劳社厅发〔2006〕17 号）。

58.《关于组织开展高校毕业生到农村基层从事支教、支农、支医和扶贫工作的通知》⑧。

---

①　《教育部办公厅关于做好 2005 年普通高校毕业生就业重点工作的通知》,2005 年 3 月 22 日。

②　中国共产党中央委员会办公厅、中华人民共和国国务院办公厅:《关于引导和鼓励高校毕业生面向基层就业的意见》,2005 年 6 月 29 日。

③　《中共中央关于制定国民经济和社会发展第十一个五年规划的建议》,2005 年 10 月 11 日。

④　中华人民共和国人事部等:《关于建立高校毕业生就业见习制度的通知》,2006 年 2 月 27 日。

⑤　中华人民共和国教育部等:《关于实施农村义务教育阶段学校教师特设岗位计划的通知》,2006 年 5 月 15 日。

⑥　中国共产党中央委员会组织部等:《关于切实做好 2006 年普通高等学校毕业生就业工作的通知》,2006 年 5 月 29 日。

⑦　中华人民共和国劳动和社会保障部办公厅:《关于进一步做好 2006 年高校毕业生就业有关工作的通知》,2006 年 6 月 15 日。

⑧　中国共产党中央委员会组织部等:《关于组织开展高校毕业生到农村基层从事支教、支农、支医和扶贫工作的通知》,2006 年 2 月 25 日。

59.《关于实施"千家高校毕业生就业见习示范基地建设计划"的通知》①（国人厅发〔2006〕162 号）。

60.《关于做好全国高校毕业生就业网络联盟及网络招聘月活动的函》②（劳社培就司函〔2006〕76 号）。

61.《国务院办公厅关于切实做好 2007 年普通高等学校毕业生就业工作的通知》③（国办发〔2007〕26 号）。

62.《关于进一步发挥政府人事部门职育作用促进高校毕业生就业的通知》④（国人部发〔2007〕107 号）。

63.《关于积极做好 2008 年普通高等学校毕业生就业工作的通知》⑤（教学〔2007〕24 号）。

64.《关于做好 2008 年高校毕业生网上招聘活动的函》⑥（劳社培就司函〔2008〕14 号）。

65.《关于印发〈关于选聘高校毕业生到村任职工作的意见（试行）〉的通知》⑦（组通字〔2008〕18 号）。

66.《国务院办公厅转发人力资源社会保障部等部门关于促进以创业带动就业工作指导意见的通知》⑧（国办发〔2008〕111 号）。

---

① 中华人民共和国人事部办公厅:《关于实施"千家高校毕业生就业见习示范基地建设计划"的通知》,2006 年 10 月 10 日。

② 中华人民共和国劳动和社会保障部培训就业司、中国就业培训技术指导中心:《关于做好全国高校毕业生就业网络联盟及网络招聘月活动的函》,2006 年 11 月 13 日。

③ 《国务院办公厅关于切实做好 2007 年普通高等学校毕业生就业工作的通知》,2007 年 4 月 22 日。

④ 中华人民共和国人事部:《关于进一步发挥政府人事部门职育作用促进高校毕业生就业的通知》,2007 年 8 月 2 日。

⑤ 中华人民共和国教育部等:《关于积极做好 2008 年普通高等学校毕业生就业工作的通知》,2007 年 11 月 16 日。

⑥ 中华人民共和国劳动和社会保障部培训就业司:《关于做好 2008 年高校毕业生网上招聘活动的函》,2008 年 2 月 25 日。

⑦ 中国共产党中央委员会组织部等:《关于印发〈关于选聘高校毕业生到村任职工作的意见（试行）〉的通知》,2008 年 4 月 10 日。

⑧ 《国务院办公厅转发人力资源社会保障部等部门关于促进以创业带动就业工作指导意见的通知》,2008 年 9 月 26 日。

67.《关于举办全国人力资源市场 2009 届高校毕业生就业服务周活动的通知》①（人社厅明电〔2008〕41 号）。

68.《关于加强普通高等学校毕业生就业工作的通知》②（国办发〔2009〕3 号）。

69.《关于继续实施"农村义务教育阶段学校教师"特设岗位计划的通知》③（教师〔2009〕1 号）。

70.《教育部办公厅 人力资源和社会保障部办公厅关于 2009 年联合举办高校毕业生网上招聘活动的通知》④（教学厅函〔2009〕2 号）。

71.《关于印发"三年百万"高校毕业生就业见习计划的通知》⑤（人社部发〔2009〕38 号）。

72.《关于建立选聘高校毕业生到村任职工作长效机制的意见》⑥（组通字〔2009〕21 号）。

73.《关于统筹实施引导高校毕业生到农村基层服务项目工作的通知》⑦（人社部发〔2009〕42 号）。

74.《关于进一步做好高等学校残疾人毕业生就业工作的通知》。⑧

---

①　中华人民共和国人力资源和社会保障部办公厅:《关于举办全国人力资源市场 2009 届高校毕业生就业服务周活动的通知》,2008 年 10 月 9 日。

②　中华人民共和国国务院办公厅:《关于加强普通高等学校毕业生就业工作的通知》,2009 年 1 月 19 日。

③　中华人民共和国教育部等:《关于继续实施"农村义务教育阶段学校教师"特设岗位计划的通知》,2009 年 2 月 23 日。

④　《教育部办公厅 人力资源和社会保障部办公厅关于 2009 年联合举办高校毕业生网上招聘活动的通知》,2009 年 1 月 5 日。

⑤　中华人民共和国人力资源和社会保障部等:《关于印发"三年百万"高校毕业生就业见习计划的通知》,2009 年 4 月 2 日。

⑥　中国共产党中央委员会组织部:《关于建立选聘高校毕业生到村任职工作长效机制的意见》,2009 年 4 月 13 日。

⑦　中国共产党中央委员会组织部等:《关于统筹实施引导高校毕业生到农村基层服务项目工作的通知》,2009 年 4 月 20 日。

⑧　中华人民共和国人力资源和社会保障部等:《关于进一步做好高等学校残疾人毕业生就业工作的通知》,2009 年 5 月 6 日。

75.《关于开展高校毕业生就业推进行动的通知》①（人社部明电〔2009〕16号）。

76.《关于做好2010年普通高等学校毕业生就业工作的通知》②（教学〔2009〕15号）。

77.《教育部办公厅、人力资源社会保障部办公厅关于2010年联合举办高校毕业生网上招聘活动的通知》③（教学厅函〔2010〕5号）。

78.《人力资源和社会保障部关于实施大学生创业引领计划的通知》④（人社部发〔2010〕31号）。

79.《关于开展2010年全国高校毕业生就业服务月活动的通知》⑤（人社部函〔2010〕239号）。

80.《关于开展国家教育体制改革试点的通知》⑥（国办发〔2010〕48号）。

81.《国务院关于加强职业培训促进就业的意见》⑦（国发〔2010〕36号）。

82.《教育部办公厅关于做好核发〈高校毕业生自主创业证〉有关工作的通知》⑧（教学厅函〔2010〕31号。

83.《教育部办公厅、人力资源社会保障部办公厅关于2011年联合举办高校毕业生网上招聘活动的通知》⑨（教学厅函〔2010〕6号）。

---

① 中华人民共和国人力资源和社会保障部等：《关于开展高校毕业生就业推进行动的通知》，2009年6月29日。

② 中华人民共和国教育部：《关于做好2010年普通高等学校毕业生就业工作的通知》，2009年11月23日。

③ 《教育部办公厅、人力资源社会保障部办公厅关于2010年联合举办高校毕业生网上招聘活动的通知》，2010年3月1日。

④ 《人力资源和社会保障部关于实施大学生创业引领计划的通知》，2010年5月4日。

⑤ 中华人民共和国人力资源和社会保障部：《关于开展2010年全国高校毕业生就业服务月活动的通知》，2010年8月17日。

⑥ 中华人民共和国国务院办公厅：《关于开展国家教育体制改革试点的通知》，2010年10月24日。

⑦ 《国务院关于加强职业培训促进就业的意见》，2010年10月20日。

⑧ 《教育部办公厅关于做好核发〈高校毕业生自主创业证〉有关工作的通知》，2010年12月13日。

⑨ 《教育部办公厅、人力资源社会保障部办公厅关于2011年联合举办高校毕业生网上招聘活动的通知》，2011年3月2日。

84.《教育部关于做好 2011 年全国普通高等学校毕业生就业工作的通知》①（教学〔2010〕11 号）。

85.《国资委办公厅关于做好 2011 年招收普通高校毕业生就业工作的通知》②（国资厅发分配〔2011〕45 号）。

86.《关于做好 2012 年全国普通高等学校毕业生就业工作的通知》③（教学〔2011〕12 号）。

87.《关于做好 2012 年大学生村官选聘工作的通知》④（组通字〔2011〕61 号）。

88.《教育部办公厅、人力资源社会保障部办公厅关于 2012 年联合举办高校毕业生网上招聘活动的通知》⑤（教育厅函〔2012〕22 号）。

89.《关于做好 2012 年高校毕业生就业服务工作的通知》⑥（人社部发〔2012〕19 号）。

90.《关于做好 2012 届离校未就业高校毕业生实名登记和就业服务工作的通知》⑦（人社厅发〔2012〕69 号）。

91.《关于做好 2013 年全国高校毕业生就业工作的通知》⑧（人社部函〔2013〕1 号）。

---

①　《教育部关于做好 2011 年全国普通高等学校毕业生就业工作的通知》,2010 年 11 月 15 日。

②　《国资委办公厅关于做好 2011 年招收普通高校毕业生就业工作的通知》,2011 年 6 月 30 日。

③　中华人民共和国教育部:《关于做好 2012 年全国普通高等学校毕业生就业工作的通知》,2011 年 11 月 10 日。

④　中国共产党中央委员会组织部:《关于做好 2012 年大学生村官选聘工作的通知》,2011 年 12 月 21 日。

⑤　《教育部办公厅、人力资源社会保障部办公厅关于 2012 年联合举办高校毕业生网上招聘活动的通知》,2012 年 2 月 16 日。

⑥　中华人民共和国人力资源和社会保障部:《关于做好 2012 年高校毕业生就业服务工作的通知》,2012 年 3 月 23 日。

⑦　中华人民共和国人力资源和社会保障部:《关于做好 2012 届离校未就业高校毕业生实名登记和就业服务工作的通知》,2012 年 7 月 25 日。

⑧　中华人民共和国人力资源和社会保障部:《关于做好 2013 年全国高校毕业生就业工作的通知》,2013 年 1 月 6 日。

92.《人力资源社会保障部关于开展 2013 年全国高校毕业生春季网络招聘月活动的通知》①（人社部函〔2013〕24 号）。

93.《教育部办公厅 人力资源社会保障部办公厅关于 2013 年联合举办全国高校毕业生就业网络联盟招聘周活动的通知》②（教学厅函〔2013〕2 号）。

94.《关于做好 2013 年全国普通高等学校毕业生就业工作的通知》③（国办发〔2013〕35 号）。

95.《关于实施离校未就业高校毕业生就业促进计划的通知》④（人社部发〔2013〕41 号）。

96.《关于做好高校毕业生求职补贴发放工作的通知》⑤（人社部发〔2013〕43 号）。

97.《人力资源社会保障部关于开展 2013 年全国高校毕业生夏季网络招聘月活动的通知》⑥（人社部函〔2013〕152 号）。

98.《人力资源社会保障部关于开展 2013 年全国高校毕业生秋季网络招聘月活动的通知》⑦（人社部函〔2013〕189 号）。

99.《人力资源社会保障部关于做好 2014 年全国高校毕业生就业工作的通知》⑧（人社部函〔2014〕24 号）。

---

① 《人力资源社会保障部关于开展 2013 年全国高校毕业生春季网络招聘月活动的通知》，2013 年 2 月 4 日。

② 《教育部办公厅 人力资源社会保障部办公厅关于 2013 年联合举办全国高校毕业生就业网络联盟招聘周活动的通知》，2013 年 2 月 6 日。

③ 中华人民共和国国务院办公厅：《关于做好 2013 年全国普通高等学校毕业生就业工作的通知》，2013 年 5 月 16 日。

④ 中华人民共和国人力资源和社会保障部：《关于实施离校未就业高校毕业生就业促进计划的通知》，2013 年 5 月 29 日。

⑤ 中华人民共和国人力资源和社会保障部等：《关于做好高校毕业生求职补贴发放工作的通知》，2013 年 6 月 5 日。

⑥ 《人力资源社会保障部关于开展 2013 年全国高校毕业生夏季网络招聘月活动的通知》，2013 年 7 月 16 日。

⑦ 《人力资源社会保障部关于开展 2013 年全国高校毕业生秋季网络招聘月活动的通知》，2013 年 9 月 12 日。

⑧ 《人力资源社会保障部关于做好 2014 年全国高校毕业生就业工作的通知》，2014 年 2 月 26 日。

100.《教育部办公厅 人力资源社会保障部办公厅关于联合举办 2014 年全国高校毕业生就业网络联盟招聘周活动有关事项的通知》①（教学厅函〔2014〕9 号）。

（四）双创时期 2014 年至今

101.《国务院办公厅关于做好 2014 年全国普通高等学校毕业生就业创业工作的通知》②（国办发〔2014〕22 号）。

102.《人力资源社会保障部等九部门关于实施大学生创业引领计划的通知》③（人社部发〔2014〕38 号）。

103.《人力资源社会保障部关于开展 2014 年全国高校毕业生就业服务月活动的通知》④（人社部函〔2014〕136 号）。

104.《人力资源社会保障部办公厅关于进一步加强高校毕业生就业创业政策宣传工作的通知》⑤（人社厅函〔2014〕312 号）。

105.《人力资源社会保障部关于加快就业信息全国联网推进公共就业信息服务平台建设工作的通知》⑥（人社部发〔2014〕77 号）。

106.《人力资源社会保障部关于做好 2015 年全国高校毕业生就业创业工作的通知》⑦（人社部函〔2015〕21 号）。

107.《国务院办公厅关于发展众创空间推进大众创新创业的指导意见》⑧

---

①　《教育部办公厅 人力资源社会保障部办公厅关于联合举办 2014 年全国高校毕业生就业网络联盟招聘周活动有关事项的通知》,2014 年 4 月 4 日。

②　《国务院办公厅关于做好 2014 年全国普通高等学校毕业生就业创业工作的通知》,2014 年 5 月 9 日。

③　《人力资源社会保障部等九部门关于实施大学生创业引领计划的通知》,2014 年 5 月 22 日。

④　《人力资源社会保障部关于开展 2014 年全国高校毕业生就业服务月活动的通知》,2014 年 8 月 1 日。

⑤　《人力资源社会保障部办公厅关于进一步加强高校毕业生就业创业政策宣传工作的通知》,2014 年 8 月 25 日。

⑥　《人力资源社会保障部关于加快就业信息全国联网推进公共就业信息服务平台建设工作的通知》,2014 年 11 月 6 日。

⑦　《人力资源社会保障部关于做好 2015 年全国高校毕业生就业创业工作的通知》,2015 年 2 月 9 日。

⑧　《国务院办公厅关于发展众创空间推进大众创新创业的指导意见》,2015 年 3 月 2 日。

（国办发〔2015〕9 号）。

108.《教育部办公厅 人力资源社会保障部办公厅关于联合举办 2015 年全国高校毕业生就业网络联盟招聘周活动有关事项的通知》①教学厅函〔2015〕16 号）。

109.《国务院办公厅关于深化高等学校创新创业教育改革的实施意见》②（国办发〔2015〕36 号）。

110.《国务院关于大力推进大众创业万众创新若干政策措施的意见》③（国发〔2015〕32 号）。

111.《人力资源社会保障部办公厅关于加强离校未就业高校毕业生实名制就业服务工作的通知》④（人社厅发〔2015〕111 号）。

112.《教育部关于做好 2016 届全国普通高等学校毕业生就业创业工作的通知》⑤（教学〔2015〕12 号）。

113.《关于印发〈2016—2017 年度大学生志愿服务西部计划实施方案〉的通知》⑥（中青联发〔2016〕6 号）。

114.《中共中央组织部 人力资源社会保障部等九部门关于实施第三轮高校毕业生"三支一扶"计划的通知》⑦（人社部发〔2016〕41 号）。

115.《教育部办公厅 人力资源社会保障部办公厅关于举办 2016 年全国高校毕业生就业网络联盟招聘周活动的通知》⑧（教学厅函〔2016〕2 号）。

---

① 《教育部办公厅 人力资源社会保障部办公厅关于联合举办 2015 年全国高校毕业生就业网络联盟招聘周活动有关事项的通知》，2015 年 2 月 15 日。

② 《国务院办公厅关于深化高等学校创新创业教育改革的实施意见》，2015 年 5 月 4 日。

③ 《国务院关于大力推进大众创业万众创新若干政策措施的意见》，2015 年 6 月 11 日。

④ 《人力资源社会保障部办公厅关于加强离校未就业高校毕业生实名制就业服务工作的通知》，2015 年 7 月 1 日。

⑤ 《教育部关于做好 2016 届全国普通高等学校毕业生就业创业工作的通知》，2015 年 11 月 27 日。

⑥ 中国共产主义青年团中央委员会等：《关于印发〈2016—2017 年度大学生志愿服务西部计划实施方案〉的通知》，2016 年 5 月 5 日。

⑦ 《中共中央组织部 人力资源社会保障部等九部门关于实施第三轮高校毕业生"三支一扶"计划的通知》，2016 年 4 月 20 日。

⑧ 《教育部办公厅 人力资源社会保障部办公厅关于举办 2016 年全国高校毕业生就业网络联盟招聘周活动的通知》，2016 年 1 月 14 日。

116.《关于实施高校毕业生就业创业促进计划的通知》①（人社部发〔2016〕100 号）。

117.《教育部关于做好 2017 届全国普通高等学校毕业生就业创业工作的通知》②教学〔2016〕11 号）。

118.《商务部办公厅 教育部办公厅 人力资源和社会保障部办公厅关于举办 2017 年全国国家级经济技术开发区高校毕业生网络招聘会的通知》③（商办资函〔2016〕893 号）。

119.《国务院关于印发国家教育事业发展"十三五"规划的通知》④（国发〔2017〕4 号）。

120.《关于进一步引导和鼓励高校毕业生到基层工作的意见》。⑤

121.《国务院关于印发"十三五"促进就业规划的通知》⑥（国发〔2017〕10 号）。

122.《人力资源社会保障部关于做好 2017 年全国高校毕业生就业创业工作的通知》⑦（人社部函〔2017〕20 号）。

123.《教育部办公厅 人力资源社会保障部办公厅关于举办 2017 年全国高校毕业生就业网络联盟招聘周活动的通知》⑧（教学厅函〔2017〕6 号）。

124.《人力资源社会保障部办公厅 教育部办公厅 国务院国资委办公厅

---

① 中华人民共和国人力资源和社会保障部、教育部:《关于实施高校毕业生就业创业促进计划的通知》,2016 年 10 月 26 日。

② 《教育部关于做好 2017 届全国普通高等学校毕业生就业创业工作的通知》,2016 年 11 月 25 日。

③ 《商务部办公厅 教育部办公厅 人力资源和社会保障部办公厅关于举办 2017 年全国国家级经济技术开发区高校毕业生网络招聘会的通知》,2016 年 12 月 27 日。

④ 《国务院关于印发国家教育事业发展"十三五"规划的通知》,2017 年 1 月 10 日。

⑤ 中国共产党中央委员会办公厅、中华人民共和国国务院办公厅:《关于进一步引导和鼓励高校毕业生到基层工作的意见》,2017 年 1 月。

⑥ 《国务院关于印发"十三五"促进就业规划的通知》,2017 年 1 月 26 日。

⑦ 《人力资源社会保障部关于做好 2017 年全国高校毕业生就业创业工作的通知》,2017 年 2 月 6 日。

⑧ 《教育部办公厅 人力资源社会保障部办公厅关于举办 2017 年全国高校毕业生就业网络联盟招聘周活动的通知》,2017 年 1 月 20 日。

关于开展第六届中央企业面向西藏青海新疆高校毕业生专场招聘活动的通知》①(人社厅函〔2017〕32 号)。

125.《国务院关于做好当前和今后一段时期就业创业工作的意见》②(国发〔2017〕28 号)。

126.《国务院关于强化实施创新驱动发展战略进一步推进大众创业万众创新深入发展的意见》③(国发〔2017〕37 号)。

127.《人力资源社会保障部关于做好 2018 年全国高校毕业生就业创业工作的通知》④(人社部函〔2018〕16 号)。

---

① 《人力资源社会保障部办公厅 教育部办公厅 国务院国资委办公厅关于开展第六届中央企业面向西藏青海新疆高校毕业生专场招聘活动的通知》,2017 年 2 月 20 日。

② 《国务院关于做好当前和今后一段时期就业创业工作的意见》,2017 年 4 月 13 日。

③ 《国务院关于强化实施创新驱动发展战略进一步推进大众创业万众创新深入发展的意见》,2017 年 7 月 21 日。

④ 《人力资源社会保障部关于做好 2018 年全国高校毕业生就业创业工作的通知》,2018 年 3 月 2 日。

附录 2　标志性政策及重点举措表

表 1　计划时期 1950—1985 年标志性政策及重点举措

序号	政策文件	发文日期	条令举措
1	《为有计划地合理地分配全国公私立高等学校今年暑期毕业生工作的通令》	1950—06—22	对毕业生一般应说服争取他们服从政府的分配,为人民服务,其表示愿自找职业者,可听由自行处理; 从 1950 年暑假起,全国高等学校毕业生大多数由政府统一分配工作
2	《中央人民政府政务院关于改革学制的决定》	1951—10—01	高等学校毕业生之工作由政府分配
3	《高等学校毕业生调配派遣办法》（教学〔81〕48 号）	1981—10—04	特别优秀的毕业生,可让本人在调配计划内自己选择工作单位; 学校要根据毕业生调配计划,按照学用一致的原则,参照用人单位的要求和毕业生的具体情况,合理确定分配名单
4	《关于文化部部属艺术院校毕业生不包分配的请示》	1983—05—04	拟对艺术院校毕业生除了定向、委托培养的学生外,国家不包分配,实行在国家招生和分配计划下,由艺术院校直接向用人单位推荐,用人单位择优录用和学生自谋职业相结合的办法

表 2　过渡时期 1985—1999 年 标志性政策及重点举措

序号	政策文件	发文日期	条令举措
1	《中共中央关于教育体制改革的决定》	1985—05—27	改革高等学校的招生计划和毕业生分配制度,扩大高等学校办学自主权; 按国家招生计划的毕业生分配,实行在国家计划指导下,由本人选报志愿、学校推荐、用人单位择优录用的制度; 按比例定向招生到边缘及艰苦地区就业,待遇从优; 培养人民解放军保证国防; 在国家计划外的毕业生毕业后可以由学校推荐就业,也可以自谋职业; 用人单位招生,按议定的合同向学校缴纳一定数量的培养费,毕业生应按合同规定到委托单位工作
2	《中国教育改革和发展纲要》(中发〔1993〕3 号)	1993—02—13	改变全部按国家统一计划招生的体制,实行国家任务计划和调节性计划相结合; 改革学生上大学由国家包下来的做法,逐步实行收费制度; 改革高等毕业生"统包统分"和"包当干部"的就业制度,实行少数毕业生由国家安排就业,多数由学生"自主择业"的就业制度
3	《国家不包分配大专以上毕业生择业暂行办法》	1996—04—01	毕业生通过人才市场在多种所有制范围内自主择业; 机关、全民所有制事业单位录用(聘用)毕业生,必须在政府人事部门当年下达的增人、增干计划内
4	《面向 21 世纪教育振兴行动计划》	1998—12—24	到 2000 年左右,建立起比较完善的学生和用人单位双向选择、自主择业的毕业生就业制度; 将毕业生"派遣证"改为"就业报到证"

表 3　市场时期 1999—2014 年标志性政策及重点举措

序号	政策文件	发文日期	条令举措
1	《关于选拔高校毕业生到农村基层工作有关问题的通知》(人发〔1999〕67 号)	1999—06—22	鼓励高校毕业生到基层支农、支教、支医、扶贫或到企业锻炼,拓宽毕业生就业渠道,培养农村基层干部; 选拔工作坚持公开、平等、竞争、择优的原则,采取毕业生自愿报名,学校推荐,组织、人事部门审核批准的办法进行

序号	政策文件	发文日期	条令举措
2	《关于进一步加强普通高等学校毕业生就业指导服务机构与队伍建设的几点意见》（教学〔2002〕18号）	2002—12—31	高校必须建立并健全毕业生就业指导服务机构，在办公条件、人员等方面给予充分保证；保证就业工作所需经费,大力加强高校毕业生就业工作的信息化建设
3	《关于建立高校毕业生就业见习制度的通知》（国人部发〔2006〕17号）	2006—04—24	积极做好见习单位和见习基地建设工作；有计划地组织未就业高校毕业生参加就业见习；切实解决未就业高校毕业生见习的基本生活补助；不断改进和完善毕业生见习期间的各项服务工作
4	《中组部关于做好2012年大学生村官选聘工作的通知》（组通字〔2011〕61号）	2011—12—21	推进实现"一村一名大学生村官"的目标,要切实把做好选聘工作作为推进高校毕业生到村任职工作的重要内容；主动协调财政、教育、人力资源社会保障、共青团等部门单位,统筹实施选聘工作

表4 双创时期2014年至今标志性政策及重点举措

序号	政策文件	发文日期	条令举措
1	《国务院办公厅关于做好2014年全国普通高等学校毕业生就业创业工作的通知》（国办发〔2011〕22号）	2014—05—13	高度重视高校毕业生就业创业工作,充分认识做好高校毕业生就业创业工作的重要性和紧迫性,聚焦重点难点,继续把高校毕业生就业创业摆在就业工作的首要位置和整个经济社会发展的重要位置；2014年至2017年,在全国范围内实施大学生创业引领计划;加强对高校毕业生就业创业工作的组织领导
2	《人力资源社会保障部等九部门关于实施大学生创业引领计划的通知》（人社部发〔2014〕38号）	2014—06—03	普及创业教育,加强创业培训；提供工商登记和银行开户便利,提供多渠道资金支持,提供创业经营场所支持,加强创业公共服务

续表

序号	政策文件	发文日期	条令举措
3	《国务院办公厅关于深化高等学校创新创业教育改革的实施意见》(国办发〔2015〕36 号)	2015—05—13	完善人才培养质量标准,健全创新创业教育课程体系,创新人才培养机制,改革教学方法和考核方式; 强化创新创业实践,改革教学和学籍管理制度; 加强教师创新创业教育教学能力建设; 改进学生创业指导服务; 完善创新创业资金支持和政策保障体系
4	《人力资源社会保障部教育部关于实施高校毕业生就业创业促进计划的通知》(人社部发〔2016〕100 号)	2016—10—26	从 2016 年起实施"高校毕业生就业创业促进计划"; 实施能力提升、创业引领、校园精准服务、就业帮扶、权益保护五大行动,加强部门协同、信息共享、工作对接,促进高校毕业生就业创业

附录3 大学生公共服务动机与就业倾向调查问卷

北京市大学生就业意愿调查问卷

亲爱的同学：					
您好！这份调查问卷旨在研究大学生就业意愿，您的回答无好坏、对错之分。请您根据实际情况和个人真实感受安心填答。衷心感谢您对本研究的大力支持！					

第一部分：请您根据实际情况进行判断。从左至右代表"非常不同意"到"非常同意"。		非常不同意	不同意	中立	同意	非常同意
序号	题目	1	2	3	4	5
1	我对公共政策制定不感兴趣。	1	2	3	4	5
2	我对政治人物没有兴趣。	1	2	3	4	5
3	我对公共政策制定中的利益交换与妥协不感兴趣。	1	2	3	4	5
4	在接下来的三到五年中，我会参加公务员招聘考试。	1	2	3	4	5
5	在公共部门获得一个职位，是我职业生涯的目标。（公共部门包括党政机关、事业单位、国企等）	1	2	3	4	5
6	我从未打算参加公务员招聘考试。	1	2	3	4	5
7	我乐意看到政府部门做出对整个社会有益的事，即使这会损害我的个人利益。	1	2	3	4	5
8	我认为公共服务是我的公民责任。	1	2	3	4	5
9	有意义的公共服务对我来说非常重要。	1	2	3	4	5
10	当我看到人们的不幸时，我很难控制住自己的感情。	1	2	3	4	5
11	对我而言，爱国主义包含了对他人福利的关注。	1	2	3	4	5
12	日常生活中的事情常常让我感到，人与人之间非常需要相互依赖。	1	2	3	4	5

13	即使是冒着损失个人利益的风险,我也会尽力去帮助别人。	1	2	3	4	5
14	即使没有任何报酬,为公共服务还是会让我感觉很好。	1	2	3	4	5
15	为了社会更加美好,我时刻准备着做出巨大牺牲。	1	2	3	4	5
16	公共责任应优先于个人利益。	1	2	3	4	5
17	我很少为社会底层的弱势群体感到伤心。	1	2	3	4	5
18	我毫无私心地对我的社会进行贡献。	1	2	3	4	5
19	对我而言,贡献社会比个人成就更有意义。	1	2	3	4	5
20	我认为人们应该回馈社会,而不能只是取之于社会。	1	2	3	4	5
21	与我素不相识的人过得好坏与我无关。	1	2	3	4	5
22	赚钱比行善更重要。	1	2	3	4	5
23	我所做的大多数事情都不是为了个人的一己私利。	1	2	3	4	5
24	目前大部分社会福利项目都是至关重要、亟须实施的。	1	2	3	4	5
25	我完全支持的社会福利项目不多。	1	2	3	4	5
26	那些需要帮助但自己不努力的人是不值得同情的。	1	2	3	4	5
27	我对小区中发生的事情不感兴趣。	1	2	3	4	5
28	金钱推动我去努力工作。	1	2	3	4	5
29	金钱加强了我去努力工作的信念。	1	2	3	4	5
30	金钱是我主要的原动力。	1	2	3	4	5
31	学而优则仕。	1	2	3	4	5
32	重亲情,礼尚往来。	1	2	3	4	5
33	保持和谐的人际关系。	1	2	3	4	5
34	上下有别,尊卑有序。	1	2	3	4	5

第二部分:下面是您个人的基本信息,您提供的所有信息只供研究,不会告诉其他人员,请放心回答。请在每项后面合适的选项上画"○"或根据实际情况如实填写。

1	您的性别: ①男 ②女
2	您的年龄段: ①18岁以下 ②18—25岁 ③26—30岁 ④30岁及以上
3	您所在的高校名称:
4	您的专业名称:

续表

5	您的生源地城市： 省 市 县
6	您的文化程度：①本科及以下　②硕士　③博士
7	是否有父母或亲属在公共部门工作：①是　②否
8	是否参与过志愿者服务：①是　②否
9	是否是党员：①是　②否
10	是否在公共部门中实习过:①是　②否
11	您父亲的教育程度:①专科及以下　②本科　③硕士　④博士
12	您母亲的教育程度:①专科及以下　②本科　③硕士　④博士
13	您的家庭年收入： ① 10 万元及以下　②11 万—50 万元　③51 万—100 万元　④100 万元以上
14	请对您选择职业的考虑因素进行排序【请选择 1—6 项并排序】： ①薪酬福利　②工作稳定　③社会地位 ④有挑战性　⑤地理位置　⑥发展前景
15	请您对下列就业选择进行排序【请选择 1—6 项并排序】： ①公务员　②事业单位(包括高校、医院、研究所等) ③国企　④私企(包括民企、外企等) ⑤创业　⑥其他

　　问卷到此结束,请您再检查一下是否有遗漏! 衷心感谢您的真诚合作,祝您身体健康,工作顺利!

附录4 视障大学生公共服务动机与就业倾向访谈提纲

（1）您在过去的学业生活中，是否有接受过政府相关部门、公益团体或基金会的帮助，如果有，是以何种方式及程度接受的？如果没有，您希望获得何种方式及程度的公共服务？

（2）您认为政府保障视力障碍群体受教育权方面，有什么优点及不足？

（3）您所了解的视力障碍群体普遍的就业方向及收入处于何种状况？

（4）您所了解的政府在改善视力障碍群体就业问题上提供过何种帮助或服务？

（5）您个人对未来就业时的岗位选择有何考量？

（6）您个人对大学生回馈社会有何种看法及考量？

（7）您个人对就业时选择从事公共服务类工作是否有过考量？若有，您愿意选择何种具体工作岗位？若无，您的考量是什么？

（8）您个人是否有意愿在未来工作选择时从事有助于帮扶视障群体的岗位？

参考文献

[美]B.盖伊·彼得斯、弗兰斯·K.M.冯尼斯潘:《公共政策工具:对公共管理工具的评价》,顾建光译,中国人民大学出版社2017年版。

[美]贝尔著:《当代西方社会科学》,范岱年等译,社会科学文献出版社1988年版。

[美]加里·德斯勒著:《人力资源管理 第六版》,刘昕等译,中国人民大学出版社2002年版。

[美]雷蒙德·A.诺伊著:《人力资源管理:赢得竞争优势》,刘昕译,中国人民大学出版社2013年版。

安锦:《高校毕业生就业促进政策与促进机制研究》,武汉大学,2011年博士学位论文。

白文龙:《大学生就业心理分析及对策》,《中国高教研究》2003年第5期。

包元杰、李超平:《公共服务动机的测量:理论结构与量表修订》,《中国人力资源开发》2016年第7期。

曾军荣:《公共服务动机:概念、特征与测量》,《中国行政管理》2008年第2期。

曾湘泉:《世界就业趋势及各国就业政策》,《求是》2003年第18期。

陈昊:《出口是否加剧了就业性别歧视?——基于倾向评分匹配的再估计》,《财经研究》2013年第9期。

陈继承:《大学生择业观变化因素探析》,《广西医科大学学报》1999年第S2期。

陈世香、苏建健：《国外公共服务动机研究：概念诠释、变量关系与发展趋势》，《国外社会科学》2017 年第 1 期。

陈振明：《政策科学：公共政策分析导论》，中国人民大学出版社 2003 年版。

《政府工具研究与政府管理方式改进——论作为公共管理学新分支的政府工具研究的兴起、主题和意义》，《中国行政管理》2004 年第 6 期。

程池超、马永华：《论就业风险对大学生就业心理的影响》，《高等工程教育研究》2010 年第 4 期。

崔苏菁：《我国高校毕业生就业政策研究》，安徽大学，2010 年硕士学位论文。

寸晓刚：《新一代大学生群体公共服务动机的实证研究》，《中国行政管理》2013 年第 3 期。

杜华勇等：《基于 AHP 的大学生就业能力对策研究——以西南大学市场营销专业为例》，《经济视角（中旬）》2011 年第 1 期。

段文婷、江光荣：《计划行为理论述评》，《心理科学进展》2008 年第 2 期。

段哲哲：《2000 年以来中国台湾地区公务员公共服务动机及其对工作投入的影响》，《公共管理评论》2018 年第 2 期。

范皑皑、车莎莎：《大学生的就业预期与就业选择》，《教育发展研究》2014 年第 23 期。

范莉莉：《残疾大学生职业生涯规划现状调查研究》，《教育理论与实践》2018 年第 24 期。

方振邦、唐健：《公共服务动机理论及其应用研究述评》，《公共管理与政策评论》2014 年第 3 期。

风笑天：《简明社会学研究方法》，华文出版社 2005 年版。

冯春梅：《地方应用型本科院校市场营销专业就业倾向实证调查》，《黑龙江对外经贸》2010 年第 10 期。

高韧：《论公共服务动机与激励》，《华中农业大学学报（社会科学版）》2012 年第 3 期。

高翔、黄张迪:《大学生选择党政机关就业的生涯激励:公共服务动机,还是政治效能感?》,《治理研究》2018 年第 2 期。

葛蕾蕾、孙在丽、李乙冉:《基于 Citespace 的我国公共服务动机文献计量研究》,《山东社会科学》2018 年第 9 期。

顾建光、吴明华:《公共政策工具论视角述论》,《科学学研究》2007 年第 1 期。

郭望:《民族传统体育专业学生技能与就业倾向的调查研究》,《安徽体育科技》2017 年第 4 期。

韩雪、张广胜:《预期就业风险、就业动机与进城务工人口就业选择行为研究》,《人口与经济》2014 年第 6 期。

韩翼祥、翁杰、周必彧:《中国大学生的就业决策和职业期望——以浙江省为例》,《中国人口科学》2007 年第 3 期。

何景熙:《产业—就业结构变动与中国城市化发展趋势》,《中国人口·资源与环境》2013 年第 6 期。

何苗、王军、黄曙萍:《论当前大学生就业的三大倾向》,《河海大学学报(哲学社会科学版)》2004 年第 2 期。

何晓晶、陈毅文:《公共服务动机视角下的公务员激励机制》,《人类工效学》2015 年第 1 期。

胡凯丽:《硕士研究生就业倾向——以燕山大学为例》,《人才资源开发》2015 年第 6 期。

黄萃等:《政策工具视角的中国风能政策文本量化研究》,《科学学研究》2011 年第 6 期。

黄立温:《拓展农村盲人就业空间》,《中国残疾人》2013 年第 7 期。

黄艳茹、阎波、郑烨:《我国公务员考核创新的动因分析》,《湖北社会科学》2015 年第 1 期。

江小涓:《大数据时代的政府管理与服务:提升能力及应对挑战》,《中国行政管理》2018 年第 9 期。

蒋承、李笑秋:《政策感知与大学生基层就业——基于"三元交互理论"的视角》,《北京大学教育评论》2015 年第 2 期。

李超平、时勘:《变革型领导的结构与测量》,《心理学报》2005 年第 6 期。

李超平、田宝、时勘:《变革型领导与员工工作态度:心理授权的中介作用》,《心理学报》2006 年第 2 期。

李峰、柯峰、文鹏:《大学生择业期望现状及差异性分析研究——以武汉市七所部属高校为例》,《人口与发展》2012 年第 4 期。

李锋、王浦劬:《基层公务员公共服务动机的结构与前因分析》,《华中师范大学学报(人文社会科学版)》2016 年第 1 期。

《基层公务员公共服务动机的结构与前因》,《社会科学文摘》2016 年第 3 期。

李佳:《德国、日本人才资源引入政策对我国的启示》,山西师范大学,2013 年博士学位论文。

李黎明、张顺国:《影响高校大学生职业选择的因素分析 基于社会资本和人力资本的双重考察》,《社会》2008 年第 2 期。

李玲、陶厚永:《山寨模式形成动力机制及其对国产品牌的启示》,《科研管理》2013 年第 2 期。

李明、叶浩生:《公共服务动机测量的发展与展望》,《心理科学》2012 年第 4 期。

李明:《公共服务动机的扩展研究》,中国心理学会,2011 年 10 月。

《拥挤的动机:公益投资中的公共服务动机与外部激励》,《心理科学》2013 年第 5 期。

《公共服务动机的跨文化研究及其中国文化本位内涵》,《心理研究》2014 年第 3 期。

《公共服务动机的测量与培育:基于中国传统文化视角》,科学出版社 2018 年版。

李楠:《上海市残疾大学生就业心理及其相关因素研究》,华东师范大学,2012 年硕士学位论文。

李宁、刘媛媛:《硕士毕业生就业倾向及对策调查研究》,《职业时空》2015

年第 8 期。

李文兵:《职业认知、环境支持对旅游专业大学生就业倾向的影响》,《湖南理工学院学报(自然科学版)》2013 年第 3 期。

李文钊:《间断—均衡理论:探究政策过程中的稳定与变迁逻辑》,《上海行政学院学报》2018 年第 2 期。

李小华、董军:《公务员公共服务动机对个体绩效的影响研究》,《公共行政评论》2012 年第 1 期。

李小华:《西方公共服务动机研究》,《理论探讨》2007 年第 3 期。

李小华:《公共服务动机的结构及测量》,《武汉大学学报(哲学社会科学版)》2008 年第 6 期。

《公共服务动机研究:对中国 MPA 研究生公共服务动机的实证分析》,中国社会科学出版社 2010 年版。

李晓靓:《我国高校毕业生就业政策文本分析》,东北大学,2008 年硕士学位论文。

李晓玲、李胜生:《大学生就业倾向及其影响因素》,《西安交通大学学报(社会科学版)》2007 年第 4 期。

李晓明、乔云娜:《浅析职业锚理论对女大学生就业选择的影响》,《广西民族大学学报(哲学社会科学版)》2007 年第 S1 期。

李学龙、龚海刚:《大数据系统综述》,《中国科学:信息科学》2015 年第 1 期。

李艳丽、高岚:《企业社会责任管理模式的影响因素模型与提升政策》,《管理评论》2018 年第 9 期。

李迎果:《国家促进高等学校毕业生就业政策的理论与实践研究》,云南大学,2012 年博士学位论文。

梁添祥、郭李亮:《高师体育教育专业学生学习行为与择业倾向分析》,《湖北体育科技》2003 年第 3 期。

廖泉文:《人力资源管理(第二版)》,高等教育出版社 2001 年版。

林崇德等:《心理学大辞典》,上海教育出版社 2003 年版。

林国建、柯琦颖:《基于马斯洛需求理论的大学毕业生就业倾向分析——以莆田学院为例》,《莆田学院学报》2016 年第 3 期。

林桦:《自我决定理论研究》,湖南师范大学,2008 年硕士学位论文。

林琼、熊节春:《公共服务动机对公务员工作倦怠的影响》,《江西社会科学》2018 年第 5 期。

凌文辁、张治灿、方俐洛:《中国职工组织承诺研究》,《中国社会科学》2001 年第 2 期。

凌文辁、方俐洛、白利刚:《我国大学生的职业价值观研究》,《心理学报》1999 年第 3 期。

刘帮成、周杭、洪风波:《公共部门高承诺工作系统与员工建言行为关系研究:基于公共服务动机的视角》,《管理评论》2017 年第 1 期。

刘帮成:《中国情境下的公共服务动机研究》,上海交通大学出版社 2015 年版。

《中国场景下的公共服务动机研究:一个系统文献综述》,《公共管理与政策评论》2019 年第 5 期。

刘春雷、于妍:《大学生就业心理现状及其影响因素研究》,《人口学刊》2011 年第 6 期。

刘方、李文钊:《有限理性、公共服务动机与国家治理现代化》,《公共管理与政策评论》2016 年第 1 期。

刘晓洋:《公共服务动机绩效促进模型与检验》,《学术研究》2017 年第 5 期。

刘昕、王许阳、姜炜:《我国公务员的工作价值观对工作满意度的影响——以公共服务动机为中介变量》,《中国行政管理》2016 年第 12 期。

刘选会、董礼胜:《公共服务动机研究评述》,《广东行政学院学报》2016 年第 1 期。

刘妍、脱继强:《江苏省农村已婚女性劳动力非农就业的影响因素分析》,《中国人口科学》2008 年第 2 期。

卢学晖:《理性选择理论的理论困境与现实出路》,《天津行政学院学报》

2015 年第 3 期。

马莉萍、刘彦林:《高校毕业生基层就业:从中央政策到地方政策》,《北京大学教育评论》2015 年第 2 期。

马莉萍、潘昆峰:《留还是流?——高校毕业生就业地选择与生源地、院校地关系的实证研究》,《清华大学教育研究》2013 年第 5 期。

马庆林、李跃生:《对北京体育大学毕业生职业态度的调查与研究》,《河北体育学院学报》2000 年第 2 期。

马岩:《税务领军人才心理资本、公共服务动机与职业成功的关系研究》,《税务研究》2016 年第 11 期。

马宇:《我国残疾人高等融合教育支持体系研究》,南京师范大学,2014 年博士学位论文。

毛万磊、郑栋、陈玉龙:《公共服务动机对基层公务人员工作满意度的影响研究——基于山东问卷调查的实证分析》,《山东行政学院学报》2017 年第 4 期。

梅虎、詹泽慧:《旅游管理本科生就业倾向与本行业关联性分析及对策》,《旅游学刊》2009 年第 6 期。

梅虎:《酒店管理专业大学生本行业就业倾向分析及对策》,《肇庆学院学报》2009 年第 4 期。

孟凡蓉、马新奕:《公共服务动机与工作绩效的关系研究》,《统计与决策》2010 年第 17 期。

孟凡蓉、张玲:《绩效评价目标设置与公共服务动机:心理需求满意感的中介效应》,《情报杂志》2011 年第 9 期。

孟天广、张小劲:《大数据驱动与政府治理能力提升——理论框架与模式创新》,《北京航空航天大学学报(社会科学版)》2018 年第 1 期。

孟天广:《政治科学视角下的大数据方法与因果推论》,《政治学研究》2018 年第 3 期。

苗青:《公共服务动机理论的中国场景:新框架和新议程》,《公共管理与政策评论》2019 年第 5 期。

母睿、刘弘毅:《公共服务动机的影响因素与作用机制》,《沈阳工业大学学报(社会科学版)》2018 年第 4 期。

倪宁:《大学生就业促进政策的失业治理针对性研究——基于政策文本的内容分析》,《高等教育研究》2014 年第 5 期。

彭剑锋著:《人力资源管理概论》,复旦大学出版社 2003 年版。

彭晓娟:《PSM 及强化理论双重视角下的官办社会组织管理机制研究》,《九江职业技术学院学报》2016 年第 2 期。

邱茜:《公务员公共服务动机对组织公民行为的影响——基于山东省 17 地市的实证研究》,《中国行政管理》2017 年第 6 期。

任庆雷:《大学毕业生就业倾向调查——以西部某师范高校为例》,《江西金融职工大学学报》2009 年第 1 期。

沈君:《中国劳动经济研究领域文献计量报告(2012)——基于 CiteSpace 的可视化分析》,《劳动经济评论》2014 年第 1 期。

史蒂夫·范·德·瓦勒等:《外在动机、公共服务动机和劳动力市场特征:26 国公共部门就业倾向的多层次模型》,《国际行政科学评论(中文版)》2016 年第 2 期。

隋杨等:《变革型领导对员工绩效和满意度的影响:心理资本的中介作用及程序公平的调节作用》,《心理学报》2012 年第 9 期。

孙柏瑛、祁光华:《公共部门人力资源开发与管理——21 世纪公共管理系列教材》,中国人民大学出版社 2004 年版。

孙蕾、滕玉成:《国外公共部门人力资源管理的研究态势分析——基于 CiteSpace 的计量研究》,《西部经济管理论坛》2018 年第 5 期。

孙巍、陈忠卫:《个人—组织匹配理论的发展脉络与研究焦点》,《上海市经济管理干部学院学报》2012 年第 5 期。

孙珠峰、胡近:《西方公共服务动机理论研究》,《学习与实践》2017 年第 1 期。

谭新雨、刘帮成、汪艳霞:《激励—贡献导向下心理契约差异对公务员离职倾向的影响——基于公共服务动机和变革态度的综合分析》,《公共管理学报》2017 年第 4 期。

谭新雨、汪艳霞:《公共服务动机视角下服务型领导对公务员建言行为的影响》,《软科学》2017 年第 8 期。

田霖:《扎根理论评述及其实际应用》,《经济研究导刊》2012 年第 10 期。

田新民、王少国、杨永恒:《城乡收入差距变动及其对经济效率的影响》,《经济研究》2009 年第 7 期。

汪庆春、孟东方:《大学生职业评价与职业选择研究》,《重庆大学学报(社会科学版)》2004 年第 5 期。

王春超:《农民工流动就业决策行为的影响因素——珠江三角洲地区农民工就业调查研究》,《华中师范大学学报(人文社会科学版)》2011 年第 2 期。

王红茹:《公务员"金饭碗"依然是热门》,《中国经济周刊》2018 年第 5 期。

王景琳:《高校研究生就业倾向性研究及对策分析》,《产业与科技论坛》2015 年第 5 期。

王立霞:《残疾大学生就业问题思考》,《中国残疾人》2010 年第 3 期。

王丽敏:《国外就业促进政策及其启示》,《出国与就业(就业版)》,2010 年第 10 期。

王丽萍、张日新、蔡传钦:《试论市场化条件下大学生就业倾向》,《高等农业教育》2005 年第 3 期。

王璐、高鹏:《扎根理论及其在管理学研究中的应用问题探讨》,《外国经济与管理》2010 年第 12 期。

王浦劬、孙响:《公务员公共服务动机与社会联系偏好的关联性研究——基于我国四地级市的实证调查》,《中共中央党校学报》2018 年第 5 期。

王浦劬、杨晓曦:《当前党政干部公共服务动机状况调查——基于中部某市党政干部的实证研究》,《人民论坛·学术前沿》2017 年第 7 期。

王巧萍、张建安:《厦门大学:毕业生择业意向调查报告》,《中国大学生就业》2000 年第 1 期。

王亚华、舒全峰:《中国乡村干部的公共服务动机:定量测度与影响因素》,《管理世界》2018 年第 2 期。

温忠麟、叶宝娟:《中介效应分析:方法和模型发展》,《心理科学进展》2014 年第 5 期。

温忠麟等:《调节效应和中介效应分析》,教育科学出版社 2012 年版。

文宏、张书:《官员"为官不为"影响因素的实证分析——基于 A 省垂直系统的数据》,《中国行政管理》2017 年第 10 期。

吴辰:《国家治理与政府创新丛书:公共服务动机、繁文缛节与组织绩效关系研究》,复旦大学出版社 2015 年版。

吴健强、季峰:《新疆大学少数民族学生就业倾向研究》,《新疆大学学报(哲学·人文社会科学版)》2010 年第 3 期。

吴绍宏:《公务员的工作满意度、组织承诺与公共服务动机的关系探讨——以澳门特区政府公务员为例》,《中国人力资源开发》2010 年第 9 期。

吴旭红:《公共服务动机及其前因变量研究》,《人民论坛》2012 年第 23 期。

《中国地方政府公务员公共服务动机研究》,经济管理出版社 2014 年版。

吴芸、董琦圆:《公共服务动机、组织支持与工作绩效:基于食品监管领导干部的数据》,《学术探索》2018 年第 9 期。

吴志明、武欣:《变革型领导,组织公民行为与心理授权关系研究》,《管理科学学报》2007 年第 5 期。

席琳·斯玛莱斯等:《所有人都是公共服务驱动吗?——公共服务动机与职级关系探析》,《国际行政科学评论(中文版)》2014 年第 1 期。

夏仕武:《试论中国高校毕业生就业政策的价值变迁》,《国家教育行政学院学报》2012 年第 1 期。

相梅:《上海市残疾人就业问题研究》,华东政法大学,2015 年硕士学位论文。

谢凌玲:《公共服务动机:测量、影响因素及研究建议》,《现代管理学》2011 年第 10 期。

谢青、田志龙:《创新政策如何推动我国新能源汽车产业的发展——基于政策工具与创新价值链的政策文本分析》,《科学学与科学技术管理》2015 年第 6 期。

谢秋山、陈世香:《国外公共服务动机研究:起源、发现与局限性》,《上海行政学院学报》2015 年第 11 期。

谢云蕾:《网络零售企业商业模式运行机制研究》,浙江工商大学,2013 年硕士学位论文。

徐林清:《女性就业的行业——工资倾向与性别歧视》,《妇女研究论丛》2004 年第 2 期。

徐秀玉、张春霞:《高职旅游管理专业学生就业倾向分析》,《职业教育研究》2016 年第 1 期。

颜士梅:《创业型并购不同阶段的知识员工整合风险及其成因——基于 ASA 模型的多案例分析》,《管理世界》2012 年第 7 期。

杨东援:《如何在公共管理领域内推进大数据分析技术》,《交通与港航》2016 年第 5 期。

杨河清著:《劳动经济学》,中国人民大学出版社 2002 年版。

杨立雄:《残疾大学生就业问题与对策研究》,《残疾人研究》2016 年第 2 期。

杨文文等:《大学在校民族学生就业倾向的调研与思考》,《现代经济信息》2017 年第 7 期。

杨效忠等:《酒店实习对旅游管理专业本科生就业倾向的影响》,《高等农业教育》2008 年第 11 期。

杨益民:《人才结构与经济发展协调性分析的指标及应用》,《安徽大学学报(哲学社会科学版)》2007 年第 1 期。

叶菲菲、刘碧强:《公共服务动机及其对党政干部争竞性选拔工作的启示》,《行政与法》2016 年第 9 期。

叶浩生、李明:《反映还是形成? 平行还是层级? PSM 的模型建构与检验》,《心理学探新》2014 年第 3 期。

叶先宝、赖桂梅:《公共服务动机:测量、比较与影响——基于福建省样本数据的分析》,《中国行政管理》2011 年第 8 期。

叶先宝、李纾:《公共服务动机:内涵,检验途径与展望》,《公共管理学报》2008 年第 1 期。

阴国恩、戴斌荣、金东贤:《大学生职业选择和职业价值观的调查研究》,《心理发展与教育》2000 年第 4 期。

于海燕:《高职学生酒店实习对其就业倾向的影响分析——以酒店管理专业为例》,《高等职业教育(天津职业大学学报)》2016 年第 2 期。

余慧阳、祝军:《共青团干部公共服务动机研究——以北京市专职团干部为例》,《中国青年政治学院学报》2014 年第 4 期。

袁立超、王昶、李硕:《公共服务动机理论:内在逻辑与现实应用》,《甘肃理论学刊》2013 年第 5 期。

张爱芹、刘淑玲:《对准毕业生就业倾向的调查分析——以北京师范大学为例》,《出国与就业(就业版)》2010 年第 10 期。

张成福、党秀云著:《公共管理学(修订版)》,中国人民大学出版社 2017 年版。

张洪杰、王大勇:《高校残疾大学生就业指导问题研究》,《统计与管理》2016 年第 11 期。

张洪杰:《全纳教育视域下视障大学生就业指导问题》,《东北师大学报(哲学社会科学版)》2012 年第 2 期。

张连业等:《城郊被动型城市化进程中农民就业转移的调查分析》,《农业经济问题》2007 年第 3 期。

张素芳:《试论当代大学生价值观的趋向》,《北京建筑工程学院学报》1995 年第 4 期。

张素红、孔繁斌:《公共服务动机视角下的公共服务精神塑造》,《南京社会科学》2016 年第 11 期。

张廷君:《公务员公共服务动机维度差异的本土化分析——基于福建的调查》,《西安电子科技大学学报(社会科学版)》2012 年第 3 期。

张雪丽:《定岗实践教学过程中 EMS 因素对本行业就业倾向影响实证研究——以酒店管理专业定岗实践教学为例》,《旅游研究》2015 年第 2 期。

张莹、张剑、李精精:《目标内容理论的研究进展与应用展望》,《中国人力资源开发》2017 年第 3 期。

赵晶晶:《我国高校毕业生就业流动研究——基于空间流动网络的视角》,《教育发展研究》2016 年第 3 期。

郑洁:《当代大学生就业意向现状调查》,《中国大学生就业》2005 年第 14 期。

郑楠、周恩毅:《我国基层公务员的公共服务动机对职业幸福感影响的实证研究》,《中国行政管理》2017 年第 3 期。

钟兴言:《师范类本科生就业倾向性调查分析及对策研究》,《中国大学生就业》2007 年第 Z1 期。

周建民、陈令霞:《浅析我国大学生就业政策的历史演变》,《辽宁工学院学报(社会科学版)》2005 年第 1 期。

周申、何冰:《贸易自由化对中国非正规就业的地区效应及动态影响——基于微观数据的经验研究》,《国际贸易问题》2017 年第 11 期。

周世军、李清瑶、崔立志:《父母学历与子女教育——基于 CGSS 微观数据的实证考察》,《教育与经济》2018 年第 3 期。

朱春奎、吴辰、朱光楠:《公共服务动机研究述评》,《公共行政评论》2011 年第 5 期。

朱春奎、吴辰:《公共服务动机对工作满意度的影响研究》,《公共行政评论》2012 年第 1 期。

祝军、钟坚龙:《共青团干部公共服务动机对组织承诺的影响研究——以北京市 221 名专职团干部为分析对象》,《山东青年政治学院学报》2014 年第 4 期。

祝军:《基层公务员公共服务动机研究》,中国社会科学出版社 2017 年版。

庄树范、张晓梅、赵钢:《全纳教育之视障大学生就业对策研究》,《黑龙江高教研究》2013 年第 6 期。

Agho, A. O., Price, J. L., and Mueller, C. W., "Discriminant Validity of Measures of Job Satisfaction, Positive Affectivity and Negative Affectivity", Journal of Occupational and Organizational Psychology, 1992.

Ajzen I., "From Intentions to Actions: A Theory of Planned Behavior", in Action Control: From Cognition to Behavior, Kuhl, J.& Beckman J. (eds.), Heidelberg: Springer, 1985.

"The Theory of Planned Behavior. Organizational Behavior and Human Decision Processes", Journal of Leisure Research, 1991.

Allen, N.J., and Meyer, J.P., "The Measurement and Antecedents of Affective, Continuance and Normative Commitment to the Organization", Journal of Occupational Psychology, 1990.

Alonso, P., and Lewis, G.B., "Public Service Motivation and Job Performance Evidence from the Federal Sector ", The American Review of Public Administration, 2001.

Andersen, L. B., Jørgensen, T. B., Kjeldsen, A. M., Pedersen, L. H., and Vrangbæk, K., "Public Values and Public Service Motivation Conceptual and Empirical Relationships", The American Review of Public Administration, 2013.

Andersen, L.B., Pallesen, T., and Pedersen, L.H., "Does Ownership Matter? Public Service Motivation among Physiotherapists in The Private and Public Sectors in Denmark", Review of Public Personnel Administration, 2011.

Anderson, J. C., and Gerbing, D. W., "Structural Equation Modeling in Practice: a Review and Recommended Two-Step Approach ", Psychological bulletin, 1988.

Arnold J, Loan-Clarke J, Coombs C, Wilkinson A, Park J and Preston D, "How Well Can the Theory of Planned Behavior Account for Occupational Intentions?", Journal of Vocational Behavior, 2006.

Bakker, Arnold B., "A Job Demands-Resources Approach to Public Service Mo-

tivation", *Public Administration Review*, 2015.

Baldwin, J. N., *"Public Versus Private Employees: Debunking Stereotype"*, *Review of Public Personnel Administration*, 1991.

Ballart, Xavier, and Guillem Rico, *"Public or Nonprofit? Career Preferences and Dimensions of Public Service Motivation"*, *Public Administration*, 2018.

Bandura, A., *"Self-efficacy: toward a Unifying Theory of Behavioral Change"*, *Psychological Review*, 1977.

"The Explanatory and Predictive Scope of Self-Efficacy Theory", *Journal of Social and Clinical Psychology*, 1986.

"Regulation of Cognitive Processes through Perceived Self-Efficacy", *Developmental psychology*, 1989.

Barbara Bird, *"Implementing Entrepreneurial Ideas: The Case for Intention"*, *The Academy of Management Review*, 1988.

Bass, B.M., and Bass, R., *"The Bass handbook of leadership: Theory, research, and managerial applications"*, *Simon and Schuster. Com*, 2009.

Bass, B.M., *"Two Decades of Research and Development in Transformational Leadership"*, *European Journal of Work and Organizational Psychology*, 1999.

Baumgartner, F. R., & Jones, B. D., *Agendas and Instability in American Politics*, Chicago: University of Chicago Press, 1993.

BE Wright, S Hassan, RK Christensen, *"Job Choice and Performance: Revisiting Core Assumptions about Public Service Motivation"*, *International Public Management Journal*, 2015.

Becker, H.S., *"Notes on the Concept of Commitment"*, *American Journal of Sociology*, 1960.

Behn, R. D., *"The Big Questions of Public Management"*, *Public Administration Review*, 1995.

Belle & Nicola, *"Leading to Make a Difference: A Field Experiment on the Performance Effects of Transformational Leadership, Perceived Social Impact, and Public*

Service Motivation, *Journal of Public Administration Research and Theory*, 2014.

Bellé, N., "*Experimental Evidence on the Relationship Between Public Service Motivation and Job Performance*", *Public Administration Review*, 2013.

Belleate, D., & Link, A.N., "*Are Public Sector Workers More Risk Averse Than Private Sector Workers*", *Industrial and Labor Relations Review*, 1981.

Bentler, P.M., and Bonett, D.G., "*Significance Tests and Goodness of Fit in the Analysis of Covariance Structures*", *Psychological Bulletin*, 1980.

Bentler, P.M., "*Comparative Fit Indexesin Structural Models*", *Psychological Bulletin*, 1990.

Bernard M.Bass, and Ronald E.Riggio, *Transformational Leadership* (2nd Edition), 2006.

Billsberry, J., "*Attracting for Values: An Empirical Study of ASA's Attraction Proposition*", *Journal of Managerial Psychology*, 2007.

Bolino, M.C., and Turnley, W.H., "*Going the Extra Mile: Cultivating and Managing Employee Citizenship Behavior*", *The Academy of Management Executive*, 2003.

Bollen, K.A., *Structural Equation Models*, Wiley Online Library, 1998.

Borman, W.C., and Motowidlo, S.J., "*Task Performance and Contextual Performance: The Meaning for Personnel Selection Research*", *Human Performance*, 1997.

Boudrias, J.-S., Gaudreau, P., and Laschinger, H.K.S., "*Testing the Structure of Psychological Empowerment: Does Gender Make a Difference?*", *Educational and Psychological Measurement*, 2004.

Bozeman, Barry., *All Organizations Are Public: Bridging Public and Private Organizational Theories*, San Francisco, CA: Jossey-Bass, 1987.

Bradley E.Wright, Robert K.Christensen, "*Public Service Motivation: A Test of the Job Attraction-Selection-Attrition Model*", *International Public Management Journal*, 2010.

Brewer and Peter Deleon, *The Foundations of Policy Analysis*, Homewood NJ: Dorsey. 1983.

Brewer G. A., Selden S. C., Facer R. L. I., "*Individual Conceptions of Public Service Motivation*", *Public Administration Review*, 2000.

Brewer, G. A., "*A Symposium on Public Service Motivation: Expanding the Frontiers of Theory and Empirical Research*", *Review of Public Personnel Administration*, 2011.

Brewer, G.A., and Selden, S.C., "*Whistle Blowers in the Federal Civil Service: New Evidence of the Public Service Ethic*", *Journal of Public Administration Research and Theory*, 1998.

Brief, A. P., and Motowidlo, S. J., "*Prosocial Organizational Behaviors*", *Academy of Management Review*, 1986.

Bright L., "*Public Employees With High Levels of Public Service Motivation Who are They, Where are They, and What Do They Want?*", *Review of Public Personnel Administration*, 2005.

"*Does Person-Organization Fit Mediate the Relationship between Public Service Motivation and The Job Performance of Public Employees?*", *Review of Public Personnel Administration*, 2007.

"*Does Public Service Motivation Really Make a Difference on the Job Satisfaction and Turnover Intentions of Public Employees?*", *The American Review of Public Administration*, 2008.

"*Does Public Service Motivation Affect the Occupation Choices of Public Employees?*", *Public Personnel Management*, 2011.

"*Is Public Service Motivation a Better Explanation of Nonprofit Career Preferences than Government Career Preferences?*", *Public Personnel Management*, 2016.

Buchanan, B., "*Red-Tape and the Service Ethic Some Unexpected Differences Between Public and Private Managers*", *Administration & Society*, 1975.

Buelens M, Broeck, H V D., "*An Analysis of Differences in Work Motivation* between Public and Private Sector Organizations", Public Administration Review, 2007.

Burns, J.M., Leadership, New Yorker: Harper & Row, 1978.

Burt, R.S., "Towards a Structural Theory of Action: Network Models of Social Structure", Perception and Action, 1982.

Byrne, B.M., "Structural Equation Modeling with AMOS, EQS, and LISREL: Comparative Approaches to Testing for the Factorial Validity of a Measuring Instrument", International Journal of Testing, 2001.

Cable, D.M., and DeRue, D.S., "The Convergent and Discriminant Validity of Subjective Fit Perceptions", Journal of Applied Psychology, 2002.

Callon M, Law J, Rip A., "Mapping the Dynamics Science and Technology", Sociology of Science in the Real World. 1986.

Camilleri, E., and Heijden, B.I.J.M.V.D., "Organizational Commitment, Public Service Motivation, and Performance within the Public Sector", Public Performance & Management Review, 2007.

Camilleri, E., "Towards Developing an Organisational Commitment-Public Service Motivation Model for the Maltese Public Service Employees", Public Policy and Administration, 2006.

Campbell J W, Im T, Jeong J., "Internal Efficiency and Turnover Intention", Public Personnel Management, 2014.

Carpenter J, Doverspike D, Miguel RF., "Public Service Motivation as A Predictor of Attraction to the Public Sector". Journal of Vocational Behavior, 2012.

Carson, K.D., Carson, P.P., Fontenot, G., and Burdin Jr, J.J., "Structured Interview Questions for Selecting Productive, Emotionally Mature, and Helpful Employees", The Health Care Manager, 2005.

Castaing, S., "The Effects of Psychological Contract Fulfilment and Public Service Motivation on Organizational Commitment in the French Civil Service", Public Policy and Administration, 2006.

Charmaz, K., "*Grounded theory*", in*Rethinking Methods in Psychology*, J. A. Smith, R. Harre & L. Van Langenhove (eds.), London: Sage, 1995.

Chatman, Jennifer A., "*Matching People and Organizations: Selection and Socialization in Public Accounting Firms*", *Administrative Science Quarterly*, 1991.

Chen, C. A., & Hsieh, C. W., "*Does Pursuing External Incentives Compromise Public Service Motivation? Comparing the Effects of Job Security and High Pay*", *Public Management Review*, 2015.

Chetkovich C., "*What's in a Sector? The Shifting Career Plans of Public Policy Students*", *Public Administration Review*, 2003.

Christensen R K, Wright B E., "*The Effects of Public Service Motivation on Job Choice Decisions: Disentangling the Contributions of Person-Organization Fit and Person-Job Fit*", *Journal of Public Administration Research and Theory*, 2011.

Chun, Y. H., and Rainey, H. G., "*Goal Ambiguity and Organizational Performance in US Federal Agencies*", *Journal of Public Administration Research and Theory*, 2005.

Chung-An Chen, Don-Yun Chen & Chengwei Xu, "*Applying Self-Determination Theory to Understand Public Employee's Motivation for a Public Service Career: An East Asian Case (Taiwan)*", *Public Performance & Management Review*, 2018.

Clerkin, R. M., & Coggburn, J. D., "*The Dimensions of Public Service Motivation and Sector Work Preferences*", *Review of Public Personnel Administration*, 2012.

Clerkin, R. M., Paynter, S. R., and Taylor, J. K., "*Public Service Motivation in Undergraduate Giving and Volunteering Decisions*", *The American Review of Public Administration*, 2009.

Colby, A., and Damon, W., "*Some do Care*", *Simon and Schuster*, 2010.

Coursey, D. H., and Pandey, S. K., "*Public service motivation measurement: Testing a shortened version of Perry's scale*", *Paper presented at the Southern Political*

Science Association Conference, New Orleans, Louisiana, 2004.

"*Public Service Motivation Measurement Testing an Abridged Version of Perry's Proposed Scale*", *Administration & Society*, 2007.

Coursey, D. H., Perry, J. L., Brudney, J. L., and Littlepage, L., "*Psychometric Verification of Perry's Public Service Motivation Instrument Results for Volunteer Exemplars*", *Review of public personnel administration*, 2008.

Crewson, P. E., "*A Comparative Analysis of Public and Private Sector Entrant Quality*", *American Journal of Political Science*, 1995.

"*Public-Service Motivation : Building Empirical Evidence of Incidence and Effect*", *Journal of Public Administration Research and Theory*, 1997.

Dawis, R. V., "*Job Satisfaction*", *Comprehensive Handbook of Psychological Assessment*, 2004.

De Cooman, R., Gieter, S. De., Pepermans, R., Hermans, S., Bois, C. Du., Caers, R., & Jegers, M., "*Person-Organization Fit : Testing Socialization and Attraction-Selection-Attrition Hypotheses*", *Journal of Vocational Behavior*, 2009.

Deci E. L., Ryan R. M., *Self-Determination*, Wiley Online Library, 1985.

"*The ' What' and ' Why' of Goal Pursuits : Human Needs and the Self-Determination of Behavior*", *Psychological Inquiry*, 2000.

Handbook of Self-Determination Research, NY: The University of Rochester Press, 2002.

Deci, E. L., Cascio, W. F., and Krusell, J., "*Cognitive Evaluation Theory and Some Comments on the Calder and Staw Critique*", *Journal of Personality & Social Psychology*, 1975.

DeHart-Davis, L., Marlowe, J., and Pandey, S. K., "*Gender Dimensions of Public Service Motivation*", *Public Administration Review*, 2006.

Denhardt, R. B., and Denhardt, J. V., "*The New Public Service : Serving Rather than Steering*", *Public Administration Review*, 2000.

Denzin, N. K., & Lincoln, Y. S., "*Introduction : The Discipline and Practice of*

Ualitative Research", in *The Sage Handbook of Qualitative Research* (2nd ed.), N.K. Denzin, & Y.S.Lincoln (eds.), Thousand Oaks, CA: Sage, 2005.

Downs, A., *The Life Cycle of Bureaus*, Inside Bureaucracy, 1967.

Edwards, J.R., "*Multidimensional Constructs in Organizational Behavior Research: An Integrative Analytical Framework*", *Organizational Research Methods*, 2001.

Edwards, J.T., Nalbandian, J., and Wedel, K.R., "*Individual Values and Professional Education Implications for Practice and Education*", *Administration & Society*, 1981.

Fishbein, M., & Ajzen, I., *Belief, Attitude, Intention and Behavior: An Introduction to Theory and Research*, Reading: Addison-Wesley, 1975.

Fornell C, Larcker D F., "*Structural Equation Models with Unobservable Variables and Measurement Error: Algebra and Statistics*", *Journal of Marketing Research*, 1981.

Francois, P., "'*Public Service Motivation*' *as an Argument for Government Provision*", *Journal of Public Economics*, 2000.

Frank Parsons., *Choosing a Vocation*, Houghton Mifflin, 1909.

Frederickson, H.G., and Hart, D.K., "*The Public Service and the Patriotism of Benevolence*", *Public Administration Review*, 1985.

Frederickson, H.G., *The Spirit of Public Administration*, San Francisco: Jossey-Bass Publishers, 1997.

Fredrickson G., "*Confucius and the Moral Basis of Bureaucracy*", *Administration & Society*, 2002.

Fuller, J.B., Morrison, R., Jones, L., Bridger, D., and Brown, V., "*The Effects of Psychological Empowerment on Transformational Leadership and Job Satisfaction*", *The Journal of Social Psychology*, 1999.

Gabris, G.T., and Simo, G., "*Public Sector Motivation as an Independent Variable Affecting Career Decisions*", *Public personnel management*, 1995.

Georgellis Y, Iossa E, Tabvuma V., " *Crowding Out Public Service Motivation* ", *Cedi Discussion Paper* , 2009.

" *Crowding Out Intrinsic Motivation in the Public Sector* ", *Journal of Public Administration Research & Theory* , 2011.

Ghada Barsoum, " *The Public Sector as the Employer of Choice among Youth in Egypt: The Relevance of Public Service Motivation Theory* ", *International Journal of Public Administration* , 2016.

Giauque, D., Ritz, A., Varone, F., Anderfuhren-Biget, S., and Waldner, C., " *Putting Public Service Motivation into Context: A Balance between Universalism and Particularism* ", *International Review of Administrative Sciences* , 2011.

Glaser, B. & Strauss, A., " *The Discovery of Grounded Theory: Strategies for Qualitative Research* ", *Social Forces* , 1967.

Graham W.K., Renwick P.A., " *Expected Need Deficiency and Preferences for Three Types of Organizations* ", *The Journal of Psychology* , 1972.

Grant, A.M., " *Does Intrinsic Motivation Fuel the Prosocial Fire? Motivational Synergy in Predicting Persistence, Performance, and Productivity* ", *Journal of Applied Psychology* , 2008.

Hair, J. F., Black, W. C., Babin, B. J., Anderson, R. E. &Tatham, R. L., *Multivariate Data Analysis* , Upper Saddle River, NJ: Prentice hall, 1998.

Hansmann, H., " *Economic theories of nonprofit organization* ", in *The Nonprofit Sector: A Research Handbook* , Powell, W.W. (eds.), Yale University Press, New Haven, CT, 1987.

Herzberg, F., *The Motivation to Work* , Transaction Publishers, 1993.

Hofstede, G., " *Cultural Constraints in Management Theories* ", *The Academy of Management Executive* , 1993.

Holzer, M., *Public Service: Callings, Commitments, and Constraints* , Boulder, Colo, Oxford: Westview Press, 2000.

Houston D J.,

"*Public-Service Motivation：A Multivariate Test*", *Journal of Public Administration Research and Theory*, 2000.

"'*Walking the Walk*' *of Public Service Motivation：Public Employees and Charitable Gifts of Time，Blood，and Money*", *Journal of Public Administration Research and Theory*, 2006.

"*Implications of Occupational Locus and Focus for Public Service Motivation：Attitudes Toward Work Motives across Nations*", *Public Administration Review*, 2011.

James E. Anderson, *Public Policy Making：An Introduction*, Boston：Houghton Miffin, 1990.

James L. Perry, Lois Recascino Wise, "*The Motivation Bases of Public Service*", *Public Administration Review*, 1990.

James L. Perry, Wouter Vandenabeele, "*Public Service Motivation Research：Achievements, Challenges, and Future Directions*", *Public Administration Review*, 2015.

Jessica Breaugh, Adrian Ritz & Kerstin Alfes, "*Work Motivation and Public Service Motivation：Disentangling Varieties of Motivation and Job Satisfaction*", *Public Management Review*, 2018.

Jessica Word, Sung Min Park, "*The New Public Service? Empirical Research on Job Choice Motivation in the Nonprofit Sector*", *Personnel Review*, 2015.

Jørgensen, T. B., and Bozeman, B., "*Public Values an Inventory*", *Administration & Society*, 2007.

Judge, T. A., and Bono, J. E., "*Five-Factor Model of Personality and Transformational Leadership*", *Journal of Applied Psychology*, 2000.

Judge, Timothy A., and Robert D. Bretz, Jr., "*Effects of Work Values on Job Choice Decisions*", *Journal of Applied Psychology*, 1992.

Jung J Y, Mccormick J., "*The Occupational Decision：A Cultural and Motivational Perspective*", *Journal of Career Assessment*, 2011.

Jung, D. I., and Avolio, B. J., "*Opening the Black Box：An Experimental Investi-*

gation of The Mediating Effects of Trust and Value Congruence on Transformational and Transactional Leadership", *Journal of Organizational Behavior*, 2000.

Kalliath, T. and Brough, P., "*Work-Life Balance: A Review of the Meaning of the Balance Construct*", *Journal of Management and Organization*, 2008.

Karl K A., "*A Match Made in Heaven or a Square Peg in a Round Hole? How Public Service Educators Can Help Students Assess Person-Environment Fit*", *Journal of Public Affairs Education*, 2004.

Kelman, S., "*Public Choice and Public Spirit*", *Public Interest*, 1987.

"*Public Management Needs Help!*", *Academy of Management Journal*, 2005.

Kenny, D.A., Kashy, D.A., and Bolger, N., "*Data Analysis in Social Psychology*", *The Handbook of Social Psychology*, 1998.

Kilpatrick, F.P., Cummings, M.C., and Jennings, M.K., *The Image of the Federal Service*, Washington, DC: Brookings Institution. 1964.

Kim J., "*What Increases Public Employees' Turnover Intention?*", *Public Personnel Management*, 2015.

Kim, S., and Vandenabeele, W., "*A Strategy for Building Public Service Motivation Research Internationally*", *Public Administration Review*, 2010.

Kim, S., "*Individual-Level Factors and Organizational Performance in Government Organizations*", *Journal of Public Administration Research and Theory*, 2005.

"*Public Service Motivation and Organizational Citizenship Behavior in Korea*", *International Journal of Manpower*, 2006.

"*Revising Perry's Measurement Scale of Public Service Motivation*", *The American Review of Public Administration*, 2009a.

"*Testing The Structure of Public Service Motivation in Korea: A Research Note*", *Journal of Public Administration Research and Theory*, 2009b.

"*Testing a Revised Measure of Public Service Motivation: Reflective Versus Formative Specification*", *Journal of Public Administration Research and Theory*, 2011.

"Does Person-Organization Fit Matter in the Public-Sector? Testing the Mediating Effect of Person-Organization Fit in the Relationship between Public Service Motivation and Work Attitudes", *Public Administration Review*, 2012.

Kim, S., Vandenabeele, W., Wright, B. E., et al., *"Investigating the Structure and Meaning of Public Service Motivation across Populations: Developing an International Instrument and Addressing Issues of Measurement Invariance"*, *Journal of public Administration Research and Theory*, 2013.

Kjeldsen A. M., Jacobsen C. B., *"Public Service Motivation and Employment Sector: Attraction or Socialization?"*, *Journal of Public Administration Research and Theory*, 2013.

Kleinginna Jr, P. R., and Kleinginna, A. M., *"A categorized List of Emotion Definitions, with Suggestions for a Consensual Definition"*, *Motivation and emotion*, 1981.

Kline, P., *The Handbook of Psychological Testing*, Psychology Press, 2000.

Kline, R. B., *Principles and Practice of Structural Equation Modeling*, Guilford Press, 2011.

Knoke, D., and Wright-Isak, C., *"Individual Motives and Organizational Incentive Systems"*, *Research in the Sociology of Organizations*, 1982.

Ko K., Jun K N., *"A Comparative Analysis of Job Motivation and Career Preference of Asian Undergraduate Students"*, *Public Personnel Management*, 2015.

Ko, K., and Han, L., *"An Empirical Study on Public Service Motivation of the Next Generation Civil Servants in China"*, *Public Personnel Management*, 2013.

Kristof, A. L., *"Person-Organization Fit: An Integrative Review of Its Conceptualizations, Measurement, and Implications"*, *Personnel Psychology*, 1996.

Kristof-Brown, A. L., Zimmerman, R. D., and Johnson, E. C., *"Consequences of Individual' Fit at Work: A Meta-Analysis of Person-Job, Person-Organization, Person-Group, And Person-Supervisor Fit"*, *Personnel Psychology*, 2005.

Landy, F. J., and Becker, W. S., *"Motivation Theory Reconsidered"*, *Research in*

Organizational Behavior, 1987.

Larkin J E, Laport K A, Pines H A., "*Job Choice and Career Relevance for Today's College Students*", *Journal of Employment Counseling*, 2007.

Le Grand, J., "*Motivation, agency, and Public Policy: of Knights and Knaves, Pawns and Queens*", *OUP Catalogue*, 2003.

Lee G, Choi D L., "*Does Public Service Motivation Influence the Intention to Work in the Public Sector? Evidence from Korea*", *Review of Public Personnel Administration*, 2013.

Lee Y.J., Wilkins V.M., "*More Similarities or More Differences? Comparing Public and Nonprofit Managers' Job Motivations*", *Public Administration Review*, 2011.

Lee, G., "*PSM and Public Employees' Work Performance*", *Korean Society and Public Administration*, 2005.

Lee, H., Cayer, N.J., & Lan, G.Z., "*Changing Federal Government Employee Attitudes Since the Civil Service Reform Act of 1978*", *Review of Public Personnel Administration*, 2006.

Leisink, P., and Steijn, B., "*Public Service Motivation and Job Performance of Public Sector Employees in the Netherlands*", *International Review of Administrative Sciences*, 2009.

LeRoux, K., & Feeney, M., "*Factors Attracting Individuals to Nonprofit Management over Public and Private Sector Management*", *Nonprofit Management and Leadership*, 2013.

Lewis G B, Frank S A., "*Who Wants to Work for the Government?*", *Public Administration Review*, 2002.

Lester M.Salamon, Odous V.Elliot, *Tools of Government: A Guide to the New Governance*, Boston: Oxford University Press, 2002.

LI, X.-h., "*An Empirical Study on Public Service Motivation and the Performance of Government Employee in China*", *Canadian Social Science*, 2009.

Light,P.C.,"*The content of Their Character：The State of the Nonprofit Work-force*",*The Nonprofit Quarterly*,2002.

Liou,K.-T.,and Nyhan,R.C.,"*Dimensions of Organizational Commitment in the Public Sector：An Empirical Assessment*",*Public Administration Quarterly*,1994.

Liu B.,Hui C.,Hu J.,et al.,"*How Well Can Public Service Motivation Connect with Occupational Intention?*",*International Review of Administrative Sciences*,2011.

Liu,B. C.,and Tang,T. L. P.,"*Does the Love of Money Moderate the Relationship Between Public Service Motivation and Job Satisfaction? The Case of Chinese Professionals in the Public Sector*".*Public Administration Review*,2011.

Liu,B.C.,"*Evidence of Public Service Motivation of Social Workers in China*",*International Review of Administrative Sciences*,2009.

Liu,B..C,Tang,N.,and Zhu,X.,"*Public Service Motivation and Job Satisfaction in China：An Investigation of Generalisability and Instrumentality*",*International Journal of Manpower*,2008.

Locke,E.A.,"*The Nature and Causes of Job Satisfaction*".*The Handbook Industrial and Organizational Psychology*,1976.

Longshore J.M.,Bass B.M.,"*Leadership and Performance Beyond Expectations*",*The Academy of Management Review*,1987.

March,J.G.og Johan P.Olsen,*Rediscovering Institutions*. The Organizational Basis of Politics Trans,New York：The Free Press,1989.

McDonald,R.P.,and Ho,M.-H.R.,"*Principles and Practice in Reporting Structural Equation Analyses*",*Psychological Methods*,2002.

McGinnis Johnson,J.,& Ng,E.S.,"*Money Talks or Millennials Walk：The Effect of Compensation on Nonprofit Millennial Workers Sector-Switching Intentions*",*Review of Public Personnel Administration*,2016.

Meyer,J.P.,and Allen,N.J.,

"*Testing the 'Side-Bet Theory' of Organizational Commitment：Some Method-*

ological Considerations", *Journal of applied psychology*, 1984.

"*A Three-Component Conceptualization of Organizational Commitment*". *Human Resource Management Review*, 1991.

Mitchell, T. R., "*Motivation: New Directions for Theory, Research, and Practice*", *Academy of Management Review*, 1982.

Monroe, K. R., *The Heart of Altruism: Perceptions of a Common Humanity*, Cambridge University Press, 1996.

Morrow, P.C., "*Concept Redundancy in Organizational Research: The Case of Work Commitment*", *Academy of Management Review*, 1983.

Mowday, R.T., Steers, R.M., and Porter, L.W., "*The Measurement of Organizational Commitment*". *Journal of Vocational Behavior*, 1979.

Moynihan, D.P., and Pandey, S.K., "*Finding Workable Levers over Work Motivation Comparing Job Satisfaction, Job Involvement, and Organizational Commitment*", *Administration & Society*, 2007a.

"*The Role of Organizations in Fostering Public Service Motivation*", *Public Administration Review*, 2007b.

Myung Jin., "*Comparing Employed and Unemployed Workers' Job Motivations for Sector Choice in East Asia: Does Employment Status Matter?*", *International Journal of Public Administration*, 2013.

Naff, K.C., and Crum, J., "*Working for America Does Public Service Motivation Make a Difference?*", *Review of public personnel administration*, 1999.

Ngaruiya K, Knox A L V, Clerkin R M, et al., "*Public Service Motivation, Institutional-Occupational Motivations among Undergraduate Students and ROTC Cadets*", *Public Personnel Management*, 2014.

Oberfield, Zachary, "*Motivation, Change, and Stability: Findings from an Urban Police Department*", *American Review of Public Administration*, 2014.

O'Reilly, C.A., Chatman, J., and Caldwell, D.F., "*People and Organizational Culture: A Profile Comparison Approach to Assessing Person-Organization Fit*", *A-*

cademy of Management Journal, 1991.

Organ, D. W., and Konovsky, M., "*Cognitive Versus Affective Determinants of Organizational Citizenship Behavior*", *Journal of Applied Psychology*, 1989.

Organ, D. W., *Organizational Citizenship Behavior: The Good Soldier Syndrome*, Lexington Books/DC Heath and Com, 1988.

Ott, J. S., *The Nature of the Nonprofit Sector*, Boulder, CO: Westview Press, 2001.

Paarlberg, L. E., and Lavigna, B., "*Transformational Leadership and Public Service Motivation: Driving Individual and Organizational Performance*", *Public Administration Review*, 2010.

Paarlberg, L. E., "*The Impact of Customer Orientation on Government Employee Performance*", *International Public Management Journal*, 2007.

Pan Y, Rowney J A, Peterson M F., "*The Structure of Chinese Cultural Traditions: An Empirical Study of Business Employees in China*", *Management and Organization Review*, 2012.

Pandey, S. K., and Stazyk, E. C., "*Antecedents and Correlates of Public Service Motivation*". in *Motivation in Public Management: The Call of Public Service*, Perry J. L. and Hondeghem A (eds.), New York: Oxford University Press, 2008.

Pandey, S. K., Wright, B. E., and Moynihan, D. P., "*Public Service Motivation and Interpersonal Citizenship Behavior in Public Organizations: Testing a Preliminary Model*", *International Public Management Journal*, 2008.

Park, S. M., and Rainey, H. G., "*Leadership and Public Service Motivation in US Federal Agencies*", *International Public Management Journal*, 2008.

Perry J. L. and Hondeghem A.,

Motivation in Public Management: The Call of Public Service, New York: Oxford University Press, 2008a.

"*Directions for Future Theory and Research*", in *Motivation in Public Management: The Call of Public Service*, Perry J. L. and Hondeghem A (eds.), New York:

Oxford University Press, 2008b.

Perry, J.L., and Porter, L.W., "*Factors Affecting the Context for Motivation in Public Organizations*", *Academy of Management Review*, 1982.

Perry, J.L., and Wise, L.R., "*The Motivational Bases of Public Service*", *Public Administration Review*, 1990.

Perry, J.L., "*Measuring Public Service Motivation: An Assessment of Construct Reliability and Validity*", *Journal of Public Administration Research and Theory*, 1996.

"*Antecedents of Public Service Motivation*", *Journal of Public Administration Research and Theory*, 1997.

"*Bringing Society in: Toward a Theory of Public-Service Motivation*", *Journal of Public Administration Research and Theory*, 2000.

"*Introduction to the Symposium on Public Service Motivation Research*", *Public Administration Review*, 2010.

Perry, J. L., Brudney, J. L., Coursey, D., and Littlepage, L., "*What Drives Morally Committed Citizens? A Study of the Antecedents of Public Service Motivation*", *Public Administration Review*, 2008.

Perry, J. L., Hondeghem, A., and Wise, L. R., "*Revisiting the Motivational Bases of Public Service: Twenty Years of Research and an Agenda for the Future*", *Public Administration Review*, 2010.

Petrovsky, N., "*Does Public Service Motivation Predict Higher Public Service Performance? A Research Synthesis*", *Columbus, OH: Paper presented at the 10th Biennial Public Management Research Conference*, 2009.

Piccolo, R.F., and Colquitt, J.A., "*Transformational Leadership and Job Behaviors: The Mediating Role of Core Job Characteristics*", *Academy of Management Journal*, 2006.

Piliavin J.A., Charng H.W., "*Altruism: A Review of Recent Theory and Research*", *Annual Review of Sociology*, 1990.

Pillai, R., Scandura, T. A., and Williams, E. A., "*Leadership and Organizational Justice: Similarities and Differences Across Cultures*", *Journal of International Business Studies*, 1999.

Ployhart R.E., Weekley J.A., "*Baughman K., The Structure and Function of Human Capital Emergence: A Multilevel Examination of the Attraction-Selection-Attrition Model*", *Academy of Management Journal*, 2006.

Podsakoff, P.M., MacKenzie, S.B., Moorman, R.H., and Fetter, R., "*Transformational Leader Behaviors and Their Effects on Followers' Trust in Leader, Satisfaction, and Organizational Citizenship Behaviors*", *The Leadership Quarterly*, 1990.

Podsakoff, P.M., MacKenzie, S.B., Paine, J.B., and Bachrach, D.G., "*Organizational Citizenship Behaviors: A Critical Review of the Theoretical and Empirical Literature and Suggestions for Future Research*", *Journal of Management*, 2000.

Porter, L.W., Steers, R.M., Mowday, R.T., and Boulian, P.V., "*Organizational Commitment, Job Satisfaction, and Turnover Among Psychiatric Technicians*", *Journal of Applied Psychology*, 1974.

Quratulain S, Khan A K., "*How Does Employees' Public Service Motivation Get Affected? A Conditional Process Analysis of the Effects of Person-Job Fit and Work Pressure*", *Public Personnel Management*, 2015.

Rainey, H. G., and Bozeman, B., "*Comparing Public and Private Organizations: Empirical Research and the Power of the A Priori*", *Journal of Public Administration Research and Theory*, 2000.

Rainey, H.G., and Steinbauer, P., "*Galloping Elephants: Developing Elements of a Theory of Effective Government Organizations*", *Journal of Public Administration Research and Theory*, 1999.

Rainey, H. G., Backoff, R. W., and Levine, C. H., "*Comparing Public and Private Organizations*", *Public Administration Review*, 1976.

Rainey, H.G., "*Reward Preferences among Public and Private Managers: In Search of the Service Ethic*", *The American Review of Public Administration*, 1982.

Ritz, A., "*Public Service Motivation and Organizational Performance in Swiss Federal Government*", *International Review of Administrative Sciences*, 2009.

Robbins, S. P., and Barnwell, N., *Organization Theory: Concepts and Cases*, Sydney: Prentice-Hall, 1998.

Rose R P., "*Preferences for Careers in Public Work: Examining the Government-Nonprofit Divide Among Undergraduates Through Public Service Motivation*", *American Review of Public Administration*, 2013.

Roy Rothwell & Walter Zegveld, *Reindusdalization and Technology*, London: Logman Group Limited, 1985.

Rushton, J. P., *Altruism, socialization, and society*, Englewood Cliffs, NJ: Prentice-Hall, 1980.

Ryan, R. M., and Deci, E. L., "*Self-Determination Theory and the Facilitation of Intrinsic Motivation, Social Development, and Well-Being*", *American Psychologist*, 2000.

Salamon, L. M., & Sokolowski, S. W., "*Beyond Nonprofits: Re-Conceptualizing the Third Sector*", *Voluntas*, 2016.

Sanabriapulido P., "*Public Service Motivation and Job Sector Choice: Evidence from a Developing Country*", *International Journal of Public Administration*, 2017.

Schneider, B., Goldstein, H. W., & Smith, D. B., "*The ASA framework: An update*", *Personnel Psychology*, 1995.

Schumacker, R. E., and Lomax, R. G., "*A beginner's Guide to Structural Equation Modeling*", *Psychology Press*, 2004.

Schwartz, H. S., "*A Theory of Deontic Work Motivation*", *Journal of Applied Behavioral Science*, 1983.

Scott, P. G., and Pandey, S. K., "*Red Tape and Public Service Motivation Findings from a National Survey of Managers in State Health and Human Services Agencies*", *Review of Public Personnel Administration*, 2005.

Sekiguchi, T., "*A Contingency Perspective of the Importance of PJ Fit and PO*

Fit in Employee Selection", *Journal of Managerial Psychology*, 2007.

Selden, S.C., and Brewer, G.A., "*Work Motivation in The Senior Executive Service: Testing the High Performance Cycle Theory*", *Journal of Public Administration Research and Theory*, 2000.

Shamir, B., Meaning, "*Self and Motivation in Organizations*", *Organization Studies*, 1991.

Smith J., "*The Motivational Effects of Mission Matching: A Lab-Experimental Test of a Moderated Mediation Model*", *Public Administration Review*, 2016.

Smith, C.A., Organ, D.W., and Near, J.P., "*Organizational Citizenship Behavior: Its Nature and Antecedents*", *Journal of Applied Psychology*, 1983.

Spokane, A.R., Meir, E.I., and Catalano, M., "*Person-Environment Congruence and Holland's Theory: A Review and Reconsideration*", *Journal of Vocational Behavior*, 2000.

Staats, E.B., "*Public Service and the Public Interest*", *Public Administration Review*, 1988.

"*Person-Environment Fit and Public Service Motivation*", *International Public Management Journal*, 2008.

Stephen, P.R., and Timothy, A.J., *Organizational Behavior*, USA, 2001(9th).

Strauss, A.& Corbin, J., *Basic of Qualitative Research: Grounded Theory Procedure and Techniques*, Newbury Park: Sage, 1990.

Tang, T.L.P., "*The Development of a Short Money Ethic Scale: Attitudes toward Money and Pay Satisfaction Revisited*", *Personality and Individual Differences*, 1995.

Taylor, J., "*Public Service Motivation and Work Preferences of the Millennials in Australia*".in*Managing the New Workforce: International Perspectives on the Millennial Generation*, E.Ng, S.Lyons, & L.Sweitzer(eds.), Northampton, MA: Edward Elgar, 2012.

Taylor, J., and Westover, J.H., "*Job Satisfaction in The Public Service: The*

Effects of Public Service Motivation, Workplace Attributes and Work Relations", *Public Management Review*, 2011.

Taylor, J., *"Organizational Influences, Public Service Motivation and Work Outcomes: An Australian Study"*, *International Public Management Journal*, 2008.

Trottier, T., Van Wart, M., and Wang, X., *"Examining the Nature and Significance of Leadership in Government Organizations"*, *Public Administration Review*, 2008.

Tschirhart, M., K.K.Reed, S.J.Freeman, and A.L. *"Anker: Is the Grass Greener? Sector Shifting and Choice of Sector by MPA and MBA Graduates"*, *Nonprofit and Voluntary Sector Quarterly*, 2008.

Van Eerde, W., and Thierry, H., *"Vroom's Expectancy Models and Work-Related Criteria: A Meta-Analysis"*, *Journal of applied psychology*, 1996.

Vandenabeele, W., and Ban, C., *"The Impact of Public Service Motivation in an International Organization"*, *Job Satisfaction and Organizational Commitment in the European Commission*. 2009.

Vandenabeele, W., and Van de Walle, S., *"International Differences in Public Service Motivation: Comparing Regions Across the World"*, *Motivation in Public Management: The Call of Public Service*, 2008.

Vandenabeele, W.,

"Leadership Promotion of Public Values: Public Service Motivation as a Leadership Strategy in the Public Sector, Newark, Delaware", *USA: Leading the Future of the Public Sector: The Third Trans-Atlantic Dialogue*, 2007a.

"Toward A Public Administration Theory of Public Service Motivation: An Institutional Approach", *Public management review*, 2007b.

"Development of A Public Service Motivation Measurement Scale: Corroborating and Extending Perry's Measurement Instrument", *International Public Management Journal*, 2008a.

"Government Calling: Public Service Motivation as an Element in Selecting

Government as An Employer of Choice", *Public Administration*, 2008b.

"*Leadership Promotion of Public Service Values: Transformational Leadership as An Institutional Explanation for Individual Public Service Motivation*", *Rotterdam, Netherland: Paper presented at the EGPA conference*, 2008c.

"*Who Wants to Deliver Public Service? Do Institutional Antecedents of Public Service Motivation Provide an Answer?*", *Review of Public Personnel Administration*, 2011.

Vandenabeele, W., Hondeghem, A., & Steen, T., "*The Civil Service as an Employer of Choice in Belgium*", *Review of Public Personnel Administration*, 2004.

Vandenabeele, W., Scheepers, S., and Hondeghem, A., "*Public Service Motivation in an International Comparative Perspective: The UK and Germany*", *Public Policy and Administration*, 2006.

Vandenberg, R.J., "*Toward a Further Understanding of and Improvement in Measurement Invariance Methods and Procedures*", *Organizational Research Methods*, 2002.

Vroom, V.H., "*On the Origins of Expectancy Theory. Great Minds in Management*", *The Process of Theory Development*, 2005.

Walster, E., and Piliavin, J.A., "*Equity and the Innocent Bystander*", *Journal of Social Issues*, 1972.

Wamsley, G.L., and Zald, M.N., "*The Political Economy of Public Organizations*", *Public Administration Review*, 1973.

Ward, Kevin D., "*Cultivating Public Service Motivation through AmeriCorps Service, A Longitudinal Study*". *Public Administration Review*, 2014.

Weiss, D.J., Dawis, R.V., England, G.W., and Lofquist, L.H., "*Construct validation studies of the Minnesota Importance Questionnaire*", *Minnesota Studies in Vocational Rehabilitation*, 1964.

Wiener, Y., "*Commitment in Organizations: A Normative View*", *Academy of Management Review*, 1982.

Wildavsky, A., "*Choosing Preferences by Constructing Institutions: A Cultural Theory of Preference Formation*". *The American Political Science Review*, 1987.

Williams, L. J., and Anderson, S. E., "*Job Satisfaction and Organizational Commitment as Predictors of Organizational Citizenship and In-Role Behaviors*", *Journal of Management*, 1991.

Wispe, L.G., "*Positive Forms of Social Behavior: An Overview*", *Journal of Social Issues*, 1972.

Wittmer, D., "*Serving the People or Serving for Pay: Reward Preferences among Government, Hybrid Sector, and Business Managers*", *Public Productivity & Management Review*, 1991.

Woodside, K., "*Policy Instruments and the Study of Public Policy*", *Canadian Journal of Political Science*, 1986.

Word J, Park S M.,

"*Working Across the Divide: Job Involvement in the Public and Nonprofit Sectors*", *Review of Public Personnel Administration*, 2009.

"*The New Public Service? Empirical Research on Job Choice Motivation in the Nonprofit Sector*", *Personnel Review*, 2015.

Wright B E, Hassan S, Christensen R K., "*Job Choice and Performance: Revisiting Core Assumptions About Public Service Motivation*", *International Public Management Journal*, 2015.

Wright B E., "*Public-Sector Work Motivation: A Review of the Current Literature and a Revised Conceptual Model*", *Journal of Public Administration Research and Theory: J-PART*, 2001.

Wright, B. E., and Pandey, S. K., "*Public Service Motivation and the Assumption of Person—Organization Fit Testing the Mediating Effect of Value Congruence*", *Administration & Society*, 2008.

Wright, B.E., and R.K.Christensen., "*Public Service Motivation: A Test of the Job Attraction Selection-Attrition Model*". *International Public Management*

Journal, 2010.

Wright, B.E., Moynihan, D.P., and Pandey, S.K., "*Pulling the Levers: Transformational Leadership, Public Service Motivation, and Mission Valence*". *Public Administration Review*, 2012.

Yang L., Van d W Z., "*Rule of Morality Vs. Rule of Law? An Exploratory Study of Civil Servant Values in China and The Netherlands*", *Public Integrity*, 2014.

Yukl, G., "*Managerial Leadership: A Review of Theory and Research*", *Journal of Management*, 1989.

"*An Evaluation of Conceptual Weaknesses in Transformational and Charismatic Leadership Theories*", *The Leadership Quarterly*, 1999.

Yung, "*In What Way Is Confucianism Linked to Public Service Motivation? Philosophical and Classical Insights*", *International Journal of Public Administration*, 2014.

Zeger V.D.W., Yang L., "*Confucius Meets Weber or 'Managerialism Takes All'? Comparing Civil Servant Values in China and the Netherlands*", *International Public Management Journal*, 2015.

责任编辑:赵圣涛
封面设计:胡欣欣
责任校对:吕　飞

图书在版编目(CIP)数据

大学生公共服务动机与就业倾向研究/葛蕾蕾 著. —北京:人民出版社,
　2020.10
ISBN 978－7－01－022349－0

Ⅰ.①大⋯　Ⅱ.①葛⋯　Ⅲ.①大学生-公共服务-研究-中国②大学生-职业
选择-研究　Ⅳ.①D669.3②G647.38

中国版本图书馆 CIP 数据核字(2020)第 130776 号

大学生公共服务动机与就业倾向研究

DAXUESHENG GONGGONG FUWU DONGJI YU JIUYE QINGXIANG YANJIU

葛蕾蕾　著

人 民 出 版 社 出版发行
(100706　北京市东城区隆福寺街 99 号)

中煤(北京)印务有限公司印刷　新华书店经销

2020 年 10 月第 1 版　2020 年 10 月北京第 1 次印刷
开本:710 毫米×1000 毫米 1/16　印张:19.25
字数:320 千字

ISBN 978－7－01－022349－0　定价:69.00 元

邮购地址 100706　北京市东城区隆福寺街 99 号
人民东方图书销售中心　电话 (010)65250042　65289539